Aventuras de um Gourmet em Paris

Uma história de Paris contada por seus bistrôs e restaurantes

Jean-Claude Ribaut

Aventuras de um Gourmet em Paris

Uma história de Paris contada
por seus bistrôs e restaurantes

Tradução de GUSTAVO DE AZAMBUJA FEIX

Texto de acordo com a nova ortografia
Título original: *Voyage d'un gourmet à Paris*

Tradução: Gustavo de Azambuja Feix
Capa: Ivan Pinheiro Machado. *Foto da capa*: iStock
Preparação: Jó Saldanha
Revisão: Marianne Scholze

CIP-Brasil. Catalogação na publicação
Sindicato Nacional dos Editores de Livros, RJ

R364a

Ribaut, Jean-Claude
    Aventuras de um gourmet em Paris: uma história de Paris contada por seus bistrôs e restaurantes / Jean-Claude Ribaut; tradução Gustavo de Azambuja Feix. – 1. ed. – Porto Alegre, RS: L&PM, 2017.
    312 p. ; 21 cm.

    Tradução de: *Voyage d'un gourmet à Paris*
    ISBN 978-85-254-3334-3

    1. Paris (França) - Descrições e viagens - Guias. 2. Gastronomia. I. Título.

15-27503
CDD: 914.436
CDU: 913(443.61)

© Calmann-Lévy, 2014

Todos os direitos desta edição reservados a L&PM Editores
Rua Comendador Coruja, 314, loja 9 – Floresta – 90.220-180
Porto Alegre – RS – Brasil / Fone: 51.3225.5777 – Fax: 51.3221.5380

PEDIDOS & DEPTO. COMERCIAL: vendas@lpm.com.br
FALE CONOSCO: info@lpm.com.br
www.lpm.com.br

Impresso no Brasil
Inverno de 2017

In memoriam
† Jacques Manière,
† Jean-Pierre Quelin

Para
Michèle Champenois

Sumário

Passeio gastronômico em Paris..........9
O palco da gourmandise, do Palais Cardinal ao
Palais Royal..........15
Como as pérolas de um colar de âmbar: o Quartier Latin..........87
"Comer é votar!", entre o Quartier des Invalides e
o Quartier de l'École Militaire.......... 125
Os garfos de ouro, do Quartier des Champs-Élysées a
Concorde.......... 143
Uma gama de sabores nos arredores dos
grands-boulevards.......... 187
A boemia criativa do bairro da Bastilha a Nation.......... 197
Memória na boca, de Montparnasse a Butte-aux-Cailles.......... 211
Sob a Ponte Mirabeau..........229
Restaurantes performáticos de Auteuil a Batignolles.......... 243
Nas colinas.......... 273
Epílogo.......... 289

Índice dos estabelecimentos citados.......... 293
Bibliografia.......... 303
Agradecimentos.......... 309

Passeio gastronômico em Paris

Esta história começa no outono de 1970, quando eu concluía minha faculdade de arquitetura. Um amigo me levou ao restaurante Pactole, de Jacques Manière, no número 44 do Boulevard Saint-Germain, no 5º arrondissement de Paris. Sua culinária foi uma revelação, um choque. Na mesma noite, eu sentei outra vez à mesa do lugar, pedindo autorização para levar uma garrafa de la-tâche ano 1966, presente de um amigo borgonhês que tinha regalias no Domaine de la Romanée-Conti. Eu não tinha nenhuma experiência gastronômica prévia, salvo uma mesa de família farta, em que o frango assado de domingo era algumas vezes seguido por um civet de coelho quando de uma grande ocasião.

Dez anos depois, a revista *Moniteur des travaux publics et du bâtiment* me solicitava uma coluna de gastronomia para animar as páginas dessa revista semanal de economia. Todas as semanas eu assinava uma nota com o pseudônimo Acratos (achado com a leitura de *Um banquete de palavras*, de Jean-François Revel), que, traduzido do grego, significa "aquele que não coloca água em seu vinho". Começava então uma busca por bons restaurantes em Paris e na região, de acordo com as minhas atividades e viagens profissionais. Em 1989, Jean-Pierre Quelin, que dirigia o *Le Monde sans visa*, me pediu para assumir interinamente o lugar de La Reynière, o crítico gastronômico do *Le Monde*, que estava doente. As coisas se ajeitaram: Quelin me entregou um espaço intermitente, "EntreMets", até o dia em que Jacques Lesourne, diretor do jornal, anunciou no *Le Monde* de 8 de outubro de 1993 a criação de um novo suplemento, o *Le Monde temps libre*, cuja coluna de gastronomia "será entregue a Jean-Claude Ribaut, que vai suceder La Reynière". Sem nunca ter pedido nada e continuando as atividades de arquiteto dentro de uma revista cuja direção de redação ficava a meu encargo, assumi essa tarefa "com uma constante preocupação de independência, de qualidade e de rigor", segundo as próprias palavras empregadas pelo chefe do jornal.

Foi assim que descobri Paris, suas mesas, seus chefs, pequenos e grandes, e compartilhei com muitos a sensação de que esta cidade é um tesouro. Todos que amam Paris, sua arquitetura, seus circuitos, suas passagens, cujos caminhos só se cruzam nos locais de amizade e de amor pela capital, correm o tempo todo de um restaurante a outro. O restaurante é um bom pretexto para descobrir outras cidades dentro da cidade, para peregrinar de bairro em bairro em uma simultânea busca de um sopro de vida que o centro reificado nos nega, de uma sociedade que sabe agregar, de uma mesa amável e familiar, ou então, nos dias especiais, de alguma casa grandiosa. Deixamos o tempo escorrer, os devaneios ou as conversas se estabelecerem. À mesa, os amantes da boa cozinha falam espontaneamente sobre culinária. A eles se destina esse itinerário gastronômico, passado e presente, que se inicia com a *nouvelle cuisine* no auge dos Trinta Gloriosos e tem seu desfecho nos últimos sobressaltos da cozinha molecular.

Estimular a curiosidade do leitor renovando as abordagens – culturais, literárias, históricas, sociais – sem nunca perder de vista o indispensável amor à boa mesa é colocar a caillette do departamento de Ardèche em pé de igualdade com a cozinha minimalista de uma nova geração de cozinheiros. Ao mesmo tempo, era preciso lembrar que Paris dera origem aos restaurantes e esboçar com pequenas pinceladas uma história da gastronomia parisiense. Escolhi contar esse itinerário gastronômico na Paris de ontem e de hoje por meio da reunião de bairros, a fim de transpor os limites administrativos e lançar o olhar em uma dezena de conjuntos urbanos coerentes. Afinal de contas, a lei de 1795, que criou os arrondissements municipais, não contava com mais de doze deles em Paris. Isso me possibilitou construir a trama como no passado o fez o poeta Pierre Béarn em sua obra *Paris Gourmand*, sem as restrições de um guia, sem a imposição de qualquer hierarquia culinária nem cronologia. Essa solução de contar sobre a mesa parisiense de maneira descontínua explica a minha escolha, sem dúvida discutível, de misturar receitas, conceitos, anedotas, retratos de cozinheiros de diferentes épocas, ao mesmo tempo fragmentos de um discurso gastronômico e crônica do tempo que passa.

A cozinha reconcilia a permanência e a impermanência por meio de um simples rearranjo do que existia antes. Com um número limitado de ingredientes, os cozinheiros sabem criar, como um caleidoscópio, um infinito número de pratos. Este livro é um convite a decifrá-los. O grande Alain Chapel costumava dizer: "A culinária é muito mais do que receitas". De fato, ela oferece a segurança, o prazer do reencontro com as próprias raízes, de provar a comida da avó, de se ver livre de medos secretos ou de descobrir outros universos de sabores. É possível ter certeza de que isso continua assim? Sem dúvida, a cozinha vai sempre ter um olhar para o passado e uma abertura para o mundo, na medida em que o passado e as receitas antigas são sempre reinventados. Segurança é querer se lembrar, mas também é possível se divertir à mesa, ignorar a lembrança e se apropriar dos paladares de outros lugares. Por muito tempo, a abordagem da alimentação se limitou à análise dos sabores, das receitas, à composição dos pratos. Isso vai continuar, mas cada vez mais seremos levados a fazer um julgamento diferente sobre o que se passa durante uma refeição, sobre as conversas e as trocas.

A busca do gourmet parisiense é feita de uma sucessão de encontros pessoais, íntimos, com bons e nem tão bons restaurantes. Uns se contentam com alguns lugares, duas ou três mesas que simbolizam tanto o firmamento de sua expectativa gastronômica quanto um refúgio social. Outros estão sujeitos ao desejo alimentar, às vezes com frenesi. Mil cidades se escondem na cidade, que convém descobrir. Alguns dizem inventá-las. Convém retomar Paris na hora certa, no lugar certo. Ao longo de cada arrondissement, misturando o espaço e o tempo, a história e o dia a dia dos parisienses, nossa peregrinação se quer viva e colorida, a fim de reunir em uma mesma imagem sensível ao mesmo tempo a decoração, o cromatismo, a mesa e a atmosfera de restaurantes modestos ou de prestígio. A gastronomia atual parece ter esquecido seu passado e não se importar com seu futuro, preocupada apenas com o presente. Deveria, ao contrário, expandir o campo de visão de cada um, incitando a entender as perambulações de um Nerval, as intuições de um

Baudelaire, a insaciável sede de um Joseph Roth. Ela questiona a ideia de que, à mesa, o passado é inacessível, e o futuro, imprevisível. O tempo, velho Saturno zombeteiro, faz rodar lenta e prudentemente o caldeirão eterno para a surpresa gustativa dos bons filhos. Que tendências vão se impor no amanhã, entre a tensão dos gostos dos tempos idos e a globalização? Ao observar a cozinha parisiense no tempo, vamos tentar detectar as continuidades, os desvios ou os avanços, localizando os principais personagens em seu contexto, sem contudo deixar de lado a anedota, as tiradas espirituosas, que são a razão de ser de qualquer literatura gastronômica. E sem nunca esquecer as palavras de Spinoza: "Não gostamos das coisas porque são boas. São boas porque gostamos delas".

O PALCO DA GOURMANDISE, DO PALAIS CARDINAL AO PALAIS ROYAL

O restaurante é uma invenção parisiense da segunda metade do século XVIII, que começou a se desenvolver no Palais Royal graças à Revolução Francesa. A palavra "restaurante" não é traduzida em nenhuma outra língua: tornou-se universal. "Tudo aquilo que é possível encontrar em Paris está no Palais Royal", escreveu o historiador russo Nikolai Karamzin em 1790, pois, se "Paris é a capital da França, o Palais Royal é a capital de Paris", exagerou o escritor Étienne-Léon de Lamothe-Langon alguns anos depois. A Revolução Francesa deixou para o Palais Royal uma herança inesperada, uma nova forma de cozinhar em um local visível desde a rua, acessível a todos, criando uma convivência igualitária que beneficiava uma burguesia ávida por se apropriar dos privilégios da aristocracia deposta. Ao lado do coração de Paris que ainda bate no Palais Royal, o Quartier des Halles foi também seu ventre, ao passo que a Rue de Rivoli, o mais belo presente de Napoleão a Paris, liga o Marais à Place Vendôme, ladeando o palácio do Louvre.

Era uma vez o Palais Royal

No século XVIII e até a Restauração, o coração de Paris bate no Palais Royal. Richelieu foi o responsável por mandar construir, para sua residência particular, perto do Louvre, o palácio que logo ficou conhecido como Palais Cardinal e que ele legou ao rei quando morreu, em 1642. O palácio apenas se tornou o Palais Royal quando o jovem Luís XIV ali se hospedou durante a Fronda (1648-1653). Dado em apanágio ao irmão do rei, em 1692, o Palais Royal se tornou a residência da família de Orléans. Com a morte de Luís XIV, Filipe, duque de Orléans, o transforma em sede da Regência (1715-1723). Celebrações oficiais e jantares suntuosos se sucedem, e mesmo durante o inverno, três vezes por semana, ocorrem bailes públicos em que o regente, mascarado, se exibe "muitas vezes em estado pouco aceitável", escreve Saint-Simon.

Mais tarde, durante o reinado de Luís XV, o Palais Royal é lugar de encontro das elites esclarecidas, de Diderot e do sobrinho de Rameau, dos entusiastas de jogos e de lindas mulheres. Os herdeiros do regente, muito modernos, alugam o imóvel e, em 1780, seu bisneto Louis Philippe Joseph d'Orléans, duque de Chartres – futuro Philippe Égalité –, pede ao projetista do Grand Théâtre de Bordeaux, o arquiteto Victor Louis, para conceber uma ampla operação imobiliária no contorno do jardim. Ele manda construir, em três lados, prédios idênticos com lojas no térreo – precedidas por um pórtico de 180 arcadas separadas por pilastras coríntias –, um andar nobre, um segundo mais restrito e sótãos destinados aos empregados. Essas lojas deram uma vida fulgurante à região, assim como as galerias de madeira – provisórias – que fechavam o quarto lado do pátio principal e foram batizadas de Camp des Tartares. Em 1786, é o "ponto de encontro de todos os malandros, bandidos, ladrões, canalhas que pululavam na capital". Havia atrações: a srta. Lapierre, uma gigante prussiana de dezenove anos e dois metros e vinte de altura; uma odalisca de cera, nua, "mais real que a verdadeira", conforme escreveu Jacques Hillairet em *Connaissance du vieux Paris*. Os jogos acontecem no subsolo, e os de penumbra e de alcova no primeiro andar. "O Palais Royal é um belo lugar/ Lá todas as moças são pra casar", diz a cantiga. O escritor Restif de La Bretonne (1734-1806) conta a vida de algumas dessas jovens pensionistas em *Les Filles du Palais Royal* (1790). As ruas em volta do complexo levam o nome dos três filhos de Filipe de Orléans, os duques de Valois – futuro Luís Filipe I –, de Montpensier e de Beaujolais.

Nos primeiros momentos da Revolução Francesa, o Palais Royal é uma espécie de salão ao ar livre com empório, mercado e sobretudo um círculo político, já que, como é proibida a entrada da polícia, há liberdade de expressão. Em 12 de julho de 1789, o jovem advogado Camille Desmoulins, de pé sobre uma mesa do Café de Foy, situado no número 60 da Rue de Montpensier, supera a gagueira e discursa à multidão: "Cidadãos, a dispensa de Necker é o rebate para uma Noite de São Bartolomeu* dos patriotas. Nossa única alternativa é pegar em armas!". Durante a Revolução Francesa, o Palais Royal foi o asilo de uma multidão de indignados, para retomar uma expressão atual.

---

* Referência ao Massacre da Noite de São Bartolomeu, quando os protestantes – inicialmente os líderes, em seguida o povo – foram massacrados pelos católicos. O começo teria ocorrido com o rebate dos sinos da igreja Saint-Germain-l'Auxerrois, logo seguido pelo rebate de outras igrejas. (N.T.)

Todas as penas afiadas e cáusticas, de Chateaubriand a Balzac em *Ilusões perdidas*, constataram a relação simbólica entre esses lugares e os acontecimentos de 1789. Os cafés, os restaurantes floresciam sob as belas arcadas. Simbolizam por um tempo o espaço da liberdade. Os restaurantes são instalados sob as novas galerias de Victor Louis, que cercam o espaço livre do jardim. Pois, como conta Grimod de La Reynière, uma vez restabelecida a paz civil, "a Revolução Francesa mudou o estômago da França. A Revolução Francesa, pondo em dieta todos os antigos proprietários, colocou na rua todos aqueles bons cozinheiros. A partir de então, para utilizar o talento que tinham, eles se tornaram comerciantes da boa comida adotando o nome de restaurateurs". Após fazer essa constatação, ele mede as consequências: "O coração da maioria dos parisienses ricos foi de repente transformado em barriga; seus sentimentos não passam de sensações, e seus desejos, de apetites".

Grimod de La Reynière (1758-1838) foi o verdadeiro fundador da crítica gastronômica moderna. A primeira edição integral de seu *Almanach des gourmands*, de 2012, reúne textos que só eram conhecidos por meio de fascículos anuais publicados entre 1803 e 1812. Essa edição evidencia a abordagem singular e o estilo inclassificável do autor, bem como uma história social da mesa. A obra faz de Grimod de La Reynière, por sinal anfitrião notável, um precursor desconhecido e inesperado da Escola dos Annales por sua valiosa contribuição para a "história total".

Nascido em 20 de novembro de 1758, ele sofria de uma doença na mão, que escondia com luvas. Filho de um rico coletor de impostos e sobrinho de Malesherbes, botânico, magistrado e defensor de Luís XVI em seu julgamento, ele também se dizia neto de um charcuteiro cujo filho havia enriquecido como fornecedor do exército do marechal Soubise. Este se dava melhor na cozinha do que na guerra, porque foi derrotado em Rossbach

(1757), mas deu seu nome ao molho soubise, com o qual enfeitava os patos. Para Grimod, o *Almanach* consiste em "legitimar" os produtos dos restaurateurs, dos traiteurs, dos comerciantes de produtos comestíveis, convidados a apresentar suas obras a um júri que se quer imparcial e que garante o anonimato dos "artistas da boa comida". Para tanto, ele recebe em seu casarão na Champs-Élysées, toda quarta-feira, dezessete convidados chamados a comparar suas experiências gustativas a fim de desenvolver o saber culinário. A alegria é para ele inseparável dos prazeres da mesa; tiradas, trocadilhos temperam sua narrativa, mas também receitas, anedotas e detalhes sobre os preços, a sazonalidade das frutas e dos legumes, a caça. Grimod se gaba, e com razão, de ter inventado "esse gênero de escrita a que se deu o nome de literatura gastronômica". Cambacérès, arquichanceler do Império e famoso gourmet, às vezes participava do júri. O *Almanach* atingiu desde sua primeira edição um sucesso considerável.

Outra figura pouco conhecida da época é Joseph Berchoux (1760-1838), sucessivamente advogado, magistrado e escritor. É autor de sátiras e poemas didáticos, entre os quais "Épître contre les Anciens", que começa com um gracejo famoso: "Quem me livrará dos gregos e dos romanos?". Mas seu nome permanece sobretudo associado a um poema de quatro cantos intitulado "Gastronomie ou l'homme des champs à table", de 1801. Para ele, a gastronomia é antes de tudo a arte de gerir uma casa, isto é, de se cercar de pessoas competentes: "Ao pensar no pessoal de que vai precisar/ ponha toda a atenção em quem vai cozinhar", escreveu ele em versos alexandrinos.*

---

* *En formant la maison dont vous avez besoin/ Au choix du cuisinier mettez tout votre soin.* (N.E.)

"Vinde a mim, estômagos famintos, e eu os restaurarei"

Como as pessoas se alimentavam em Paris antes da Revolução Francesa? Durante o Antigo Regime, o ramo da alimentação parisiense era regido pelo sistema de corporações de ofícios, ou seja, comunidades de profissões, e monopólios, muitas vezes complexos, que delas resultavam. Os taberneiros só podiam fornecer vinho em canecas; as estalagens eram *tables d'hôtes* [mesas do anfitrião] com prato único; só os cabareteiros podiam servir alguns pratos e "vin à assiette", isto é, vinho servido à mesa; já os traiteurs, ou seja, os fornecedores de comida pronta, se beneficiavam, com os charcuteiros, do monopólio do comércio das carnes cozidas, com exceção dos patês de carne moída, cuja fabricação era destinada apenas… aos pâtissiers.

Situado na Rue Saint-Honoré, 147, um dos traiteurs mais célebres dessa época é uma loja de produtos comestíveis fundada em 1765 pelo *sieur* De Lavoyepierre: a Hôtel des Américains, famosa por sua terrine de Nérac com foie gras. Seus colegas são Corcellet, Chevet, Cathieux. A prática prescreve que eles garantam a preparação de peças inteiras e se recusem a cortá-las. Mas existem também comerciantes ambulantes escoltados por pregoeiros que exaltam as virtudes dos "bouillons restaurants", os caldos revigorantes. Como não são traiteurs, não têm autorização para vender ragus ou cozidos…

Até então, *restaurant* é sinônimo de "revigorante" para qualificar um caldo de carnes cozidas, que tem fama de fortificante. Mas em 1765 um certo Boulanger se instala no número 1 da Rue des Poulies (atual Rue du Louvre), em um pequeno estabelecimento com o nome de Boulanger Débite des Restaurants Divins", "Boulanger vende revigorantes divinos". Ele acrescenta a esse letreiro uma frase culinária em latim, inspirada no Evangelho: "*Venite ad me omnes qui stomacho laboratis et ego vos restaurabo*", isto é, "Vinde a mim, estômagos famintos, e eu os restaurarei". Em pouco tempo ocorrem protestos entre os traiteurs e os charcuteiros, uma vez que Boulanger, além de caldo, serve pés de carneiro ao molho branco e logo põe para cozinhar três perdizes, dois capões, assim como um pedaço de carneiro e um chambão de vitela, e se atreve a vendê-los mediante pedido. O sucesso é imediato e consagra Boulanger como "restaurateur", palavra nova assinalada pelo *Dictionnaire de Trévoux* (1771), cuja definição precisa será dada mais tarde por Brillat-Savarin: "Um restaurateur é aquele cujo comércio consiste em oferecer ao público um festim sempre pronto, e cujos pratos se vendem a preço fixo mediante pedido do consumidor".

Diderot vai ao Boulanger e escreve: "Somos bem tratados, mas é caro". Esclarece, em uma carta a Sophie Volland (1767): "Se tomei gosto pelo restaurateur? Realmente, sim; um gosto infinito. Lá se serve bem, um pouco caro, mas na hora que se quiser". Diderot também menciona em sua carta a beleza da sra. Boulanger. Os traiteurs, descontentes, abrem um processo contra Boulanger; mas um juiz do Parlamento de Paris decide a favor deste. Assim, alguns anos antes do desaparecimento definitivo das corporações de ofício (Lei Le Chapelier, 1791), traiteurs e charcuteiros perdem seu monopólio e são obrigados a ver prosperar o recém-chegado cujo letreiro – "*restaurant*" –, na língua francesa particípio presente que se torna substantivo por metonímia, vai correr o mundo.

Alguns anos depois, em 1782, Antoine Beauvilliers, ex-chef de cozinha do príncipe de Condé, funda a Grande Taverne de Londres, no número 26 da Rue de Richelieu. Este é o primeiro restaurante gastronômico de verdade – a palavra só será inventada por Joseph Berchoux em 1801 –, "um dos primeiros a ter um salão elegante, garçons bem-vestidos, uma adega cuidada como uma cozinha", dirá Brillat-Savarin. O sucesso foi tanto que ele abriu, com o mesmo nome, um segundo local na Galerie de Valois do Palais Royal. Antoine Beauvilliers recebia os clientes, que desejava tratar "como em Versalhes", com espada e uniforme de *officier de bouche* – encarregado do serviço de alimentação do rei –, função que exerceu para o conde de Provence. Teve alguns aborrecimentos durante o Terror, pois recebia integrantes da Reação. Depois da tempestade revolucionária, retomou seu imóvel e pôde se dedicar, genuíno anfitrião, à arte de receber, que, em 1814, três anos antes de sua morte, transpôs para *L'Art du cuisinier*, obra de receitas e de conselhos para a escolha dos produtos. Seu estabelecimento fechou as portas em 1825.

Do Café de Chartres ao Grand Véfour

O Café de Chartres foi aberto em 1784 no número 17 da Rue de Beaujolais pelo *sieur* Aubertot, cafeteiro, mediante um aluguel de 14 mil libras por ano. Três anos depois o contrato, cujo valor havia triplicado, é assumido por Jean-Baptiste Fontaine. Durante a Revolução Francesa, os jacobinos se reuniam no primeiro andar, deixando o térreo para os *feuillants* e para os amigos de Brissot, os futuros girondinos. Circulavam pelo local Danton, Marat e Camille Desmoulins. Robespierre janta ali no dia em que Danton é conduzido a seu fim trágico. Após 9 Termidor, o Café de Chartres recebe Bonaparte e Josefina. "Em nenhum outro lugar se aprecia melhor um salteado, um fricassê de frango à Marengo, uma maionese de aves", escreverá Grimod de La Reynière. O pintor Fragonard morrerá de um acidente vascular cerebral no seu apartamento nas galerias, em 1806, após saborear um sorvete no Café de Chartres.

Jean Véfour, antigo cozinheiro de Philippe Égalité, adquire o imóvel em 1820 e coloca nele seu nome. Vende-o três anos depois. A história do restaurante preservou os nomes dos chefs Louis Boissier, em 1823, e em seguida o dos irmãos Hamel, em 1827. Victor Hugo, um habitué, janta ali com amigos na noite da estreia de *Hernani*, em 25 de fevereiro de 1830. No menu: aletria, peito de carneiro e feijão branco. Lamartine, Sainte-Beuve e Thiers também frequentavam o local. Em pouco tempo cresce a concorrência. Nos anos 1840, Paris tem cerca de três mil estabelecimentos. Balzac, que morreu em 1850, é contemporâneo desse crescimento. Ele cita mais de quarenta restaurantes na *Comédia humana*, incluindo o famoso Véry do Palais Royal e Le Rocher de Cancale, dos Halles, mas também Le Cadran Bleu, Le Bœuf à la Mode, Le Cheval Rouge e Le Veau qui Tette. É a época em que os gourmets se encontram no Club des Grands Estomacs, cujos pantagruélicos banquetes Alfred Delvau descreverá mais tarde, durante suas reuniões semanais no Philippe, situado na Rue Montorgueil, onde se jantava e ceava "das seis da tarde ao meio-dia do dia seguinte", sem interrupção. Ali eram servidos muitos patês, sobre os quais Balzac dizia que eram criaturas vivas e que davam "alma às papilas do nosso palato".

A história do patê é no começo a de um suntuoso prato medieval. O patê é na época uma pâtisserie composta por um fundo, um corpo e uma cobertura de massa folhada. É uma técnica de cocção com calor seco aplicada a carnes moídas para proteger os sucos durante todo o tempo de cozimento. O patê em geral é cozido em um forno, mas *Le Ménagier de Paris* (1393) descreve outra maneira de cozinhar um patê de ervas. Usa-se inicialmente uma frigideira para a cocção do fundo de massa, no qual se coloca a guarnição; em seguida, coloca-se a cobertura de massa sobre a qual uma segunda frigideira repleta de brasas vai completar a cocção. Patês e terrines são de composição idêntica; a única diferença é a casca. Mas a terrine permite um cozimento chamado úmido, em banho-maria. Os manuais de cozinha atuais não diferenciam mais patês e terrines. Na definição do verbete "*pâté*", o sumário do *Grand Livre de cuisine* de Alain Ducasse remete a "terrine". Assim, por metonímia, seu pâté-en-croûte de galinha de Bresse aparece na lista das... terrines.

Na Idade Média, o patê pode conter ou parecer um animal inteiro, pomposo, real ou mitológico. O capelão do rei Carlos V, Gaces de la Bugne, nunca se esqueceu de uma peça com codornizes, perdigotos e cotovias, tudo junto. A massa protegia a peça de um fogo muito quente e controlava a circulação dos sucos. O patê de *connin* (como em francês se chamava coelho na Idade Média) é ancestral. A forma é esculpida até que pareça uma lebre à espreita. Captura-se a vida. É servido em uma bandeja para o amante das volúpias gastronômicas. É o coelhinho da Páscoa. Os patês sempre ocuparam um bom lugar nas mesas dos franceses, e certas regiões da França são famosas por seus patês quentes. Na Córsega, o patê de melro tem preferência sobre o foie gras. A caça de melro é permitida? A ave se alimenta de bagas de murta e de arbustos do maqui; seu incomparável sabor desafia as leis! Crostas requintadas em que se unem gourmandise e arte, ouro fino da massa que esconde a carne macia da vitela, do pernil, da ave. Essa tradição simplesmente reata um costume de mesa do final da Idade Média, como o descreve

Johan Huizinga, com seus "patês gigantescos incluindo orquestra, navios aparelhados, macacos e baleias, gigantes e anões, e todas as fantasias da alegoria fabulosa". Se a alegoria desertou as cozinhas, a arte dos patês e das terrines é ainda compartilhada por alguns velhos combatentes dos fogões, como Gérard Cagna. Sua receita leva a atenção atual dada às texturas: todas as carnes (paleta, pescoço) são cortadas com faca; geleia muito encorpada à base de molho de aves; fígados de galinha de Bresse, sal, pimenta, ovos, uma pitada de farinha de trigo-sarraceno. Cozimento em banho-maria em uma terrina durante quatro horas em baixa temperatura. Algumas ervas realçam os sabores delicados das carnes cuja consistência ainda se percebe. Uma bela peça que bebe do legado de Dumaine, por muito tempo homenageado no Greuze em Tournus, onde Jean Ducloux regalava os clientes com um famoso pâté-en-croûte. Michel Rostang, em Paris, mantém essa alta tradição, como o charcuteiro parisiense Gilles Vérot, vice-campeão francês do pâté-en-croûte.

    A terrine continua sendo fruto de uma mistura sutil. Assim, o patê de moleja de vitela vê alternar filé de vitela, salpicão de legumes, moleja de vitela, ervas, estragão, salsa, cebolinha. É uma receita do Bourbonnais. A terrine com carne de caça, que tem todo o poder de uma daube fria, contém uma preparação inicial de carne moída de porco e de vitela, depois coxas de lebre, cerva, lombos inteiros desossados. Tudo será cozido no aroma do zimbro, porque a terrine não suporta afetação. O patê de lampreia é um vestígio medieval na culinária francesa, que custou a vida de George III, rei da Inglaterra. Também são conhecidas a musse de lúcio e a terrine de enguia. É o peixe do *Roman de Renart*, e depois entram amêndoas, uvas verdes, passas de uva, canela, gengibre e açafrão na composição do patê. Em Beaucaire, na época da

Páscoa, ainda existem petits pâtés que traem a sua origem oriental: trata-se de um patê que leva açúcar mascavo, água de flor de laranjeira, limão e cidra confitada com um recheio de carne e de gordura de rins de boi. Esse patê parece uma variação do patê de Pézenas. Não se sabe quem, de Pézenas ou de Beaucaire, cuja feira era etapa obrigatória na rota das especiarias, detém a primazia dessa singular preparação. Do patê, queremos reter, mais do que a pompa copiada da Antiguidade, a simplicidade astuciosa das mesas modestas ou familiares. Assim é a arte da mesa, que é ostentação, ou seja, magnificência disseminada, mas muitas vezes compartilhada pelos humildes. Estamos pensando naqueles que reinventam os sabores das infâncias camponesas nas receitas dos inúmeros patês. O minucioso recenseamento dos gostos confere liberdade à culinária. Assim se grava a memória dos costumes da mesa para novas gerações.

Uma comédia em um ato e três personagens

A festa é interrompida em 1836, quando Luís Filipe ordena o fechamento das salas de jogos e das espeluncas do Palais Royal. No entanto, um boletim de polícia atesta que, em 1852, continuava sendo uma das regiões de Paris mais abastecidas de bordéis. Durante o Segundo Império, os Grands-Boulevards vão assumir essa posição e Le Grand Véfour experimentará um declínio rápido até se tornar, em 1900, um bistrô para jogadores de xadrez. Em 1905 é comprado pela Câmara dos Oficiais de Justiça. Cinco anos depois, Louis-Ferdinand Céline, passeando sob as arcadas, constata: "Estava repleto de vagabundas... todas vadias de vinte contos... e até menos... Uma a cada três ou quatro pilares com um ou dois clientes...".

O palco da gourmandise, do Palais Cardinal ao Palais Royal

O estabelecimento vive um longo eclipse até 1945: "Eu sentei à mesa em uma atmosfera de cachimbo apagado", escreve Héron de Villefosse, historiador de Paris, em 1948. "As pinturas estavam amareladas. Tudo tinha vestígio de gerações de moscas que ali viveram em paz. Os bancos, meio furados, guardavam o molde das nádegas de outrora: George Sand ou Joseph Prudhomme?" Cocteau confirma: "É impossível amar Paris sem ir peregrinar nesses raros destroços das grandes tempestades". Louis Vaudable, proprietário do Maxim's, o adquire nesse mesmo ano de 1948. Começa então uma comédia em um ato e três personagens: Jean Cocteau, como poeta residente, Louis Vaudable, como o preocupado proprietário do local, e o estrondoso cozinheiro Raymond Oliver (1909-1990), que chega de seu Sudoeste natal para uma brilhante carreira pós-guerra. Toda a nata parisiense da IV República volta a fazer o caminho rumo ao Palais Royal. "É você, Oliver, que vem morar em nossa aldeia? Ficaremos felizes em recebê-lo!", exclama Jean Cocteau, segundo as memórias do cozinheiro. "Esse Palais Royal, cujos habitantes, quando sobem os poucos degraus que levam até a Rue de Richelieu, dizem 'subi até Paris...', tinham escolhido a sra. Colette como presidente", escreve Cocteau.

Como se sabe, Colette amava os animais, mas não se preocupava com pieguices quando se tratava de sombrias. "Quantas não desossei para ela, e papa-figos e cotovias e codornizes e tordos? O petit pâté de tordo talvez fosse sua preferência, devido ao sabor amargo dessa ave quando é alimentada por sementes do sabugueiro", conta Raymond Oliver.

Raymond Oliver assume o lugar em uma bela tarde de agosto de 1948, em um daqueles dias em que o Palais Royal parece tão adormecido quanto a praça de um vilarejo na hora da sesta. Ele oferece aos convidados aspargos verdes com ovos quentes, sombrias, galinha caipira. Salada. Sorvete de baunilha. Champanhe. A sombria é um pequeno passeriforme da Europa, um passarinho de jardim. "O neto de Cadette levava ao doente os primeiros cogumelos porcini, o distraía com sombrias capturadas ao amanhecer. Ele as engordava na penumbra e as servia a Moussu Jean, depois de tê-las afogado vivas em um velho armanhaque", escreve Mauriac em *O beijo ao leproso*. Jean Cocteau deixa no livro de visitas do Grand Véfour esta poderosa lítotes ferroviária: "Uma obra-prima não pode ser outra coisa senão uma catástrofe em uma das linhas em que a feliz mediocridade circula livremente".

Em 1953, Raymond Oliver estreia com Catherine Langeais um programa de TV semanal, "Art et magie de la cuisine". A participação de uma mulher simpática no papel de anfitriã é útil para atrair o telespectador para o que não tem nem sabor, nem cheiro, nem mesmo cor, em uma época de televisores preto e branco. Raymond Oliver é a estrela dissidente dos fogões do período subsequente ao pós-guerra, com um sotaque simpático e rouco, estilo Vincent Auriol. O sucesso é imediato. Quando apresenta uma receita de coelho, de moleja de vitela ou de steak au poivre – bife com pimenta –, toda a França corre para o açougueiro. Jean Cocteau dirá: "Raymond Oliver, o homem que fez o abridor de latas recuar". Ainda em 1953, o *Guia Michelin* confere uma terceira estrela ao Grand Véfour. É a época do pombo Prince Rainier III, recheado com um cubo de foie gras e trufas, do ovo frito Louis Oliver, que exige nada menos do que a preparação de um velouté de ave e de um molho Périgueux, ou seja, um fundo escuro e trufas. Importante figura da gastronomia da época, Curnonsky, príncipe eleito dos gourmets, dirá a respeito de Raymond Oliver: "É um homem que, quando quebra três ovos, assina uma omelete". Ele permanecerá por 37 anos à frente do Grand Véfour; seu programa de TV será transmitido durante catorze anos!

Invejado pela corporação, pois sua notoriedade era imensa, ele está mais ou menos esquecido atualmente. Graças a Jacques Manière, conheci Raymond Oliver, homem afável e culto, erudito, cuja biblioteca era considerável. Foi de fato o primeiro chef reconhecido, até louvado, a sair de sua cozinha – e de que maneira! –, mas sem bairrismo. Nem todos os seus colegas terão essa delicadeza, pois, se ele falava com prazer do ofício, não se demorava sobre a profissão. Sua contribuição de receitas regionais na alta gastronomia parisiense será um modelo para a *nouvelle cuisine* dos anos 1970.

Boas mesas da atualidade

Desde 1991, o saboiano Guy Martin, primeiro chef e depois gerente do Grand Véfour, mantém em seu cardápio alguns pratos famosos do antecessor Raymond Oliver, como o parmentier de rabada com trufas e o pombo Prince Rainier III, e se empenha para variar os prazeres, com um foie gras de pato cozido em fogo baixo com abacaxi e maracujá ou uma sobremesa de manga com coentro. Também me lembro de uma famosa lebre à la royale, assim como de uma refeição simples e regional composta de um queijo de cabeça de porco, "como fazia minha avó", esclarecia Guy Martin, seguido de um coregono do lago de Annecy e de um gâteau de Saboia. Refeição inesquecível. Na hora do almoço, como sugestão, o chef propõe às vezes uma cabeça de vitela escaldada inteira, cozida no osso, servida com legumes crocantes, cérebro frito e vinagrete de mostarda. Em 2010, Guy Martin tornou-se proprietário do Grand Véfour. Sinal de continuidade, o salão, reformado, apresenta agora uma série de desenhos originais de Jean Cocteau, cuja lembrança paira no estabelecimento. Na sala de jantar, Christian David, primeiro maître, é o *maître de ballet*: ele ensina boas maneiras à mesa, por exemplo, a uma clientela heterogênea e rica. Convém que o maître saiba falar bem e explicar – não de maneira mecânica como muitas vezes se vê nos dias de hoje – a refeição pensada pelo cliente. Ele deve saber fazê-lo sonhar, quando não salivar e suscitar o sorriso da companheira. Cabe então ao chef sommelier Patrick Tamisier e a seus ajudantes encontrarem o vinho que deixará nos convidados uma memorável lembrança, um digno sucessor do lendário sommelier Hénoch, que serviu Jean Cocteau, Louis-Ferdinand Céline e o xá do Irã.

Agora sozinho no comando, Guy Martin sabe que o momento compartilhado, o convívio e o prazer são hoje os primeiros critérios de satisfação dos clientes, sem no entanto deixar de lado a reflexão de Alain Chapel, sempre atual: "O prazer não nasce do hábito; para convencer, uma receita deve alcançar o equilíbrio entre relativa tradição e aparente novidade". É o que estava traduzido recentemente em um menu de verão: para começar, um suco de abacaxi e de pepino com coentro – "espécie de consomê cru, obtido por meio da centrífuga", esclarece Guy Martin –, servido com queijo de cabra fresco com pistaches da Sicília, tendo a forma e a cor de um cubo de nugá. Iguaria incomum mas delicada, que brincava com o contraste entre a acidez do cítrico e a nota doce do queijo. Mais clássico, o lavagante bretão era servido morno sobre uma salada crocante e legumes com azeite de manjericão, primeiro assado no forno e depois hidratado a vapor – textura singular, destacada pelo frescor do manjericão. Em seguida vinha um peito de galinha de Bresse, cozido por muito tempo em fogo baixo, sem o artifício do vácuo, acompanhado de alcachofras camus e violetas, e de um cheiroso suco de tomilho-limão. Prato delicado, macio, destinado a ressaltar um chardonnay da Borgonha. A sobremesa, construção geométrica impecável, era um cubo de chocolate manjari de Madagascar, servido com frutas vermelhas, toranja e abacate, merengue aromatizado com ilangue-ilangue, acompanhado por um sorbet de limão.

A cozinha de Guy Martin pretende ser atualmente leve, delicada, transparente na produção. Porém, essa cozinha moderna se inscreve em um processo de transmissão, inerente à gastronomia, à custa de um trabalho que procura se esconder em prol das qualidades gustativas.

No final de 2012, Le Boeuf à la Mode, restaurante criado em 1792 no número 6 da Rue de Valois, que fechou as portas nos anos 1930, foi reaberto com o nome de Balm, acrônimo do anterior, como se o Palais Royal, como uma fênix, não parasse de renascer das próprias cinzas. Durante o período Diretório (1795-1799), esse restaurante era decorado às "Merveilleuses" – como as criaturas que frequentavam o jardim, local de todos os prazeres após o Terror, para grande deleite dos "Incroyables".*
Hoje, as paredes apresentam algumas fotos artísticas e ainda assim sugestivas do antuerpiano Marc Lagrange. Pierrick Mathon, esteta, proprietário, desenhou as mesas que se encaixam como

---

* Durante o Diretório, Incroyables et Merveilleuses [Incríveis e Maravilhosas] foram membros de uma corrente de moda aristocrática caracterizada pela dissipação e pela extravagância, como reação aos anos sombrios do Terror. (N.T.)

bonecas russas. A decoração refinada e o mobiliário evocam o estilo nórdico dos anos 1960. Com materiais brutos, iluminação sofisticada, é evidente que o local pretende ser elegante, quando não descolado. A cozinha permanece clássica com uma pitada de orientalismo. O letreiro histórico está gravado na pedra, acima da entrada. Na Place de Valois, agora reservada aos pedestres, o Bistrot Valois – um bistrô à moda antiga, renovado totalmente por Laurent Chainel, com balcão de zinco, terraço e um pequeno salão nos fundos – revive os clássicos da cozinha burguesa e dos vinhos naturais.

No cruzamento das galerias nordeste do palácio – Rue de Beaujolais e Rue de Valois –, o Restaurant du Palais Royal oferece uma vista excepcional para as galerias e, durante o verão, desde o vasto terraço, para o jardim. Em janeiro de 2014, Éric Fontanini, jovem cozinheiro desse elegante e refinado estabelecimento, recebeu o prêmio Grand Chef de Demain de um júri de jornalistas e críticos gastronômicos. Ele tem a ousadia, nesse tempo de minimalismo culinário, de servir um generoso linguado à la Richelieu, inteiro, sem espinho, recheado com manteiga maître d'hôtel e empanado delicadamente com miolo de pão, verdadeira delícia, assim como uma cabeça de vitela ao molho tartaruga, receita clássica hoje bastante esquecida. Esse bom restaurante oferece habitualmente uma cozinha sazonal: no inverno, por exemplo, uma sedutora lebre à la Palais Royal, com uma entrada de batata-baronesa e foie gras, em seguida um tartare de vitela e lagostins ou então uma moleja de vitela empanada, guarnição oriunda de Grenoble. Thomas, o sommelier, sabe encontrar os vinhos específicos capazes de realçar essa culinária ao mesmo tempo tradicional e contemporânea.

Briga de coelhos

O Quartier du Palais Royal e, nas redondezas, os do Halles, do Mail e Vivienne eram antigamente conhecidos por seus estabelecimentos mais ou menos bem-afamados. Entre a Rue Thérèse, que mantém com o Les Chandelles uma tradição galante, e a Rue des Petits-Champs, a famosa Rue des Moulins conheceu grande celebridade entre 1860 e 1946, datas da abertura e do fechamento de um bordel frequentado sobretudo por Toulouse-Lautrec, pintor e ilustrador da boemia no final do século XIX, pândego priápico e filho de uma das mais antigas famílias aristocráticas da França, que havia ali se hospedado para ter seus modelos – moças e clientes – ao alcance da mão. No número 6 da rua, esse bordel se chamou sucessivamente La Fleur blanche, Le Grand 6, Aux Belles Poules ou, com mais discrição, La Rue des Moulins.

Atavismo aristocrático talvez, a atração de Toulouse-Lautrec pela carne andava de mãos dadas com um interesse também notório pela boa comida, que ele compartilhava com os diversos amigos. Os refinamentos da mesa para essa geração de artistas e de escritores eram um modo de escapar do "grande desgosto coletor", isto é, da atmosfera deletéria de uma época marcada pela humilhação da guerra franco-prussiana de 1870 e pela ordem moral que se seguiu, logo minada por escândalos: comércio de "condecorações", o escândalo do canal do Panamá, enquanto o boulangismo e a Igreja conspiravam contra a República, criando um terreno propício para o fanatismo com o assassinato do presidente Carnot e para o desencadeamento do caso Dreyfus. Mas, para esse artista, a pintura não podia ser dissociada de certa maneira de viver, porque ele adorava comer.

Inclusive, deve-se a ele algumas receitas autênticas: o boeuf à la Malromé, nome de sua propriedade familiar, o molho "à la poulette", e também algumas elucubrações como o "santo na grelha", que só pode ser obtido por quem "tiver relações com o Vaticano", ou a "couve-flor à la m...", receita antiga, misteriosa, "destinada a permanecer desconhecida pelos mortais", conforme escreveu.

Nesse final de século – aberto com Antonin Carême (1784-1833) e encerrado com Auguste Escoffier (1846-1935) –, um grande debate culinário sacode o meio quando Aristide Couteaux, senador de Viena, publica em sua crônica do jornal *Le Temps* uma receita de lebre à la royale que ele dizia ter aprendido com seus pais, naturais do Poitou. "Ele a preparou pessoalmente no Spuller, na Rue de Richelieu, depois de pegar uma *daubière* [recipiente de barro para cocção sobre fogo a lenha] emprestada de um restaurante vizinho, La Grande Taverne de Londres, e dizem que 'todo o Quartier de l'Ópera-Comique ficou atiçado com o cheiro desse famoso prato'", aponta Jean Vitaux, historiador gastronômico e eminente gourmet. A receita do senador Couteaux, homem de esquerda íntimo de Gambetta, de Jules Ferry e amigo de Eugène Spuller, provocou o escárnio daqueles para quem apenas a receita de Carême, inspirada na tradição do Périgord, merecia o adjetivo "royale". De acordo com este, de fato, a lebre, totalmente desossada e reconstituída em torno de um recheio de foie gras e trufas, deve ser acompanhada de um molho à base de redução de carne de caça e de um tinto generoso, cuidadosamente coberto com um pouco de foie gras e ligado com sangue. A receita da região do Poitou, ao contrário, tem origem em uma tradição camponesa na qual a carne de caça, cozida com muita chalota e dentes de alho, é feita em pedaços e misturada com um purê de foie gras a fim de ser apreciada "com colher". Henri Babinski, vulgo Ali Baba, engenheiro e gastrônomo, autor de *La Gastronomie pratique*, de 1907, julgava que a lebre à la royale de Carême "deixa bem para trás as preparações sem finesse chamadas de 'à la royale', viradas em purê, nas quais se tem um verdadeiro exagero de chalotas, cebolas e alho".

Escoffier, por sua vez, evitou dar um ponto final à disputa, ignorando a receita do senador Couteaux, mantendo apenas a da lebre recheada à la périgourdine. Mais tarde, Prosper Montagné (1865-1948), célebre cozinheiro autor do primeiro *Larousse gastronomique* (1938), chegará até a classificar de "pseudogourmets" aqueles que fazem alarde do que não passa a seus olhos de uma "medíocre caperotada de lebre". A lebre à la royale de Carême, como a bandeira branca à qual o conde d'Artois se negou a renunciar, quando a Câmara eleita após a derrota de 1870 era majoritariamente monarquista, tornou-se para alguns o símbolo expiatório do Antigo Regime, contra a lebre democrática e camponesa do senador de Viena. Hoje, a questão continua em aberto, com Joël Robuchon se posicionando a favor da receita poitevina. A gastronomia se alimenta dessas disputas homéricas e, para resumir em uma palavra, prazerosas.

As loucas noites da Rue Sainte-Anne

Perto do Palais Royal, a antiga e tranquila Rue Sainte--Anne, inaugurada em 1633, tornou-se subitamente nos anos 1970 um dos lugares da noite parisiense. Durante a Ocupação, ela havia abrigado inúmeras boates discretas: La Vie Parisienne, cabaré para mulheres no número 12, onde Suzy Solidor cantava Lili Marlène, assim como Lucienne Boyer.

Mudança de cenário à vista na esteira de Maio de 68, os mesmos cafofos que se arrastavam sofrivelmente no anonimato exibiram os prazeres de Sodoma, tolerados, e já quase legalizados pelo Parlamento, com casas noturnas superchiques: de início Le Sept e Le Colony, depois The Bronx, cujos restaurantes eram dirigidos pelo célebre Fabrice Emaer e o não menos ilustre Gérald Nanty, vindo de Saint-Germain-des-Prés. Sucesso certo, mas também escandalosa afluência de curiosos que vinham assistir de perto aos novos Incroyables, às Merveilleuses e às emancipadas Gazolines – grupo oriundo da Frente Homossexual de Ação Revolucionária (FHAR) –, que soltavam gritinhos ao sair do táxi e corriam para o abismo proibido dos campos Flégreos, o subsolo dessas discotecas.

Essa saga infernal durou apenas algumas estações. O baile dos invertidos do Magic-City dos anos 1930 também só tivera uma existência efêmera. Ficará na memória a boate histórica – a de Suzy Solidor –, gerida pela bela Isolde Chrétien, a decana das aeromoças da Air France do tempo das caravelas, munida de sua eterna piteira. Ela recebia em seu Piano Bar os bons burgueses encalhados, que não se atreviam a cruzar o último círculo do inferno da calçada da frente. Por volta das duas da manhã, Jacques Chazot, bailarino clássico, preparava espaguete para sua amiga Françoise Sagan e outros... Alice Sapritch, Thierry Le Luron, Yves Mourousi.

Pouco mais adiante na mesma rua era o "Chez la comtesse" para os iniciados, e no letreiro o Zanzi Bar, animado por uma amiga da Madame Billy, dona de um hotel acolhedor, na Rue Paul-Valéry. A viúva Carbone, vulgo Manouche, desfiava ali a lenda das mocinhas e da Gang des Traction Avant, rodeada por homenagens do inefável Roger Peyrefitte, escritor, que foi também seu biógrafo. Manouche, cujo humor era variável, às vezes tirava após uma confidência um ramo de tomilho da bolsa e exclamava: "É todo o perfume do maqui!". Só faltava a amenidade do clima de Bastia, e as personagens ausentes de seu famoso bar, o Brise de Mer. A especialidade da casa era uma comida agradável e uma descompostura que a proprietária, a Grande Zoa, servia simultaneamente a todo tipo de clientes noturnos. Grande sucesso até o dia em que foi encontrado atrás da geladeira um indivíduo sem vida. Fim definitivo do espetáculo. Só restou dessa época heroica o Les Chandelles, na Rue Thérèse, uma casa de suingue que serve jantares.

A Rue Sainte-Anne é hoje um reduto nipônico até a Rue des Petits-Champs, onde a Maison Paul Corcellet – descendente do comerciante de produtos alimentícios estabelecido no Palais Royal durante o Império – tornou-se Kioko, loja de produtos orgânicos japoneses. Paul Corcellet, figura carimbada da gastronomia entre 1970 e 1990, iniciou os parisienses nas especiarias, nos congelados, na pimenta verde e nas mostardas aromatizadas. Dentro da loja, numa atmosfera balzaquiana, mãos pequenas escolhem com cuidado, uma a uma, as folhas de estragão utilizadas em suas preparações. Jovial e indulgente, Paul Corcellet contava espontaneamente que suas receitas eram de inspiração celestial. Hoje, esse papel, menos pitoresco, é reservado a Toshiro Kuroda, um ex-jornalista que chegou a Paris em 1971 e cuja paixão culinária o levou a abrir diversos restaurantes japoneses na Rue Sainte-Anne – Bizan, Issé – e uma épicerie, a Workshop Issé. Aliás, toda a parte leste da Avenue de l'Opéra é voltada ao comércio do Império do Sol Nascente: produtos alimentícios, restaurantes e escritórios de empresas japonesas.

Para além da Rue Sainte-Anne, o Palais Brongniart, abandonado desde que deixou de sediar o pregão, não fornece mais as coortes famintas que enchiam no horário do almoço as brasseries da região, como a Galopin e outras. Criação única, situado no número 2 da Rue du Quatre-Septembre, o restaurante Bon II, projetado por Philippe Starck, deu esperanças para quem acreditava que essa região ainda tinha futuro. Era o segundo restaurante de uma mesa em voga criada na Rue de la Pompe, onde o designer imaginara uma decoração de tecidos e penduricalhos muito estimada pelas colunas sociais. Da refeição, em contrapartida, não guardei qualquer lembrança. Exceção feita quando do acaso da presença temporária – como consultor do Bon II – do bordelense Jean-Marie Amat, que mostrou aos parisienses alguns pratos repletos de imaginação e de talento. Se esse cozinheiro itinerante não ficou tempo suficiente em Paris para marcar sua passagem, pelo menos deixou algumas recordações gourmandes àqueles que conheceram sua cozinha no Saint-James, em Bourdeaux e em Bouliac, depois no Prince Noir até sua aposentadoria, em março 2014.

Jean-Marie Amat é uma grande figura da segunda onda dos cozinheiros oriundos da *nouvelle cuisine*. Como alguns de seus colegas com quem convivia, ele reconhecia André Guillot (1908-1993), o chef do Auberge du Vieux Marly, como seu mentor: "Se pude ter acesso a uma visão da culinária, foi graças à paciência e à bondade que ele demonstrou quando eu não sabia que tudo o que ele me ensinava em tão pouco tempo era essencial, muito além do que na época eu era capaz de entender", conta. Eis um depoimento sobre a natureza da arte culinária, sua indispensável transmissão, sem a qual não há arte nem mesmo cozinha. Cabe salientar, à margem dessas palavras, duas das principais características do autor do elogio: a inteligência e a modéstia. Mais eis também algo que diz muito sobre os novos dogmas da composição fragmentada e das dissonâncias culinárias em voga atualmente pois, seguindo Amat em essência, a cozinha é uma disciplina em que tempo e trabalho se conjugam em uma espécie de "pensamento". Mas, ao contrário da reflexão intelectual, são os sentidos que, na cozinha, "atiçam, preparam e orientam o pensamento", e conduzem o gesto do cozinheiro.

A herança culinária e o sabor, portanto, são dois valores essenciais para ele. Com seu amigo Jean-Didier Vincent, neurobiólogo e gourmet sensato, Jean-Marie Amat se rendeu ao desafio, inteligente e prazeroso, de trazer aos dias de hoje, 174 anos depois de Brillat-Savarin, uma *Nouvelle Physiologie du goût* (Odile Jacob, 2000). Obra erudita e saborosa, formada de um diálogo entre o cientista e o chef e com receitas deste. Os dois amigos veem uma marca de sabedoria na cozinha tradicional do Sudoeste, em comparação com a tecnologia moderna de alimentos, que lhes parece uma verdadeira loucura. É verdade que as populações de Béarn, Landes, Aquitânia souberam preservar sua harmonia mental com baixo custo, graças aos seus jardins, suas pastagens, suas florestas e seus rios limpos e preservados. Quantos aborrecimentos desnecessários, quantos medos milenares teriam sido evitados se tivéssemos aceitado reconhecer as condições naturais, verificadas pela ciência, de nossa experiência adquirida em cada eco-ambiente. O cozinheiro, como um pássaro, não cantaria bem apenas em sua árvore genealógica? Preparando ao lado de Jean-Didier Vincent uma verdadeira arborescência da percepção gastronômica, Jean-Marie Amat encontrou um terreno novo. E, com uma prática refinada e honesta dos paladares e aromas culinários, soube alcançar uma forma de conhecimento da qual sem dúvida não pode revelar todos os segredos, mas da qual sabe explicar os sabores. A reflexão, associada à prática, esclarece de modo bastante original a abordagem desse cozinheiro definitivamente atípico, amante da arquitetura contemporânea, aberto ao mundo das artes gráficas, da fotografia e da beleza em geral, também capaz de uma reflexão profunda não sobre a profissão – o que é banal –, mas sobre a própria essência do ofício de cozinheiro – o que não é.

Bon deu lugar ao Mori Venice Bar – cuja decoração, novamente projetada por Philippe Starck, é mais sóbria e bem-sucedida –, que o recém-chegado Massimo Mori soube tornar encantador por adaptá-lo aos encantos da culinária veneziana. Atrás do bar, onde são apresentados os antepastos, a brigada de cozinha se apressa. Trata-se de enviar mediante pedido os risotti e outros pratos rápidos, entre os quais o famoso fígado de vitela à veneziana, cortado em finos escalopes, salteado em fogo baixo com cebolas refogadas e uma polenta cremosa. No cardápio de Massimo Mori há profusão: carpaccio bovino, aranha-do-mar (*ganceola*), bacalhau (*baccala mantecato*), vieira (*capesante*), lagostim, chicória confitada no vinagre e outras sopas de marisco, ou "pasta e fagioli", surpreendente sopa de feijão e massa fresca. Há também as tripas de vitela com raiz-forte. Todos os produtos vêm da Itália por avião. Aos vinhos finos do Vêneto, a carta acrescenta os brancos elegantes de Friul e uma variedade de tintos brilhantes.

Dentro do próprio Palais Brogniart, onde antigamente ficava a Bolsa de Paris, o segundo Terroir Parisien – o primeiro, criado dois anos antes por Yannick Alléno e GL Events, encontra-se na *rive gauche*, na Maison de la Mutualité – abriu suas portas em 2013 e ocupa o subsolo do prédio. Com habilidade, o arquiteto Jean-Michel Wilmotte tirou proveito dos amplos espaços disponíveis no meio-subsolo e criou um *rillettes-bar*, onde se pode desfrutar, das 18 às 21 horas, de oito tipos de rillettes (de porco, de galinha... mas também de caranguejo, de cavala...). Além do pâté-en-croûte de galinha Houdan, o ponto forte é uma omelete batizada de "Roger Beudaine" (sic), que lembrará aos mais velhos aquela de Jacques Manière em seu Pactole, nos anos 1970. É uma omelete extraordinária, recheada com lavagante, cubos de foie gras, caudas de lagostins e trufas, acompanhada de um fio de molho de lagosta. Trata-se de um prato bastante regressivo, e sobretudo transgressor em relação à norma nipo-californiana que alguns restaurantes ao redor tentam impor. Essa omelete é emblemática desse novo estabelecimento. O cardápio tem alguns pratos da alta brasserie parisiense modernizados por Yannick Alléno e sua equipe, e inúmeras reinterpretações cuidadosas de receitas da cozinha burguesa, e até caseiras, da Île-de-France, como o miroton e também o navarin de cordeiro.

Ele passou ali, vai voltar acolá... O navarin é o penetra da cozinha burguesa: "ele corre, corre", se esconde... por trás de outra receita. Sua história merece atenção. "Navarin, vem de 'navet' [nabo]", escreveu Lucien Rigaud em seu *Dictionnaire d'argot classique* (1888), e designa um "ragu de carneiro com batatas. É o comum haricot de mouton* chamado pomposamente de 'navarin' pelos restaurateurs dos bulevares". Tudo bem, mas então o que o feijão está fazendo ali? Taillevent (1310-1395) é o

---

* Literalmente, feijão de carneiro. Trata-se de um ensopado de carneiro com feijão branco. (N.T.)

primeiro a dar a receita de um "héricot de mouton". Ela consiste em refogar pequenos pedaços de carne e cebola em banha, embebê-los em um caldo de carne e depois aromatizá-los com várias especiarias e uma pitada de agraço. Nada de feijão: eles só serão descobertos por Cristóvão Colombo no século XVI! Toda ambiguidade reside então na palavra francesa "héricot". De fato, esta vem do antigo verbo "haricoter", ou seja, cortar em pequenos pedaços. Nunca existiu feijão no haricot de mouton! Esse ragu, arraigado na tradição francesa, será reconsiderado respectivamente por François de La Varenne e por Menon, que introduzem o navet [nabo] na receita, até moldá-la como a conhecemos hoje. Em 1867, Jules Gouffé recomenda o uso do carrê em vez da paleta. Ele acrescenta batatas à guarnição tradicional de nabos e cebolas. Nesse meio-tempo, Parmentier tinha conseguido superar a relutância quanto ao famoso tubérculo, destacando o papel nutricional do amido. Muito mais tarde, vai se perceber que isso possibilita não se enfarinhar a carne e obter um molho igualmente encorpado.

A moda dos bistrôs

O "bistrô"? Palavra oriunda de gíria ou do russo, não se sabe ao certo. Sua etimologia é desconhecida. Por muito tempo se acalentou a lenda de que os cossacos que ocuparam Paris após a queda de Napoleão chamavam os garçons de café com um vigoroso "vistro!", que em russo significa "depressa". Uma maneira de apressar o serviço, a fim de escapar da chegada de um oficial, porque não tinham permissão para beber. Explicação improvável, na medida em que a palavra só aparece, nos escritos de Huysmans, em 1898, para descrever um

O palco da gourmandise, do Palais Cardinal ao Palais Royal

comerciante de vinhos que tinha um café, na Rue Galande, *rive gauche*. Contemporâneo de Huysmans, o poeta Jehan-Rictus compara o bistrô a uma igreja. Na linguagem popular, "bistrô" designa o proprietário, não a taberna e muito menos um restaurante. Colette situa este sainete no Palmyre, na Rue Bréda (atual Rue Henry-Monnier), antes de 1914: "O cliente da mesa dos fundos acaba de pagar um luís por sua caçarola de frango. O senhor não queria o meu menu. O senhor pede pratos à parte! O senhor acredita que está em um restaurante!". Vai-se ao bistrô para "tragar os diferentes conteúdos de muitos copos", por paixão ao jogo (bilhar, dominó, gamão), destaca Huysmans, ou então para escapar dos "aborrecimentos de um lar onde a janta nunca está pronta, onde a mulher resmunga inclinada sobre uma criança que chora".

Há mais de um século, bistrôs e restaurantes de luxo estão lado a lado no coração de Paris. O Louis XIV, na Place des Victoires, foi um dos mais típicos do pós-guerra, lançado por um grupo de artistas como, nos tempos idos, o Restaurant Magny, criado em 1842 na Rue Mazet, no 6º arrondissement, por iniciativa de um médico que atendia artistas e escritores. Toda terça-feira, depois de 1862, Sainte-Beuve, Zola e os irmãos Goncourt frequentavam o local. No Louis XIV, a fritura, o rotineiro frango salteado e o peito de vitela recheado lembravam a origem da cozinheira, que nasceu no departamento de Corrèze. Reforçado por sua instalação em uma das mais belas casas na Place des Victoires, esse bistrô logo atingiu o patamar de restaurante. Ele fechou as portas em 1995, dez anos depois do vizinho Le Roy Gourmet.

Na Rue du Mail apenas sobrou, em uma decoração haussmanniana, o Chez Georges, adquirido em 1964 pela família

Brouillet e vendido em 2010. Este foi por muito tempo um santuário onde as pessoas vinham – nos anos 1970 – degustar religiosamente um la-tâche do Domaine de la Romanée-Conti por um preço acessível ao contribuinte comum. Em cima da mesa, ricos aperitivos à vontade, servidos em grandes travessas, cozidos, carnes de caça sazonais e generosas sobremesas. Os compradores mantiveram a decoração de estuque, os grandes espelhos, os bancos de tecido moleskine, a equipe feminina que afaga a clientela e o mesmo espírito de antes. Hoje é um conservatório da cozinha burguesa atemporal, ainda apreciada pelos velhos parisienses e venerada pelos norte-americanos. Uma atmosfera semelhante reinava nos anos 1980 no Pierrot, na Rue de Turbigo, durante as intermináveis obras de preenchimento do buraco dos Halles.

Na esquina da Galerie Vivienne, na Rue de la Banque, sob o letreiro Le Bougainville, sobrevive o modesto reduto aveyronês da sra. Maurel, que ainda se preocupa com a finesse da torta da casa e se assegura das chegadas da charcutaria dos arredores de Espalion. Especialidade: tripas. O filho da proprietária a sucedeu e acalma os impacientes no bar lhes servindo um graves do Domaine de Massereau acompanhado de uma extraordinária andouille de toucinho. O pessoal da agência France-Presse, que antes ia para o Le Timbre, também frequenta o local, porque os preços são exemplares. Preços razoáveis também no Bistrot Vivienne, com bancos, espelhos e salão discreto no primeiro piso, que está ao lado de uma das entradas da Galerie Vivienne, construída em 1823 para ligar a Biblioteca Nacional e a Place des Victoires, quando o Palais Royal ainda era um lugar sagrado da festa parisiense. Sua presença humaniza a decoração neoclássica e solene da passagem graças, em particular, a algumas mesas dispostas na galeria, entre as quais circula uma equipe experiente. Régis Merlin, o proprietário, vigia o serviço e a cozinha de Philippe Le Guen. A Maison Legrand – bem na frente – oferece algumas boas garrafas, em especial um marsannay tinto do Domaine Trappet. Cabe destacar um surpreendente babá da casa embebido com rum venezuelano Diplomático, aromático e pouco açucarado.

Na Rue de Richelieu, o Pierre au Palais Royal foi durante os Trinta Gloriosos, no tempo da família Nourrigat, uma mesa brilhante em que dois pratos caseiros dominavam os demais: a salsicha de Morteau ao vinho brouilly e a estofinade rouergate, adaptação occitana do stockfisch. Esse prato de sabores rústicos, feito com os peixes dos pobres e com o tubérculo das misérias reais, mais alho e azeite de nozes da região, tinha incondicionais seguidores entre os membros vizinhos do Conselho de Estado. Com Jean-Paul Arabian, que anexou a floricultura adjacente, o Pierre au Palais Royal experimentou uma retomada no início dos anos 2000. Retorno da terrine de focinho de porco e dos pratos caseiros que encantavam os habitués, os amigos primeiro – entre os quais o incansável Michou – e os sábios do Palais Royal: sopa de mexilhão, lentilhas com chalota, ovos pochés com molho meurette. A quenelle de lúcio, inevitável vestígio da cozinha burguesa, foi suavizada, como o creme de abóbora servido com vieiras. Há ainda o entrecôte de Salers, o parmentier de bochechas de boi e o pato de Challans.

Desde então, Éric Sertour, maître sommelier, cercado por uma equipe de profissionais, rejuvenesceu a decoração e, combinando bistrô e gastronomia, propõe uma cozinha bistronômica, neologismo que descreve uma cozinha cuidadosa, realizada na maioria das vezes por cozinheiros que aprenderam seu ofício nas brigadas de cozinha das grandes casas. A bistronomia pode ser apenas uma moda passageira, mas denota também que é dada especial atenção à recepção e ao convívio, ao contrário dos "neobistrôs" sem personalidade, com equipe anônima ou arrogante. Uma nova direção se emprega hoje para manter uma recepção eficiente e uma cozinha de qualidade.

Na proximidade, na Rue des Petits-Champs, encontra-se um simpático reduto britânico, onde se pode imaginar que os ingleses, como pretende o enólogo Hugh Johnson, inventaram o sabor do vinho. Debate antigo que remonta ao tempo em que a família bordelense de Arnaud de Pontac, que foi proprietário do Chatêau Haut-Brion, estabelecia em Londres em 1663 uma taberna – a Pontack's Head –, frequentada pelo filósofo John Locke, pelos escritores Daniel Defoe e Jonathan Swift, que adoravam o "*Ho-Bryan*". No Willi's Wine Bar, Mark Williamson, há mais de duas décadas, procura resolver o espinhoso problema das harmonizações gourmandes entre os vinhos e a culinária.

O que é exatamente o Willi's? Um lugar bastante anônimo que se parece com um café marrom [*bruine kroeg*] de Amsterdã, bela clientela de homens de alto escalão e lindas mulheres que degustam manzanilla, amontillado e outros tipos de xerez. Serviço temperamental, isto é, ou indiferente, ou muito caloroso, prestado pelos súditos de sua Majestade. O *must* desse estabelecimento é a coleção de vinhos de prestígio de côtes-du--rhône, de Condrieu a Châteauneuf-du-Pape. O syrah de um bom Saint-Joseph harmoniza com um pato com nabos confitados. Côtes-rôtie e hermitages tintos, enquanto não é temporada da carne de caça, caem bem com um bife au poivre. Os pratos regionais se prestam aos vinhos robustos, generosos e tânicos. Queijos ingleses, é claro; por fim, um dos poucos vinhos que respeita o chocolate: East India Solera, um xerez de Emilio Lustau. Também é possível tomar apenas um xerez fino no balcão e seguir o seu caminho.

O Quartier Gaillon resiste ao domínio japonês graças a dois estabelecimentos famosos: o Drouant, há mais de um século, e o La Fontaine Gaillon, por muito tempo chamado Pierre, retomado em 2003 pelo ator Gérard Depardieu. No Drouant ainda se reúne todos os meses, no famoso salão oval, a Sociedade Literária que, desde 1914, concede o prêmio Goncourt. Se a atribuição do prêmio às vezes está vinculada à cozinha, as reuniões do júri – mensais – são desde a origem motivo de cuidadosos festins denunciados por Julien Gracq – em *A literatura no estômago* (1949) –, que recusou o prêmio. O primeiro banquete da academia ocorreu em 26 de fevereiro de 1903, não no Drouant, mas em um salão de festas do Grand Hôtel, perto da Ópera, onde o célebre Auguste Escoffier comandava a brigada de cozinha. Essa data é tida como fundadora da mais estranha aventura literária e gastronômica do século passado, que continua viva. Aliás, os humoristas que zombavam da "Academia da mesa", nas palavras de Jean-Louis Forain, e da "Academigalha", segundo Émile Faguet, não estavam enganados.

Hoje presidida por Bernard Pivot, a Academia Goncourt tem por fundadores os convidados que participavam dos "jantares de Magny". Os personagens-chave eram Flaubert, Zola, Alphonse depois Léon Daudet, que tinham o costume de descrever em seus romances esses aparatos enormes, essas magníficas ostentações gastronômicas, que lembram as orgias denunciadas por Marcial e Juvenal, os censores do declínio de Roma, como observará Huysmans em *Às avessas*. Inseparáveis, Jules e Edmond de Goncourt, os "Bichons" para os íntimos, participavam desses festins. Eles não eram muito abastados e eram até avarentos: tinham apenas uma amante – uma parteira complacente –, cujos favores cada um reservava em dias fixos por questão de economia. Ainda assim, os irmãos decidiram garantir a posteridade oferecendo a cada um dos membros da sociedade admitida a carregar seu sobrenome uma renda anual de seis mil francos-ouro, e ao laureado escolhido anualmente entre os jovens autores um prêmio de um valor quase equivalente.

No início dos anos 2000, uma refeição no Drouant era promessa de um grande momento de prazer gourmand, quando o chef Louis Grondard estava no comando de uma brigada de cozinha que havia formado inúmeros concorrentes, entre os quais o jovem Yannick Alléno. No outono, quando se aproximava a entrega do prêmio Goncourt, o chef aguardava o retorno da temporada de caça, porque se distinguia em seu preparo. Para os integrantes da academia, o cardápio fazia parte de um ritual estabelecido.

Um dia eu tive o privilégio de saboreá-lo durante um ensaio prévio ao almoço: para começar, o tradicional caviar selvagem do Cáspio (ainda estava disponível naquela época, porque a espécie não era protegida), seguido do lavagante marinado ao meursault, de um perdigoto em folhas de videira, que precedia os queijos e uma sobremesa de laranja. Nada de galinhola, pois está proibida desde o pacote de medidas restritivas de 1978, que proíbe seu comércio. Os regulamentos comunitários baniram também a venda da caça com pele. Fim da exibição de perdigotos alinhados, da perna de corça inteira, nas vitrines da Rue Montorgueil. Que lobbys venceram esses costumes? O da higiene, com certeza muito poderoso, ou o dos alimentos para o gado, sem dúvida mais eficaz do que o dos protetores de pombos? A galinhola, "senhorita de bico longo", sem dúvida a mais bela de todas as caças francesas, e as sombrias eram a paixão de François Mitterrand, que as degustava religiosamente no outono às margens do rio Adour, ou então em Magescq, perto de Latche, sua propriedade do Landes. Mas é preciso se render à evidência, a caça francesa – tetrazes, lagopus, bonasas, galinholas – já não era mais capaz de fornecer o contingente de sensações gustativas, vítima tanto do descumprimento dos programas de caça, dos regulamentos europeus, do Conselho de Estado, quanto do instinto predatório condenável de alguns caçadores.

Resultado, hoje muitos cozinheiros jovens nunca provaram nem sequer viram uma galinhola, e desconhecem tudo a respeito de seu preparo. A tal ponto que um chef no estrelato pretendia, há pouco tempo, servi-la secretamente apenas assada após três dias de maturação na geladeira! Heresia, pois o sabor *faisandé* – o da indispensável maturação – fica esquecido, mais ainda do que o da própria caça e sua natureza selvagem. No final de 2005, o chef três estrelas Antoine Westermann, alsaciano como a família Drouant à qual está vinculado, adquire o restaurante e o transforma profundamente. Nada de mexer na escadaria de Ruhlmann, inscrita no patrimônio histórico, nem no salão dos Goncourt, nem no salão Colette, contíguo. O novo cardápio, aberto aos sabores longínquos, tem como alvo uma clientela mais jovem, viajada e que sabe se regalar tanto com um pâté-en-croûte ou uma bouchée à la reine quanto com uma salada de batatas com cavalas fritas. O Drouant, mais acessível, menos afetado, provavelmente perdeu alguns antigos habitués, mas abriu o apetite de muitos, e zelosamente conservou os Goncourt.

Place Gaillon ainda. Em 2003 Gérard Depardieu decidiu adaptar para a própria vida o papel de Vatel – mordomo do príncipe de Condé –, que encenou no cinema. Porém, revisitado pelo Gegê nacional, ele não é mais o traiteur genial, o organizador do sublime banquete que lhe seria fatal em abril 1671: transformou-se no anfitrião do antigo restaurante Pierre, situado na Place Gaillon, com Carole Bouquet e o chef Laurent Audiot, um "velho amigo" com quem "bebia uns tragos" alguns anos antes, na época em que seu lema era: "Saia daqui que estou me hidratando". Paradoxalmente esse novo restaurante, batizado de maneira sóbria de La Fontaine Gaillon, está localizado no casarão construído, no ano seguinte à morte de Vatel, por Jules Hardouin-Mansart para o *sieur* Frémont, antigo lacaio que se tornou guardião do tesouro real. A fonte da praça, obra de Jean Beausire datada de 1707, ocupa uma das três arcadas da fachada diante da qual foi projetado um grande terraço.

Foi em 1880 que o antigo casarão, reformado, recebeu o restaurante Pierre, de um lado e de outro da fonte. O estabelecimento praticava na época a versão econômica dos caldos criada por Pierre Duval: um pot-au-feu acompanhado por uma tigela de caldo. Seu último proprietário, Roger Boyer, fez importantes obras de embelezamento, reformando a fachada e construindo inúmeros espaços de estilos diferentes: o salão Régence, com esplêndidos revestimentos de carvalho e uma lareira de pedra, o bar Charles X, no piso térreo, onde o novo proprietário recebe a clientela. Gérard Depardieu, antes de se exilar na Rússia, recebia os clientes como amigos, lhes dava um olhar, um sorriso, e exaltava os méritos de sua adega como o do admirável "culatello", que ele ia buscar pessoalmente em Parma. Se "a amizade é uma religião sem Deus nem Juízo Final", Gérard Depardieu merece ser um dos grandes dignitários, fiel a seus compromissos como a seus caprichos. Ele prometera havia muito tempo para Laurent Audiot, então chef de cozinha no Marius et Jeannette: "Um dia, meu velho, vou abrir um restaurante com você". O que não passava de uma proposta de mesa de bar se tornou realidade.

A cozinha – uma peça de Arnold Wesker montada por Ariane Mnouchkine – "me deu o que pensar", me confessou certa vez Gérard Depardieu, que justificava seu envolvimento pelo "prazer de homenagear pessoas do ramo que têm amor pelo trabalho bem-feito". E também o fez evocar desordenadamente a memória do pai – um antigo fabricante de chapa metálica e fundidor, compagnon du Tour de France*, que tinha "o magnífico apelido de Berry, o 'bem-decidido'" – e Jean, o amante de vinhos do Loire, leia-se Jean Carmet, graças a quem se tornou viticultor no Château de Tigné: "Gosto do chenin por sua franqueza; o 1989, minha primeira safra, hoje está magnífico". De fato, sua acidez natural lhe confere hoje uma graça por muito tempo recusada. Gérard Depardieu é categórico, odeia "a madeira que esconde as falhas da videira". Este vinho não é um pouco diurético? "É um vinho para mijar", admite, soltando uma

---

* Integrante de uma organização corporativa voltada para o aprendizado e a formação em profissões manuais e técnicas. (N.T.)

gargalhada. Jean Bardet, o velho amigo, tem um lema rústico, ainda mais explícito: "Você bebe um cálice e mija um balde".

   O fascínio pelo trabalho de cozinha, mais do que a cozinha em si, anima o inesquecível intérprete de Cyrano. Dedicou-se a ele com perseverança. "Adoro cozinhar coelhos. Coloquei esta manhã cinco tetrazes para marinar no leite." Às vezes está presente na parte da manhã, confirma o chef, gerente do estabelecimento, na hora em que os fornecedores entregam os produtos: "Ele sempre exige o melhor". O cardápio do La Fontaine Gaillon está em harmonia com o espírito do lugar. Claramente, a qualidade prima sobre a rentabilidade. Nada de complicado, de desnecessário; pouco floreio nos pratos, mas sabores precisos e pontos de cozimento na medida. Os tomates recheados com caranguejola fresca não têm outro objetivo além de abrir o apetite; o fricassê de lulas e cogumelos porcini ao alho e à salsa brinca com o registro de sabores e com o contraste das texturas de acordo com os cânones da cozinha burguesa. Os filés de salmonete, delicadamente refogados, são combinados com um fricassê de cogumelos porcini deglaçado com vinagre; é a combinação ideal com o chenin do Loire. Gérard Depardieu adora bacalhau frito, servido com cenouras caramelizadas aromatizadas com manjericão. Grande momento de emoção para os apreciadores: a apresentação do badejo de Saint-Gilles-Croix-de-Vie à la Colbert, empanado e frito. Frango salteado à caçadora, filé-mignon grelhado com molho béarnaise, costela de vitela assada, purê de batatas, diversos pratos que com certeza vão cair nas graças daqueles para quem a culinária não é um exercício de pirotecnia. O cardápio de sobremesas segue a mesma linha.

   Gérard Depardieu oferece uma lindíssima coleção de grandes Borgonha e de grands crus de Bordeaux, os vinhos do amigo Bernard Magrez – Château Pape Clément e Château La Tour Carnet – assim como aqueles do Château Cos d'Estournel. Cabe destacar algumas raríssimas garrafas de Château Rayas e do Château de Fonsalette, do "pai Reynaud, um viticultor fascinante", conta Gérard Depardieu. La Fontaine Gaillon é um remake de restaurante pré-*fusion food*, de um classicismo ao mesmo tempo rigoroso e descontraído. Esse modelo de convivência tipicamente francês resistirá à mudança de nacionalidade de seu proprietário?

Um porta-joias para algumas pérolas

Da Place Vendôme, uma das grandes praças reais com sua falsa coluna de Trajano, suas joalherias e a perpétua entrada do Hotel Ritz, às vezes é possível perceber um clarão de luz sobre o jardim real das Tulherias. "É um jardim extraordinário", se alegra Charles Trenet, enquanto a Rue du Faubourg-Saint-Honoré leva para o Palais Royal. O 1º arrondissement é o nó górdio e o coração da Paris moderna no seu nascimento revolucionário. Boa comida e belas paisagens, é isso o que nos oferece esse labirinto de ruas antigas atravessado pela Avenue de l'Opéra. É uma região ornamentada por uma das mais belas e amplas igrejas de Paris, a Saint-Roch, obra-prima do estilo jesuíta tardio, construída entre 1653 e 1722, com a magnificência discreta dos séculos clássicos dada por sua nave, depois por seu coro fechado, capela vespertina para o último ofício sob a luz suave dos círios. Capela seguida por uma segunda capela – estranha – na qual reina a Arca da Aliança. Enfim, uma igreja compartimentada, que conserva os fervorosos devotos, o clero, e atrai turistas. É a paróquia dos artistas. Nela também se celebra a Saint-Vincent, festa dos viticultores. O presbitério, contíguo, é nada menos que um antigo palácio episcopal do século XVIII, de onde o atual decano vigia seu rebanho – nos moldes de Clochemerle--en-Beaujolais* –, que frequenta os cem cafés e restaurantes da área. O entrelaçamento de ruas ao redor é feito de casarões com jardins aparados, de fragmentos de conventos preservados ou apenas de edifícios nobres dos séculos clássicos, dotados de pátios e passagens que se comunicam. Quanto ao cume da falésia insular, o rochedo na verdade é um prédio de vidro e aço, do arquiteto Bofill, moderno e fora de lugar!

No Rubis, bar de vinho e restaurante situado na Rue du Marché-Saint-Honoré, há pratos do dia, sanduíches abertos e vinhos selecionados, no balcão, por Albert Prat, que nasceu no departamento de Aveyron. Seus amigos dizem que ele é "a fênix dos anfitriões desses bosques". Duas festas do vinho dignas dos comícios agrícolas do Segundo Império fizeram a reputação desse estabelecimento, que está lotado nos dias da semana há (em breve) três décadas. O Rubis fica superlotado em todas as terceiras quintas-feiras de novembro, quando chega a nova safra de beaujolais, assim como no final de janeiro, na Saint-Vincent Tournante, festa importada da Borgonha com a bênção do clero local. Quem não viu o mar de gente invadir a rua, no dia da chegada da safra nova de beaujolais, não viu nada. A ordem é garantida pela polícia, cuja delegacia, como de propósito, ocupa uma das fachadas do novo mercado, essa gaiola transparente construída sobre um estacionamento subterrâneo.

---

* Referência ao romance satírico *Clochemerle*, de Gabriel Chevallier. (N.T.)

Foi aqui, no bairro que adotou, que se passou uma história semelhante à do *Petit Jehan de Saintré* de Antoine de La Sale, pelo menos no que se refere à danação, no final dos anos 1990.* Era um homem pequeno que na realidade morava em Pantin, às margens do canal. Antigo clero das ordens menores na basílica de Montmartre, diácono talvez, recrutava nos bistrôs para a paróquia dos sedentos. Também frequentava o Petit Vendôme, na Rue des Capucines. Esforçou-se para reunir a Associação de Comerciantes do bairro contra os empreiteiros durante a construção do novo mercado. Conseguiu. Também dava uma mão no engarrafamento e na organização das adegas. Certo dia, não tornou a subir de um desses antros medievais, esmagado como um suflê sob o peso das garrafas que levava para a superfície. Nunca mais voltaria a ver aquela "que velava por lhe ensinar a arte do amor cortês e a do bom vinho da Borgonha", segundo o escritor satírico do século XV, Antoine de La Sale. Triste fim, no final de mais uma subida da adega, para quem as pessoas da região chamavam de "o pároco".

Atrás do Hôtel Meurice, na Rue du Mont-Tahbor, um incrível vestígio dos anos 1950 chamado Au Petit Bar oferece há vinte anos seu cardápio: o *œuf mayonnaise* – ovo com maionese – ou o prato de saladas; o contrafilé recheado, o escalope empanado e, de vez em quando, o fígado de vitela com purê, com uma sobremesa da casa. O proprietário fica no balcão, a esposa, na cozinha, ao passo que o filho se encarrega do serviço e da conversa com os artesãos da região. O vinho da casa custa dois

---

* Nesse romance cavalheiresco, Jehan de Saintré, após voltar de uma provação e descobrir a traição de sua dama com um abade local, corta a língua deste com sua espada. (N.T.)

maços de cigarros por garrafa! É a imagem clássica ainda perpetuada por algumas cidades auvérnias com um serviço prestado por eficazes clãs arvernas.

Mudança de cenário, Rue de la Paix, com um novo palace dos anos 2000, o Park Hyatt Paris-Vendôme, no qual o chef Jean-François Rouquette oferece uma cozinha de alto nível em uma decoração estilo norte-americano. Já no Hotel Westminster, também na Rue de la Paix, o chef Christophe Moisand se encarrega do Le Céladon e do bar, onde se esbarram os joalheiros da Place Vendôme e as caçadoras de diamantes. É possível recobrar as energias à moda inglesa bebericando os coquetéis preparados por Gérard, o barman poliglota do Duke's Bar.

No outono de 2011, comemorou-se o centenário do Harry's Bar, aberto em 26 de novembro de 1911 no número 5 da Rue Daunou. As natas nova-iorquina e parisiense se cruzavam no "Sank roo doe noo" de meio-dia às três da manhã. "Um lugar para fazer alguma coisa", dizia o amigo Jean-Pierre Quelin, e acima de tudo, para Ernest Hemingway ou Scott Fitzgerald e sua esposa Zelda, "um lugar para beber alguma coisa". Ali, dizem, Gershwin colocou a última nota de *An american in Paris*. Sartre, Jacques Prévert, Blondin, é claro, degustavam no Harry's o famoso Bloody Mary, criado em 1921, um coquetel feito de vodca, suco de tomate, suco de limão, tabasco, molho inglês e o indispensável sal de aipo.

O estabelecimento foi inaugurado com o nome de New York Bar por um ex-jóquei norte-americano, Tod Sloan, que fugia da Lei Seca e queria oferecer a Paris um bar de coquetéis digno desse nome. Ele pediu a certo Clancey para desmontar o revestimento de madeira de seu bar nova-iorquino para recolocá-lo de modo idêntico em Paris. Harry Mac Elhone, o mais famoso barman da época, comprou o local em 1923, colocando o seu nome. A direção do estabelecimento continua com os seus descendentes. Nada mudou da aveludada atmosfera discreta que se inflama no piano-bar no subsolo ou nas noites de eleições norte-americanas. Desde 1924, um mês antes de cada eleição para presidente dos Estados Unidos, os norte-americanos de Paris são convidados a votar (*straw vote*). De 25 eleições, os eleitores do Harry's só erraram duas vezes. "Não é um lugar de modinha, por isso nunca vai estar ultrapassado", considera Isabelle Mac Elhone, a atual proprietária. No Harry's também é possível almoçar um legítimo hot dog, salsicha com mostarda em um pão brioche, um club sandwich, um chili con carne, uma salada de toranja ou brownies. Cem anos depois, o Harry's Bar permanece *the place to be*, sobretudo depois dos jogos de rúgbi do Torneio das Seis Nações.

A Rue Saint-Honoré é cravejada de bistrôs de bairro, mas também de lojas de elite como La Maison Verlet, torradora de café desde 1880, retomada em 1995 por Éric Duchossoy – de uma família de torradores do Havre –, que oferece aos apreciadores misturas com nomes inspirados, "Grand Pavois" ou "Haute Mer". A loja, nos moldes da antiga, oferece produtos, armazenados em saco de juta, que perfumam a loja como nos tempos do *Primo Pons*. E também da Maison Chedeville, famosa charcutaria, e do peixeiro Potron, que, conta Cocteau, durante a guerra organizava em sua adega corridas de cavalinhos de pau – a Pari Mutuel Urbain, empresa de aposta de corridas de cavalo, estava proibida – enquanto bombas caíam no Hipódromo de Longchamp.

Nem todas essas lojas sobreviveram às recentes mudanças da região, a construção de um estacionamento e do vasto mercado pelo arquiteto Ricardo Bofill. Le Coq Saint-Honoré, fundado em 1984 e dirigido desde 1991 por Jan-Dominique Fröding, que infelizmente faleceu há pouco tempo, permanece o grande fornecedor de aves dos bons restaurantes parisienses após o fechamento da Maison Piètrement-Lambret. Gilles Barone, açougueiro da Rue du Marché-Saint-Honoré, sucedeu o pai e, como este, se contenta apenas com o melhor. Novos restaurantes surgiram ou foram reformados na Place du Marché-Saint--Honoré, como o L'Absinthe – dirigido por Caroline, a filha de Michel Rostang –, onde no verão se pode saborear no terraço um escabeche de sardinhas e royale de tomates brancos, uma marinada de cavala fresca ou um polvo em molho agridoce. A última criação da família Rostang, o Café des Abattoirs, situado na Rue Gomboust (onde ficava o Bistrot Saint-Honoré), é destinado aos carnívoros. Há ainda o Louvre Bouteille, em frente ao magnífico Oratório do Louvre, na Rue Saint-Honoré, designado em 1811 por Napoleão ao culto reformado.

No Carré des Feuillants na Rue de Castiglione, o incontestável embaixador do Sudoeste Alain Dutournier escolheu uma terceira via – nem real, nem poitevina – para sua lebre à moda da Aquitânia. Ele carrega esse título desde que se mudou para Paris em 1973, aos 24 anos, primeiro trabalhando no Trou Gascon, no 12º arrondissement, em seguida, a partir de 1986, no Carré des Feuillants, erguido sobre as ruínas do antigo convento.

Verdade que Alain Dutournier, cria do Gaves e do Adour, nunca poupou esforços para valorizar os produtos da região. O patrimônio culinário e o sabor são para ele valores a se privilegiar. Seu estilo? O do homem em si, com a finesse nobre do rosto, sombreado por uma barba fina, como a de Guy Savoy ou a de Alain Ducasse, contemporâneos. Uma finesse que busca a essência das coisas e do sabor, a representação. Tudo isso está expresso em um discurso aplicado, cheio de humor, com um leve sotaque regional – menos rouco que o de Raymond Oliver –, que revela uma perfeita harmonia com uma paisagem, uma cultura, um mundo, sem dúvidas em via de extinção, mas que ele sabe fazer reviver apenas para o prazer dos clientes. Onde está a simplicidade? Nas origens do cozinheiro? Ele foi criado entre a estalagem da família e a fazenda, na pureza dos produtos. Fazer o simples para ele pertence à imaginação, que tem algo de poesia, quando um sabor sabiamente aproximado de outro resulta em combinações perfeitas, como o petit pâté quente de cogumelos porcini combinado com suco de salsa, os lagostins apimentados confrontados com as nuances de uma nougatine de alho doce. Pouco importa se a tecnologia e o conhecimento das transformações enzimáticas transformaram o cozinheiro em técnico de ponta e se a receita da famosa lebre à moda da Aquitânia não está ao alcance de meros mortais. Provar esse "prato demoníaco" no Carré des Feuillants é se conscientizar de que a receita – lugar-comum – dá lugar ao chef bonachão, culto, jovial, inspirado.

A outra grande paixão de Alain Dutournier são os vinhos, de que é grande conhecedor. Aliás, já percorreu os grandes vinhedos do mundo. Sem sectarismo, no entanto, ele elogia a qualidade de uma garrafa emblemática, porque Henrique IV foi batizado com jurançon em 12 de dezembro de 1553. Ele escolheu essa garrafa de coleção pelo toque de laranja amargo, pelo aroma de especiarias doces e de *sous-bois* que convém à trufa negra. É uma garrafa excepcional que se situa no patamar de uma cozinha capaz de "expressar a quintessência de produtos demorada e rigorosamente selecionados". Com uma terrine de foie gras bem picante, o chef fará a escolha eclética de um coteaux-du-layon que surpreende pela admirável juventude e pelo lado seivoso. O vigoroso chenin faz aqui maravilhas e, em uma grande safra, revela sua vivacidade e seu encanto. Para acompanhar a lebre à moda da Aquitânia, macerada com especiarias doces antes de uma cocção lenta, ele escolhe um Chateau Musar, vinho do Líbano. Trata-se de um vinho opulento que combina com as mais sutis harmonizações do paladar. Ao degustar essas maravilhas, também é possível sonhar, na companhia de Alain Dutournier, com um almoço na relva ao lado de Francis Jammes, o poeta de Hasparren, e de suas lindas amigas Clara d'Ellébeuse e Almaïde d'Étremont. Que fim levaram os poetas? O txakoli Txomin Etxaniz, vinho branco ligeiramente efervescente do País Basco, derrama fluidamente sua torrente de ouro nos cálices.

A lembrança do pequeno Marcel

– Com o que sonham as moças abastadas? Com a vida de hotel.

– Quais são os hotéis preferidos delas? Todas preferem o mesmo: o Ritz.

– O que é o Ritz? Paris. E o que é Paris? O Ritz.

"Ninguém poderia ter dito melhor", sussurrou Marcel Proust a quem Léon-Paul Fargue contava essa conversa que teve com, segundo ele, "os mais belos olhos do Chile".

O palco da gourmandise, do Palais Cardinal ao Palais Royal

O Hotel Ritz, na Place Vendôme, desempenhou um papel central na vida do pequeno Marcel, o que não o impede de ter a língua afiada em relação à equipe com quem convivia com frequência: "É verdade que no próprio palace havia pessoas que não pagavam muito caro sem deixar de ser estimadas pelo gerente, contanto que este tivesse certeza de que cortavam os gastos não por pobreza, mas por avareza. De fato, a avareza não poderia diminuir o prestígio na medida em que é um vício e pode, por consequência, existir em todas as classes sociais. A posição social era a única coisa a que o gerente dava atenção, a posição social ou, antes, os sinais que lhe pareciam implicar que ela fosse alta".

Ele não conhecia naquela época L'Espadon, o restaurante do hotel criado em 1956 por Charles Ritz, filho de César, em estilo barroco, antiquado e atemporal, gênero Luís XVI. Uma decoração que os norte-americanos apelidaram de "Ritzy". Durante muito tempo se cultivou ali a lembrança de Escoffier, até que Guy Legay fizesse de L'Espadon uma mesa moderna. Michel Charasse revelou que seu amigo Guy Legay o regalava sem alarde com um prato de "testículos de carneiro com alho e salsa", prato que ele adorava.

Maurice Guilhouet, em 1999, não conseguiu impor muito seu estilo à brigada de cozinha. Por isso, a direção escolheu o antigo subchef de Legay – que nesse meio-tempo fora para o Lasserre a fim recuperar o prestígio –, Michel Roth, para retomar as rédeas do L'Espadon. Desde o início dos anos 2000, esse Meilleur Ouvrier de France* dirige a brigada de cozinha, adaptada a cada estação – tarte friande com cogumelos porcini

---

* Distinção dada para profissionais de diversas categorias que competem em um concurso realizado a cada quatro anos. (N.T.)

confitados –, e se entrega a alguns exercícios de estilo opondo as carnes da caranguejola ao suco de cítricos reduzido a uma *riviera* de abacate com cebolinhas, ou então um linguado com espinha cozido a um molho soubise de alho-poró deglaçado com vinho amarelo. Momentos raros, sabores fortes. Rompendo com a afetação da decoração, uma costela de vitela com salsa picada acompanhada de uma polenta com mostarda, servida com um espeto de cogumelos porcini e lomito, em rilada com tomilho. Um prato que manda o recado, a promessa do retorno do L'Espadon aos maiores, porque nesse caso o *Michelin* foi econômico com suas estrelas. Será preciso esperar um pouco: o Ritz fechou as portas em junho de 2012 para vários anos de obras, o tempo necessário para voltar ao topo dos palaces parisienses, dos quais foi o precursor.

A distinção entre um hotel de luxo e um palace se deve a César Ritz, cujo sobrenome, de Londres a Paris, de Monte Carlo a Nova York, ainda hoje está associado à noção de palace. Trata-se de uma palavra em inglês que significa palácio, neologismo que levou multidões a sonharem na virada do século XX. Nascido em 1850 no vale do Conches (Alto Valais, na Suíça), em uma família de pastores, o jovem César Ritz não tem nem dezessete anos quando chega a Paris. Sucessivamente engraxate, garçom, sommelier, depois maître no Voisin – referência séria –, ele em pouco tempo convive com a alta sociedade, cujos costumes aprende a adivinhar e cujos desejos aprende a antecipar. Aos 28 anos, torna-se gerente do Grand Hotel National de Lucerna, depois do Grande Hotel de Monte Carlo, onde a aristocracia britânica circula em torno do príncipe de Gales e de alguns poderosos banqueiros. Por volta de 1880 – aos trinta anos –, César

Ritz decide que é hora de colocar em prática algumas de suas ideias, criando um novo tipo de hotel de luxo, totalmente voltado a uma clientela disposta a pagar um preço alto, mas com a contrapartida de oferecer algo que ela não poderia encontrar em nenhum outro lugar, ou seja, na época, banheiros em todos os quartos. No Ritz, hotel epônimo, da Place Vendôme em Paris, no Savoy de Londres depois no Carlton, César Ritz refina sua concepção de palace, da qual é o inventor. Um século depois, os palaces se proliferaram em Paris graças aos investimentos dos Emirados Árabes e de poderosos grupos asiáticos.

Perto do Ritz, a mais bela mesa republicana fora dos palácios oficiais foi por um momento a do Crédit Foncier de France no Hôtel d'Évreux, na Place Vendôme. Ali James Baron, o antigo chef do Fouquet's, cozinhava algumas lebres à la royale, acompanhadas dos vinhos da propriedade, o Château de Puligny-Montrachet, dirigido com paixão por Claude Schneider, encarregado da reunião das artes da mesa e da comunicação. Era a época do diretor Bonin, antes que o Crédit Foncier, dotado em 1854 de um estatuto semelhante ao do Banque de France, beirasse a falência, em 1995.

A abertura do restaurante do midiático Thierry Marx no Mandarin Oriental, em 2011, perto do Ritz, no Quartier Vendôme, foi alvo de um elaboradíssimo plano de divulgação na mídia, pois a concorrência era áspera entre os palaces, ou aqueles que reivindicavam esse título. Todos os sinais externos de um luxo ostentatório estão ali reunidos, como a entrada arborizada até o bar, bastante surpreendente, ao menos pela decoração e pelo barman jovial, imbatível a respeito dos aperitivos amargos importados da Itália.

Em compensação, o espaço dedicado ao Sur Mesure – é o nome do restaurante gastronômico – se diferencia dos locais que o precedem. Zen? Talvez, mas sobretudo glacial: não há uma flor, uma árvore no pátio em torno do qual se faz a refeição. David Biraud, o excelente sommelier, todo sorriso, brinca com os proprietários. O serviço é discreto e impessoal. As mesas são dispostas em parte ao longo do pátio no qual parece flutuar, sem gravidade, um disco semelhante a um anel de Mars [Marte] ou Marx. Fiquemos com o planeta vermelho para não trazer Lacan para a conversa. Outras mesas são dispostas em espaços de um branco imaculado, as paredes parecem animadas pelas dobras de um revestimento de repente paralisado pelo decorador. Sem dúvida, a dobra sempre existiu nas artes; devemos a Gilles Deleuze ter demonstrado que no barroco tudo se dobra, se desdobra, volta a se dobrar. A cozinha de Thierry Marx seria barroca?

O menu, distribuído em forma de um pergaminho enrolado, é de fato "sur mesure", sob medida, imposto em sua lógica e em sua ordem, o que merece um instante de atenção: quase com uma só variante, a escolha é fixada em três menus de degustação de cinco, oito ou onze pratos no almoço, com preços em conformidade. Eis algo que pela lógica deveria simplificar o trabalho na cozinha. Ainda assim, infelizmente, deve-se esperar umas três horas para a cerimônia prandial.

O tom é dado, como em uma orquestra, pelo "rabanete estruturado, desestruturado", que inclui uma esfera elaborada por precipitação química com sabor de nabo, uma tartine sobre a qual é colocado um rabanete fatiado (seco, que cheira a *mise en place* matinal) e um ravióli com nuances de pimentão. A segunda etapa é uma espécie de instalação no prato, chamado "ovo quebrado", acompanhada de flores, de folhas e de ervilhas descascadas. A gema do ovo foi cozida por muito, muito tempo, em baixíssima temperatura, o que lhe confere a consistência de uma gema crua, rodeada por uma geleia quente de metilcelulose, geleia esbranquiçada não nociva à saúde mas inassimilável pelo organismo. Um prato barroco, definitivamente. No prato, as ervilhas cruas são justapostas às esferas de alginato dispostas sobre vagens, como se fossem ervilhas artificiais, reutilizando a "pele das ervilhas descascadas", explicará o chef. É um trabalho de ourives que rouba a atenção do produto e ilustra o que poderia muito bem ser um lema da cozinha molecular: "Nada se perde, nada se cria, tudo se substitui", máxima atribuída ao químico Lavoisier, que a tomara de Anaxágoras de Clazômenas, filósofo pré-socrático. Na sequência, coberto de espuma como o mar em um mau tempo, o "semi-pris de mariscos, longuet de caviar" oferece uma pausa pelágica de notas iodadas e mais para repousantes. Seguem ainda "lagostins, melão assado sem cocção", "risoto de soja", tanto exercícios bastante complexos e pouco legíveis como figuras de estilo. O prato seguinte, "foie gras, pêssego, verbena" conduz o cliente por um caminho de sabores ambíguos. É salvo pela excelente escolha do sommelier: Les Cocalières do Domaine d'Aupilhac (2010), vinho do Languedoc cuja riqueza, equilibrada pelo frescor, responde ao pão de castanha servido com esse prato. O "linguado toranja-gengibre, arroz tufado" intervém então para trazer um pouco de acidez antes da "vitela de leite, ravióli crocante de cantarelas", com fatias perfeitamente rosas, também cozida em baixa temperatura, o que banaliza não apenas o sabor, como também a textura. Cabe notar de passagem que um ravióli crocante se chama um rissole. As sobremesas "sweet bento", o "ilangue-ilangue", o "mister green tea" permanecem bastante misteriosos, em conformidade com essa refeição essencialmente cerebral, quase desprovida de sensualidade.

Como ficou para trás o tempo em que, no Cheval Blanc, em Nîmes, o jovem Thierry regalava os clientes com um fricassê cremoso de lagostins, acompanhado de quenelles de faisoa moldadas com colher, generosamente trufadas, e de um peito de pombo recheado cozido com os miúdos à maneira de um alicot – guisado de aves – e acompanhado de risoto de espelta com queijo tomme fresco. Assim que passar a moda da cozinha molecular, esperamos reencontrar um chef incontestavelmente entre os mais brilhantes e de uma inteligência perspicaz.

Stricto sensu, "cozinha molecular" não significa nada, é uma catacrese, uma figura de retórica que consiste em alargar o significado de uma palavra para além de seu sentido próprio. No entanto, a fórmula está em alta nos círculos iniciados que combinam a química, os produtos sintéticos e as mais recentes ferramentas da tecnologia culinária a serviço de uma cozinha de vanguarda. Ela sugere, de modo mais amplo, uma cozinha desprendida das receitas habituais, sem raízes e sem referências. Porém, essa cozinha reivindica uma dimensão artística, minimalista no mínimo, quando não seu lugar dentro das artes conceituais. Vem à mente Marcel Duchamp, mas é a figura do catalão Salvador Dalí que se impõe: "A beleza será comestível ou não será", pressentia o pintor dos objetos moles, em *Libelo contra a arte moderna*, em 1956.

A publicação na França do estudo de Jörg Zipprick, *Les Dessous peu appétissants de la cuisine moléculaire* (Favre, 2009), relançou a polêmica, viva na Espanha depois que Santi Santamaria, três estrelas no *Michelin*, acusou Ferran Adrià, figura emblemática dessa tendência, de "envenenar seus clientes com produtos químicos". Em seguida a questão se deslocou para a Inglaterra, onde o restaurante de Heston Blumenthal, The Fat Duck, foi obrigado a fechar as portas durante quinze dias, por conta de um norovírus diplomático que causava diarreia e vômitos. Desde então, os incidentes se multiplicaram. As autoridades sanitárias da Dinamarca revelaram que, de 12 a 14 de fevereiro de 2013, 63 clientes de René Redzepi, do Noma (Copenhague), tinham passado mal após uma refeição preparada por esse chef, apóstolo de uma cozinha nórdica que emprega sem discernimento os mesmos produtos sintéticos.

Isso demonstra que o interesse por essa pseudocozinha é global? Não. Mas o espírito de lucro, sim, na medida em que se pode baratear o custo em oito ou dez vezes utilizando produtos naturais, como demonstrou o estudo de Jörg Zipprick. Isso não retira nada da genialidade de marketing de Ferran Adrià, líder do movimento, que no entanto rejeita o termo "cozinha molecular". Essa discussão semântica é sobretudo estratégica, porque o mago do El Bulli nunca reconheceu o papel determinante do programa Inicon, lançado pela Comissão Europeia em 2003, que confiou ao laboratório de transferência de tecnologia TTZ, em Bremerhaven, na Alemanha, a tarefa de viabilizar o uso por parte de alguns restaurateurs selecionados a dedo das técnicas de ponta da indústria química. Ora, apenas Ferran Adrià (El Bulli), Heston Blumenthal (The Fat Duck), Hervé This (Inra) e Émile Jung (Le Crocodile, em Estrasburgo), sob a liderança de Klaus Schwall da Direção de Inovação (CE), se associaram a essas pesquisas, a partir de 2003. Naquele ano, o El Bulli experimentava produtos texturizantes à base de alginato (pó de algas) e desenvolvia uma série de aditivos com a sua marca, entre os quais alguns são poderosos laxantes. Em agosto do mesmo ano, o *New*

York Times dava uma contribuição inesperada ao alquimista catalão, anunciando o declínio da cozinha francesa em prol da espanhola, três meses depois de a França, ao contrário da Espanha, não aceitar apoiar os Estados Unidos na Guerra do Iraque.

À sombra da coluna Vendôme

Quartier Vendôme ainda. Construído ao longo da Rue de Rivoli, o Hôtel Meurice brilha com tanto esplendor que, atualmente, faz esquecer a origem modesta e provinciana de seu criador. Augustin Meurice era um locador de cavalos de correio em Calais quando teve a ideia de levar os ingleses para visitar Paris após a queda de Napoleão, em 1815. A viagem leva 36 horas até o hotel, que ele constrói inicialmente no local do antigo convento dos feuillants. O estabelecimento muda de local em 1835, após a conclusão da Rue de Rivoli, na qual ocupa dez arcadas até a Rue du Mont-Thabor. Torna-se então um dos primeiros hotéis de luxo em Paris, com salas de recepção em uma decoração Luís XVI e uma sala de jantar distinta como uma miniatura do Versalhes instalada no Salão das Tulherias, ao qual Philippe Starck acrescentou um toque barroco. Aprendemos com Chamfort que "os que têm mais jantares do que apetite são poucos; e os que têm mais apetite que jantares são muitos!". Seria um traço de costumes particular a Paris? A festa parisiense do século XIX, desde a época dos Incroyables e das Merveilleuses do Diretório até os dândis anglomaníacos do Segundo Império, é descrita com maestria por Charles Baudelaire em *O pintor da vida moderna*. Offenbach exagera alguns anos depois em *La Vie Parisienne*, de 1866: "Leve a carta a Metella! – ruge o brasileiro da comédia. – Quero me banquetear com ela!".

Em 1907, Frédéric Schwenter, grande profissional da hotelaria, assume a direção do Meurice. Entre 1920 e 1940, o hotel é frequentado pela alta sociedade. "Reis e rainhas de todo o mundo só estavam esperando o sinal da reabertura do Meurice para colocar a Rue de Rivoli entre suas residências", escreve Léon-Paul Fargue em *Le Piéton de Paris*. Florence Gould organiza no hotel um almoço literário semanal e recebe Marcel Jouhandeau, Paul Morand e Paul Léautaud. Por não conseguir invadir a Inglaterra, os alemães instalam no estabelecimento seu estado-maior, entre 1940 e 1945. Dos anos 1970 até sua morte em 1989, Salvador Dalí mora um mês por ano em uma suíte no segundo andar do hotel.

Nomeado para comandar a brigada de cozinha em 1990, Maurice Marchand – natural da região de Puisaye assim como Colette – reata com a tradição gourmande de uma culinária ao mesmo tempo simples e sofisticada. A substituição ocorre em 2003, com a chegada de Yannick Alléno, à época com 35 anos, até então chef do restaurante Les Muses, no Hotel Scribe. Ele conhece a casa, pois foi chef saucier de Maurice Marchand. Porém, foi com Louis Grondard, no Drouant, que Yannick Alléno aprendeu durante cinco anos o essencial de seu ofício: "Na parte da tarde, no intervalo, ele pegava seu avental azul e nos transmitia seu savoir-faire".

Seu primeiro cardápio foi um encanto: pinças de caranguejola aromatizadas com cítricos, lagosta azul ao vinho Château Chalon, filé de salmonete com creme de sardinha, assim como uma maravilhosa franga de Bresse recheada com foie gras ou um confit de paleta de leitão com especiarias. Longe dos excessos da cena gastronômica, em que duelavam os defensores do *terroir* e os partidários das especiarias, as delícias do sabor e do paladar levavam a melhor. O *Michelin* concedeu uma segunda estrela a Yannick em 2004, e uma terceira em 2007, ano em que o chef comemorou quarenta anos.

Cada estação é marcada por um cardápio renovado e por algumas proezas, como este pot-au-feu maravilhoso, exercício clássico desde a publicação do livro de Marcel Rouff em 1924, *La Vie et la Passion de Dodin-Bouffant, gourmet*. Cada geração de cozinheiros tenta reinterpretar, a seu modo, este pot-au--feu em quatro etapas, pois a receita, sugerida de modo literário e poético pelo autor, não é detalhada. Os pot-au-feu de Raymond Oliver e de Jacques Manière ficaram guardados na lembrança das pessoas que os provaram. O de Alléno foge de todo lugar-comum e merece estar gravado na memória gustativa dos clientes. O primeiro serviço é um poderoso judru marinado em uma aguardente marc-de-Bourgogne, acompanhado de batatas com manteiga trufada. O judru é um salsichão caseiro, fabricado em toda Borgonha no outono, que deve secar durante vários meses. O vinho pouilly-fuissé lhe confere um primeiro quarto de nobreza. Em seguida, vem um pedaço de barriga de porco gratinada com um fino purê ao molho soubise. A doçura do soubise – molho à base de cebola – é realçada com uma pitada de mostarda de Dijon. Continua-se na Borgonha com um honestíssimo vinho marsannay. Rápido desvio para Bresse com o terceiro serviço: um suprême de frango à la Lucien Tendret, no qual o escalope de foie gras de pato é passado ("contisée", na linguagem culinária francesa) entre a carne e a pele, o que pede a delicadeza de um vinho volnay. O último serviço é um filé-mignon cozido no barbante, picado, e servido com um vinho musigny, uma jardineira de legumes e uma tartine com raiz-forte.

Essa versão ao mesmo tempo leve e sofisticada mostra que Yannick Alléno fez seu o ponto de vista do grande costureiro Yves Saint Laurent ao comentar o vestido Mondrian que o tornou famoso: "Toda criação é apenas uma recriação, uma nova maneira de ver as mesmas coisas, de expressá-las de forma diferente, de especificá-las, de exaltar um ângulo até então despercebido ou de ressaltar os contornos". Yannick Alléno deixou o Meurice no dia 31 de janeiro de 2013, cedendo o lugar, seis meses depois, a Alain Ducasse e sua brigada de cozinha do Plaza Athénée, fechado para obras de peso.

O cliente tem sempre razão

Única mulher três estrelas do *Guia Michelin*, Anne-Sophie Pic, que mora em Valence, resolveu abrir La Dame de Pic, uma filial parisiense situada na Rue du Louvre. A cozinha, visível pela fachada de vidro, torna-se uma verdadeira atração da rua. Singular evolução desde a época em que as feministas norte-americanas do final do século XIX obtinham a integração das cozinhas com o espaço de convívio, ainda hoje chamadas "cozinhas americanas"! Essa transparência exibida, quase ostentatória, realçada por uma decoração impecável, não retira o mistério de um cardápio acompanhado de um marcador de cheiros como uma perfumaria. Assim, todos são convidados a cheirar um cartão perfumado antes de escolher o menu "baunilha e âmbar" – em que o chá verde e a folha de figueira acompanham o porco preto de Bigorre – ou de se inebriar com o aroma de "iodo e flores" de uma ostra com couve-flor e jasmim ou de uma galinha de Bresse à flor de laranjeira. Hesitando entre essas nuanças adocicadas, muitas vezes açucaradas, optei pela fragrância de uma sardinha do Mediterrâneo ladeada por uma emulsão de matcha e alho-poró cortado à juliana. Um terceiro menu de cinco pratos "sous-bois, especiarias" apresenta uma série aromática mais complexa ainda. Também é possível se satisfazer com um menu servido no almoço, no qual a galinha caipira com cogumelos-de-paris é um exemplo de uma cozinha precisa e saborosa, bem servida, sem sofisticação nem maneirismo.

A Rue du Coq-Héron era etapa obrigatória no passado, e nela a tradição da carne de caça foi mantida de maneira brilhante durante uma geração por Gérard Besson. Este era um refinado saucier e um grande rôtisseur, tão convincente com sua lebre à la royale quanto com sua interpretação do "oreiller de la Belle Aurore", uma receita de Lucien Tendret em homenagem à mãe de Brillat-Savarin. Conheci Gérard Besson por volta de 1975, quando era Meilleur Ouvrier de France, no Restaurant Jamin, cujo sommelier era Daniel Hallée. Ele também passou por La Tour d'Argent. Sua interpretação desse prato era sempre um momento de extrema delicadeza, ao passo que sua lebre à la royale expressava acima de tudo poder e requinte. Seria porque esse grande saucier, discípulo de Garin, restaurateur na Rue Lagrange, aromatizava o "oreiller de la Belle Aurore" com um velho Chartreuse amarelo? Acredito que esse magnífico equilíbrio se devia antes a uma maceração de trufas, chamada por Alexandre Dumas de "molho do luto".

O sucessor de Besson, desde 2011, é Keisuke Kobayashi, vulgo Kei, jovem chef japonês formado na arte culinária francesa na brigada de cozinha de Alain Ducasse no Plaza Athénée. Trata-se de um desafio incomum para esse cozinheiro que pretende conciliar os modos e a decoração de mesa do Japão com os sabores da cozinha francesa. O cardápio fechado, como nos restaurantes de especialidades do Japão, inclui uma entrada abundante de flores comestíveis e de legumes cozidos e crus, finamente lacerados; acompanham um cubo de salmão defumado coberto com um molho de azedinha. Poucas misturas, nada de combinação, uma simples justaposição de cores e de consistências, de acordo com o uso nipônico. Meio lavagante, cozido na panela, é servido com ervilhas, aspargos e um molho de lagosta suave, quase fugaz. A tradição sugere que uma ponta de pimenta-de-caiena, em nossas latitudes, acaba salientando o sabor do crustáceo. Seria esquecer que os japoneses – aos quatro sabores (doce, salgado, azedo, amargo) que constituem desde Brillat-Savarin uma convenção compartilhada no Ocidente – acrescentaram um quinto – sensação mais do que sabor –, o insípido, o neutro, o insosso, chamado umami.

Há algum tempo, a tendência é o cardápio surpresa. "Confie no chef e lhe dê carta branca, ele vai cuidar de tudo", sussurra o maître, que pergunta baixinho: "Você tem alguma alergia?". Isso é o que se ouve cada vez mais nos restaurantes da moda. Infantilização dos consumidores? Não, se defendem esses restaurateurs, jovens em sua maioria: "Nós temos *groupies* e fãs que querem ser surpreendidos". Conhecidos como *foodies* (requintados gourmets) ou *foodistas*, eles são "viciados em um bom rango": surfam de restaurante em restaurante, tiram fotos dos pratos com o smartphone e as publicam em seu blog ou Instagram. É um fenômeno comparável ao dos fashionistas, os fanáticos por moda. Evidentemente, para o restaurateur, o menu único é uma boa maneira de esvaziar a câmara frigorífica todas as noites. A moeda tem o outro lado, na medida em que também é a garantia para o cliente de consumir produtos frescos.

No entanto, deve-se saber que em qualquer restaurante francês a sinalização dos preços é obrigatória, assim como a sinalização da origem das carnes, a da proibição de fumar, a do alvará e a da proteção dos menores e repressão à embriaguez pública. Devem figurar particularmente, do lado de fora dos estabelecimentos, a lista dos menus e o cardápio do dia durante "todo o tempo do serviço e ao menos a partir das 11:30 no almoço e das 18:00 no jantar". Dentro, "cardápios e menus idênticos aos expostos do lado de fora" devem ser disponibilizados aos clientes. Amarrada por restrições de efetivo, a Repressão de Fraudes deixa estar, ao passo que o *Michelin* endossa a prática de maneira implícita. Aos meus olhos, trata-se de uma verdadeira regressão, uma ostentação bubo [sigla para burguês boêmio] já denunciada por Jean-Paul Aron em 1984 em *Les Modernes*. Como escolher uma refeição de acordo com seu apetite, salivar já na leitura do cardápio, discuti-lo com os comensais, e sobretudo decidir o ou os vinhos da refeição? O que é aceitável em um jantar na casa de amigos é intolerável em um restaurante. É um retorno às estalagens do Antigo Regime e à opção de prato do dia única, uma verdadeira negação da civilização.

Nada como o restaurante-terraço do Centro Georges Pompidou, onde a vista de Paris é única. Trata-se do carro-chefe da frota de estabelecimentos criados pelos irmãos Costes, sem que se saiba exatamente, se Jean-Louis ou se Gilbert, quem está no comando. No Georges, assim batizado em homenagem ao ex-presidente que decidiu construir o Centro Georges Pompidou, os dois aveyroneses pretendem oferecer a hospitalidade chique a um preço justo. O restaurante é voltado a uma clientela rica, aos poucos afastada do centro da cidade pela pressão imobiliária, mas que deseja retomar seu espaço por bravata, eis aí a descoberta dos irmãos Costes.

É uma resposta a uma necessidade de espaços para convívio em uma cidade em que eles estão contados. A língua de Voltaire é sacrificada à anglomania: o bar alcança o status de "lounge"; o mobiliário é "design" ou "trendy". Em seus estabelecimentos – no Georges, mas também nos inúmeros cafés – a novidade é a recepção ao cliente. A proximidade dos pontos turísticos da capital atrai as celebridades e aqueles que querem ser como elas. Como sempre em Paris, o lado moderno da clientela dá espetáculo. Detalhe precioso: os banheiros são impecáveis. Nos estabelecimentos dos irmãos Costes, há como uma elegância do pouco, destacada pela atmosfera em que flutuam criaturas etéreas ou esbeltas. Escolhida a dedo, a equipe parece o que a clientela gostaria de ser. Familiar, mas respeitando a impessoalidade do cliente, sorrindo mas inacessível. Um café Costes é o momento ou o sonho da eterna juventude. O Maxim's, em comparação, parece o museu Grévin. No cardápio, oferecido a qualquer hora, triunfa o regime de emagrecimento. Quase nada no prato, o essencial é que este seja elegante. Os glutões podem seguir adiante: a refeição leve do local, embora nutritiva, é invariavelmente para top models. Fala-se de "cozido no ponto", de "apenas refogado", de "pouco condimentado". O real, o mensurável ou o menos censurável do estabelecimento é o impulso conferido à cidade, ou, melhor, a visibilidade dada à irredutível necessidade de socialização de uma cidade dura, ingrata ainda que sublime, mas privada de seus artesãos, de seus trabalhadores e, dentro em pouco, de sua burguesia média sem dinheiro.

Paris é uma cidade onde nem sempre se vive bem. Os nichos ecológicos dos "novos cafés" são ou um clarão de esperança ou um apelo para uma nova maneira de viver.

Nada de cardápio fechado, não mais, no Benoît, situado na Rue Saint-Martin no 4º arrondissement, uma brasserie fundada em 1912, dirigida por três gerações da família Petit, antes de ser adquirida pelo grupo Alain Ducasse em abril de 2005. Com uma decoração preciosa preservada desde a origem, o Benoît é voltado para os amantes da cozinha tradicional: "No Benoît a gente bebe e comemora como reis". Na reabertura, David Rathgeber (que posteriormente retomou L'Assiette) propunha no almoço um menu composto de alho-poró e aspargos à vinagrete grenobloise ou uma terrine de fígado de galinha e aipo com molho rémoulade. Marmite dieppoise, lombo de porco e purê de batatas, cabeça de vitela com molho gribiche constituem o habitual desse bouchon* de inspiração lionesa e, todavia, muito parisiense. É hoje, como o Aux Lyonnais, situado na Rue Saint-Marc, o arquétipo do bistrô à moda antiga, sem que o peso dos anos torne obsoleta a cozinha que, em si, evolui furtivamente por meio de pequenas pinceladas discretas.

Na primavera de 2013, Alain Ducasse e Éric Azoug, chef-executivo do restaurante Benoît, escolheram quatro receitas de grandes cozinheiros (Carême, Escoffier, Dugléré, Point) para uma retrospectiva gourmande destinada a honrar a memória deles. Retomar uma receita do repertório não é tarefa fácil, pois cada gesto de chef é codificado: seu saber está também em seu olhar, quando está "na passada", isto é, no local estratégico onde o chef julga se o prato é digno de ser entregue; o simples fato

---

* Bouchon: restaurante popular, em geral pequeno, tipicamente lionês. (N.T.)

de salgar um ingrediente no início ou no final da cocção pode mudar a aparência de um prato; hoje, o domínio das densidades e das texturas do cozimento é essencial. Cada receita foi, então, adaptada. "Foi um exercício apaixonante, um verdadeiro dever moral", disse o jovem Éric Azoug, que durante diversos meses se envolveu nesse trabalho de voltar às fontes. Ele acrescenta: "A cozinha é uma arte baseada na transmissão e por isso requer um aprendizado".

O lavagante ou lagosta à parisiense, de acordo com Escoffier, é uma entrada fria que pertence à alta cozinha decorativa. O lavagante, "preso a uma tábua, a cauda estendida, é cozido em court-bouillon e resfriado". Segue, nas palavras de Escoffier, uma longa descrição da diferença entre o preparo "à parisiense" – os escalopes simplesmente cobertos com a geleia – e "à moda russa", onde são envoltos com "maionese misturada à geleia de aspic derretida", cujo uso ele não aconselha. Sua receita especifica em seguida como descascar o lavagante e apresentar a carapaça "de modo a lhe dar uma posição oblíqua" na qual são artisticamente colocados os "escalopes cobertos com geleia". As carnes do abdome e as partes macias do lavagante são colocadas em uma "salada de legumes ligada com maionese", montada em forma de pirâmide nos fundos de alcachofra e "lustrada com a geleia". Na verdade, essa receita é um lavagante poché servido com um mix de legumes cuja complexidade é apenas a execução e que, sobretudo, não pode ser feita depressa. Por isso, o lavagante à parisiense é muitas vezes uma receita de traiteur.

Alain Ducasse e Éric Azoug precisaram fazer de maneira diferente. Eles adaptaram a receita inicial a fim de realizar a cocção do lavagante mediante pedido, diferenciando o cozimento das pinças grandes (seis minutos), das pinças pequenas (quatro minutos) e das caudas (três minutos), o que possibilita apreciar mais adequadamente o aroma e a consistência das carnes. Pela mesma razão, escolheram substituir a geleia por um suco de lavagante necessariamente mais picante e saboroso. As cabeças de lavagante, moídas, deglaçadas com conhaque, depois embebidas no fundo branco possibilitam a obtenção de um suco de lavagante encorpado, infundido com um ramo de estragão. A macedônia é composta de cenoura, nabo e aipo cortados à juliana e ligados à maionese com vinagrete de lavagante, montada em círculo sobre o qual são colocados os escalopes de lavagante e as pinças. Alcachofras com molho poivrade, folhas de alface-romana e ovos de codorniz completam a decoração do prato, valorizado por um fio de suco de lavagante e algumas gotas de azeite de oliva, flor de sal e pimenta moída. Parafraseando Napoleão, que garantia que "a guerra é antes de tudo uma arte de execução", tenho a tentação de acrescentar, diante de semelhante preparação, "assim como a cozinha".

Na Ambassade d'Auvergne, no Quartier du Temple, todos os outonos são uma boa oportunidade de reviver os sabores descobertos no passado por uma cozinheira talentosa, de Jongues, do lado de Mur-de-Barrez, cuja especialidade era a couve recheada. A decoração é tão autêntica quanto a cozinha, e cabe acrescentar de bom grado que entram ingredientes de Aveyron nesta Auvérnia! De segunda-feira ("loulus") a "loudimenche" (domingo), o cardápio é uma amável variação da culinária daquela região. O menu "Passeio na Auvérnia" põe o cliente no clima, com as carnes de porco de Parlan, o *aligot* de Aubrac, a granita ao châteaugay e o inigualável *mourtayrol*, o pot-au-feu das festas auvérnias. E depois a salada com queijo cabécous antes da musseline com licor Verveine do Velay, verde, servido com fouasse, como em Aveyron. Para acompanhar a refeição, oferecem o entraygues branco, o châteaugay tinto, o vinho de Boudes ou o marcillac. Essa embaixada gourmande espalha alegrias desde 1967, hoje sob a simpática direção de Françoise Moulier, que mantém no cardápio de inverno este único prato de peixe do mar originário de Decazeville: o estofinade...

Desde o início do século XIX, o estofinade é um prato estimado desta região mineira e seu principal ingrediente é o stockfish (literalmente "peixe seco em bastão"), importado da Noruega – o nome, occitanizado, tornou-se "estofi". O stockfish designa indistintamente peixes da família dos *gadidae* (bacalhau, hadoque, ling, zarbo), secos ao ar livre após serem capturados no arquipélago Lofoten. Tornam-se então muito duros, logo propícios para transportes de longa distância. Como eles ancoraram em Decazeville? A pergunta não tem resposta. Certo, em contrapartida, é o costume dos barqueiros – que subiam o rio Lot desde Bordeaux em seis dias para suprir as necessidades da cidade mineira – de arrastar o peixe pela água a fim de reidratá-lo. Segundo contam, Paul Ramadier, prefeito de Decazeville que se tornou presidente do Conselho, colocava o estofi durante vários dias dentro de uma caixa acoplada de descarga dos quartos do hotel Matignon, certo de que haveria renovação de água a cada uso! No dia do preparo, deve-se colocar o estofi em água fria: "Far coser à l'aiga, pas far bulir", isto é, cozinhar na água, mas sem ferver. A cocção, em água quase fervente segundo a tradição de Saint-Perdoux (Quercy), leva cinco horas. E, ao lado, *las trufas* (as batatas) são cozidas separadamente e depois esmagadas com o peixe: "Ajustar l'estofi desengrunat [sem espinha] à las trufas blancas esclafadas [esmagadas]". Adicione ovos – cozidos e crus –, às vezes nata, alho e salsa. Leve tudo à frigideira, em óleo de nozes bem quente. Misture o *oli de nose*, que tem robusto aroma de madeira almiscarada, com um óleo comum para suavizá-lo. Definitivamente, esse bairro é o das embaixadas gourmandes, entre as quais a épicerie À la Ville de Rodez, situada na Rue Vieille-du-Temple, é uma das mais pitorescas. Cabe mencionar também Au Bascou por sua cozinha basco-bearnesa na qual Bertrand Guenéneron, ex-chef do Lucas-Carton, mantém os pratos de referência, boudin, lula-mansa [*loligo forbesi*], axoa e pimentões de piquillo. Mas também, na temporada de caça, os pombos-torcazes e, acima de tudo, uma admirável lebre à la royale, a um preço muito razoável. No entanto, a melhor mesa da área é há muito tempo o Chez Vong. Há mais de três décadas, o chef Vong Vai Kuan instalava na Rue de la Grande-Truanderie sua estalagem chinesa, inspirada na época da Concessão Francesa de Xangai (1849-1946), em um prédio do século XVIII, ocupado antes por um comerciante do Halles. Sua cozinha, clássica, sem adição de glutamato, é realizada com produtos certificados ou de origem controlada e preparações caseiras, entre as quais o famoso pato de Pequim em três serviços, atualmente o melhor de Paris. O segredo desse chef é simplesmente o uso de produtos de excelência, o trabalho duro e uma equipe – na cozinha e no salão – totalmente comprometida a seu lado. E também o dom que alguns raros chefs chineses têm de passar do mundo dos sabores ao do "não sabor" com a mesma precisão. Quando a maioria dos cozinheiros asiáticos se satisfaz com produtos medíocres e com uma combinação de sabores corrigidos pela combinação de especiarias, o chef Vong sabe ao certo o objetivo a ser alcançado, por um efeito de espelho, entre a representação do prato e sua realização. Assim como artistas que não se inspiram na natureza mas acabam a encontrando, ele domina a concepção abstrata que restitui à cozinha chinesa sua dimensão simbólica.

O Restaurant Cru, mesa-tendência do Marais, domina um dos acessos ao Village Saint-Paul com um bar, duas salas de restaurante e uma adega. Cru se diferencia inicialmente por um mobiliário contemporâneo adaptado a um espaço histórico. No bar, pode-se beber uma caipirinha de frutas da estação antes de passar à mesa. O lugar é sóbrio e elegante, como sua inspiradora, Marie Steinberg, que, segundo suas próprias palavras, "abre um restaurante a cada dez anos". Seu chef, o jovem Jérémy Rosenbois, domina a técnica aprendida no Spoon, no universo Ducasse. Os sabores são precisos, os temperos, bem preparados. Muitos produtos crus – como reza o letreiro – cedem à carpacciomania (boi, vitela, pato, peixes, crustáceos). Cabe lembrar que o carpaccio, composto de finas lamelas de carne bovina crua, foi criado em Veneza em 1950 por Giuseppe Cipriani, proprietário do Harry's Bar, para a condessa Amalia Mocenigo, a quem seu médico proibia de comer carne cozida. Veneza homenageava naquele ano o pintor Vittore Carpaccio, cujos particularíssimos tons vermelhos das togas dos dignitários em seus grandes quadros justificavam o emprego de seu nome ao prato. Em seguida, por metonímia, e logo por ignorância, "carpaccio" passou a significar qualquer finíssima fatia de carne, peixe ou frutas!

O grande local de esplendor do Marais é a Place Royale inaugurada por Luís XIII. Rebatizada Place des Vosges em 1800, foi projetada por Louis Métézeau – arquiteto desconhecido da grande galeria do Louvre –, que contou com a colaboração dos colegas Jacques Androuet du Cerceau e Claude Chastillon. As árvores em volta da Square Louis-XIII, que escondem pela metade as fachadas da praça, não eram do agrado de Guillaume Gillet – o arquiteto do Palais des Congrès, situado na Porte Maillot –, que sonhava em comprar uma serra elétrica para derrubá-las quando bebia demais no jantar. Sua obsessão era devolver a praça a seu estado original com um jardim francês. Esse também era o desejo do arquiteto Fernand Pouillon, que viveu na Place des Vosges quando voltou da Argélia, nos últimos anos antes de sua morte, em 1986. Eu tive a oportunidade de ser convidado à sua mesa quando ele foi eleito para o Conselho da Ordem dos Arquitetos. Era um gourmet mais do que um gourmand, aliás como sua silhueta denunciava.

A Place des Vosges sempre foi habitada por pessoas ilustres, Marion Delorme, Victor Hugo, a atriz Rachel Félix, que ocupou o primeiro andar do Hôtel de Chaulnes, atual sede da Academia de Arquitetura. No piso térreo desse hotel, no L'Ambroisie – um restaurante três estrelas –, a crise econômica às vezes abre espaço para virtudes imprevistas. "Ela nos obriga a redobrar a atenção", dizia Bernard Pacaud, que compensava os tempos difíceis – já em 1993 – com alguns regalos extras aos clientes. Estava fora de cogitação baixar os preços: "Seria um suicídio em relação à imagem de nossos estabelecimentos e do luxo em geral, do qual Paris continua sendo a capital", explicava. A diminuição do número de almoços e jantares de negócios, que aumentou desde aquela época, é compensada pela coorte de amantes gourmands na bela sala de jantar do antigo Hôtel de Chaulnes: "Trinta e cinco lugares, um número máximo para trabalhar com zelo, e dez pessoas na cozinha!". Resultado: oitenta por cento de habitués aos quais se somam os norte-americanos, depois que Bill Clinton foi ali recebido por Jacques Chirac.

O lavagante da Bretanha, assado em ervas, manteiga aromatizada com anis, e os peixes, muitas vezes trazidos diretamente dos barcos de pescadores de Audierne, de Loctudy ou da Île d'Yeu, são preparados de modo diferente conforme a estação, mas sempre com o rigor e a precisão que caracterizam a culinária de Bernard Pacaud, um dos maiores chefs franceses da atualidade, antigo subchef de Claude Peyrot no Vivarois. Cada um de seus pratos é um marco, como o sublime e leve folhado de trufas frescas "bel humeur", recheado com camadas espessas de trufas e foie gras e com molho de trufa, ou ainda a surpreendente *tapenade* de trufas e alcaparras destinada a realçar um "mix de legumes" seguido de alho-poró com molho branco de trufas acompanhado de filezinhos de linguado braseados no vinho amarelo. Guardarei para sempre em minha memória gourmande o perdigoto assado de Pacaud, prato que saboreei no outono de 2009 com meu amigo bretão Michel Creignou – gourmet exigente e sereno, que infelizmente faleceu no final de 2013 – e superou todas as nossas recordações cinegéticas comuns; e também, em fevereiro de 2014, um jantar regado a um hermitage branco do Domaine Jean-Louis Chave harmonizado com um pedaço de linguado ao vinho amarelo e com o famoso folhado "bel humeur", acompanhado naquele dia de uma salada de alface-do-campo delicadamente trufada, seguida – flor entre as flores – da incrível torta de chocolate. Hoje, Bernard Pacaud deixa seu filho Mathieu tomar aos poucos as rédeas do destino do L'Ambroisie.

Na Île Saint-Louis, Le Monde des Chimères, santuário assombrado pela memória de uma geração que acabou desistindo de suas ilusões, não podia ter um destino melhor – quando Jeannine Coureau decidiu se separar dele – do que o de seduzir Antoine Westermann, que acabava de se instalar em Paris no Drouant. O nome Mon Vieil Ami, alusão a L'Ami Fritz, foi bem escolhido. Uma *table d'hôtes* substitui o bar. A cozinha inspirada pelo chef alsaciano é um modelo de rigor em sua concepção e traz alguns sabores do Leste, no fim das contas bastante raros em Paris. Um calendário semanal com dias fixos fideliza os apreciadores de civet de bochecha de porco, de caldeirada de peixes ao molho riesling, de navarin de cordeiro ou de pot-au-feu. Já o pâté-en-croûte é diário. A couve recheada com ventrèche [corte da barriga] de porco, assada na brasa com especiarias, continua sendo uma lembrança agradável de inverno, assim como as batatas, o alho-poró e as cebolas confitadas como um *baeckeoffe*, peito de franga poché e assado.

Em algumas décadas, a aparência diária do antigo coração de Paris, entre a Place Vendôme e o Marais, furtivamente se alterou. A mudança dos Halles e o Centro Georges Pompidou lhe deram nova aparência, por certo menos pitoresca mas já obsoleta, pois o Forum des Halles, outra vez em obra, deixa transparecer a Canopée projetada pelo arquiteto Patrick Berger. A mudança da rua também é sensível sob o efeito do que se deve chamar de modelo Costes, copiado, multiplicado até a fartura por inúmeros cafés e brasseries, a ponto de provocar uma profunda transformação da Paris vesperal e noturna em seus locais de encontro, de diversão e de alimentação.

O epicentro é hoje o Hôtel Costes, situado na Rue du Faubourg-Saint-Honoré, decorado por Jacques Garcia, mas o fenômeno é perceptível no Oeste parisiense, na *rive gauche* e até no Carrefour Faidherbe-Chaligny, na *rive droite*. A aventura Costes – iniciada no Café des Halles em 1983 com Philippe Starck, estendida ao Café Beaubourg com Christian de Portzamparc, ao Café Marly decorado por Olivier Gagnère, em seguida ao restaurante Georges do Centro Georges Pompidou com os arquitetos Jacob & MacFarlane – conta atualmente com mais de quarenta estabelecimentos. Sua receita reside no uso de uma gama de cores dominada por marrons quentes, atenuados pelos púrpuras esmaecidos. Mel, pistache, terracota, ameixa, tabaco são as nuanças de uma paleta de cores limitada, de resto utilizada com discernimento. Não se pode dizer o mesmo dos incontáveis cafés – duzentos talvez? – que transformaram o modelo em clichê. Se um dia as meias-tintas acabarem cansando, uma demão bastará para dar outras cores à cidade.

Como as pérolas de um colar de âmbar: o Quartier Latin

Diante dos olhos dos parisienses, o Quartier Latin imperceptivelmente se transforma. Aos restaurantes temáticos (os Clément, a Criée, os Bistro Romain, os Léon de Bruxelles, entre outros, aos quais deve ser acrescentado o recente Bar à Huîtres) que ainda iluminam as esquinas com seus letreiros brilhantes e de cores berrantes, aos poucos se soma toda uma classe de estabelecimentos discretos – mais ou menos inspirados no Café de l'Esplanade do Quartier des Invalides –, que espalham uma fina paleta de marrons e cinza sobre enormes toldos, realçados, no terraço, por um mobiliário de ratan. Tal bistrô inalterado há três gerações é de repente transformado em lounge com salão e bar, onde se pode até comer eventualmente em mesas baixas, quando não se trata de um plágio mais direto ainda do modelo do Starbucks Café, recentemente importado dos Estados Unidos.

Esse fenômeno merece reflexão, porque são marcas de memória futura viva de toda uma geração, como o foram no passado os Dupont, La Bière e Ruc, pontos de encontro e de convivência social. Em cada época, uma nova gama de estabelecimentos se instala, prolifera, prospera antes de acabar desaparecendo. Para esses estabelecimentos, é a maneira de atrair os clientes jovens e as classes médias que a etiqueta e o preço dos grandes restaurantes afastam. Estes, aliás, escondem agora a clientela dos olhares de fora, pois o luxo não poderia ser ostentatório, conforme as regras do politicamente correto. Ficou para trás a época em que os pobres e seus olhos arregalados "como portas-cocheiras atrás do vidro" observavam o jantar, como escreveu Baudelaire no *Spleen de Paris*. O escritor polonês Krzysztof Rutkowski, *flâneur* na grande tradição de Walter Benjamin, também observou essas mudanças: "De alguns cafés parisienses chegam músicas, as vitrines oferecem os reflexos e as sombras dos ocupantes. [...] Moças e rapazes vêm se exibir em um estilo novo ou antigo, arrastando a sua melancolia ou a sua volúpia". Serão vistos no estabelecimento de Hélène Darroze saboreando uma sucette de foie gras de pato de Landes com trufa negra do Périgord e outras refeições sofisticadas, servidas sem faca nem garfo, no piso térreo de seu restaurante, na Rue d'Assas? Apenas o Flore e o Deux Magots assumem de algum modo a nostalgia do Saint-Germain-des-Prés dos tempos idos, já que o Boul'Mich', o Boulevard Saint-Michel, está invadido pelos restaurantes baratos e pelos fast foods.

Do hochepot à blanquette

O fenômeno de renovação dos restaurantes sob o efeito de uma moda ou de uma mudança de época é constante há dois séculos e deixa vestígios que, às vezes, são pontos de referência para as gerações futuras. Isso também pode ser observado no Quartier Latin logo depois que o açougueiro Pierre-Louis Duval teve a ideia, por volta de 1860, de servir um hochepot de cortes baixos de carne bovina acompanhado do caldo de cozimento para alimentar os trabalhadores dos Halles. Na verdade, ele só adaptava o modelo do "bouillon restaurant", caldo revigorante, criado um século antes por Boulanger, vulgo Champ d'Oiseau. O filho de Pierre-Louis, Alexandre Duval, personagem pitoresco, multiplicou o número desses estabelecimentos de preço barato, que logo começaram a ser chamados de Bouillon Duval e cujo dono os moleques parisienses passaram a ridicularizar com o apelido de "Godefroy des Bouillons"...*

Camille e Édouard Chartier se inspiraram nessa fórmula em seus primeiros estabelecimentos, em 1895 e 1896, a fim de servir uma cozinha popular em um ambiente refinado, devido ao talento dos melhores artistas da época. O final do século XIX conhecia no domínio das artes uma retomada de interesse pela imitação da natureza e pela reprodução das formas vegetais. Novos materiais (pasta de vidro, vidro esmaltado, cerâmica, faiança) eram utilizados pelos iniciadores da Art Nouveau como Louis Majorelle, líder da Escola de Nancy. Em 1905, Camille e Édouard Chartier adquirem o andar térreo do número 142 do Boulevard Saint-Germain e criam para o espaço uma decoração extravagante: espelhos biselados, entrelaçamentos de madeiras com formas arredondadas, azulejos de pasta de vidro decorados com temas pastorais, cabideiros de cobre, lâmpadas em globo de vidro gravado. Paredes baixas preservam a privacidade de cada mesa. Alguns anos depois, o estabelecimento é vendido para os Bouillons Rougeot, a cadeia de restaurante

---

* Alusão a Godefroy de Bouillon – em português, Godofredo de Bulhão –, um dos líderes da primeira Cruzada e primeiro soberano do Reino de Jerusalém. A brincadeira aqui é com o sobrenome Bouillon, que em francês pode significar caldo. (N.T.)

concorrente, que por sua vez o cede em 1920 ao casal Vagenende. A sra. Vagenende manterá o espírito original enriquecendo a decoração e evitará em 1966 uma demolição bárbara graças a André Malraux, que consegue apressar um processo de inscrição no Inventário Suplementar de Monumentos Históricos.

Comprado pelo casal Egurreguy em 1977, o estabelecimento manteve o nome da antiga proprietária. Durante muito tempo, Monique Egurreguy se encarregou sozinha da direção do restaurante, até receber o auxílio da filha, Marie, em 2010. No ano seguinte, foi conduzida uma refinada restauração das decorações classificadas, ao passo que um terraço discreto, moderno sem excesso, era construído na fachada. A decoração, assim restaurada, oferece uma nova juventude a uma das últimas brasseries históricas de Paris. Um cardápio brilhante, clássico, com alguns pratos obsoletos mas deliciosos, é um retorno a uma Paris que não existe mais, a de Antoine Blondin, habitué do local, a do bom Roland Topor e de tantas outras figuras de Saint-Germain-des-Prés, que ali faziam uma escala entre o Café de Flore e o Tabou. O novo chef reinterpreta a tradição, sem excesso, com finesse e precisão, no espírito das grandes brasseries parisienses, com frutos do mar e *voiture de tranche*. Os grandes pratos clássicos um pouco esquecidos deixam o destaque para as quenelles de lúcio sufladas com molho Nantua, feitas na hora. Elas são preparadas à lionesa, com panade, farinha e nata, ao passo que as carcaças de lagostins flambadas no conhaque são usadas na preparação do molho. É uma receita um pouco regressiva, mas cujo sucesso é inegável. Vagenende é hoje uma brasserie independente que sobreviveu ao modelo econômico original.

Esses restaurantes se endereçavam inicialmente a uma clientela popular. Já na época de Balzac, os estudantes do

Quartier Latin frequentavam Flicoteaux, "esse templo da fome e da miséria", onde o escritor fazia a personagem Lucien de Rubempré jantar quando não tinha dinheiro. Já Carco se lembra de Baptiste na Pension Laveur, situada na Rue des Poitevins, em frente à Faculdade de Medicina. Dessa época sobrou uma leiteria, fundada em 1845, à qual Froissard, seu proprietário, acrescentou em 1890 o nome mais ambicioso de "restaurante". É ainda hoje, na Rue Monsieurle-Prince, a Crémerie Restaurant Polidor, testemunha de um período anterior à revolução de 1848, cujos heróis são contemplados por Jules Vallès, em *Le Bachelier*: "[...] Dizem que há pessoas que foram líderes de barricadas em Saint-Merri, prisioneiros em Doullens, insurgentes de junho". Bem perto, na Rue Racine, ficavam na época os chefs e os auxiliares dentro dos "Cuisiniers Réunis", que Daumier apelidou de "saucialistes*". Também naquele contexto o escritor Jules Vallès aponta a dura realidade da alimentação dos estudantes daquela época: "Não dá para fazer o que se quer quando se tem apenas quarenta francos por mês".

Polidor, situado na Rue Monsieur-le-Prince, é a última testemunha dessa época com sua vitrine e sua decoração imutáveis, sua cozinha caseira e revigorante. O importante é o prato do dia: o *petit salé* com lentilha na segunda-feira, depois, dia após dia, o hachis parmentier, o boudin com purê, os rins ao molho madeira, as lulas à americana, o escalope de salmão com manjericão e o fricassê de frango com creme de morchella aos domingos. O guardanapo de papel é manchado pelo rigoroso brouilly. Os escargots, a terrine de lúcio com molho verde, a andouillette, a blanquette ou o boeuf bourguignon sempre fazem a alegria dos apreciadores.

---
* Trocadilho com sauce [molho] e socialiste. (N.T.)

A carne é hoje um dos pontos fortes da casa; nem sempre foi assim, na medida em que o Polidor passou pelo cerco de 1870, pela Comuna, pelos táxis do Marne e pela travessia de Paris. Uma verdadeira antologia de memória alimentar da capital. O serviço prestado é sempre sorridente e atarefado, e a conta do menu de almoço durante a semana, comedida. Os estudantes reaparecem quando já não estão com muito dinheiro, sentam-se às mesmas mesas que seus pais, os antigos manifestante de maio de 1968, hoje professores da Sorbonne, alguns deles com lugar cativo no Polidor, como no passado Maurice Barrès, Leconte de Lisle, Max Ernst e Boris Vian. A memória estudantil é também a juventude da cidade. André Maillet, o atual proprietário, tem a louvável intenção de não mudar nada da decoração, preocupando-se ao mesmo tempo em prover uma adega eclética e abundante. O Polidor alimentou gerações de estudantes rapados, artistas e escritores, de Verlaine a Joyce, de Valéry a Hemingway. A memória de Jarry é celebrada pelo Collège de Pataphysique, que fez do local sua sede em 1948. Um dos habitués, Paul Léautaud, escreve em seu *Diário*, em 21 de novembro de 1941: "Almoço com Marie Dormoy em um excelente restaurante: o Polidor [...] Acredito que vamos continuar a frequentá-lo".

A blanquette do Polidor, receita de comida caseira, pertence à categoria dos fricassês ou ragus, nos quais a carne (vitela, frango, cordeiro, cabrito) não é dourada antes de ser posta em contato com um molho cremoso. É diferente dos *matelotes*, ou fricassês de peixe com molho de vinho. Alexandre Dumas parece fazer tão pouco-caso da blanquette que recomenda utilizar sobras de carne. Em contrapartida, aconselha ligar o molho "com tantas gemas quanto for preciso". Assim procede Félicie, a mãe do comissário San-Antonio. A sra. Saint-Ange, autora de um manual de cozinha burguesa (1927) regularmente reeditado, especifica que "a carne não deve cozinhar no molho", que deve ser "depurada" por uma leve fervura a fim de purificá-lo. Sem isso, ele corre o risco de endurecer ou colar no prato. O molho, de fato, é normalmente um roux branco, isto é, uma mistura homogênea e delicada de manteiga, farinha e caldo de cozimento reduzido.

Atualmente, os chefs buscam suavizar a composição. Já, entre os mais velhos, Jacques Manière cozinhava a vitela no vapor e preparava um molho poulette: gema de ovo, crème fraîche e ligação com fécula. André Guillot, precursor da *cuisine légère*, não usava nem farinha nem fécula. Ele procedia a uma severa redução dos caldos da cocção, batia as gemas com crème double e, colher por colher, misturava tudo, antes de adicionar "raspas de noz-moscada". Bernard Loiseau defendia, assim como Michel Guérard, que se misturassem juntos por muito tempo o caldo e uma parte da guarnição aromática (cebolas, talos de alho-poró, cogumelo-de-paris). Passada no *chinois* (coador fino), essa mistura era ligada com nata e gemas. Entre os jovens chefs, Gaël Orieux do restaurante Auguste, no 7º arrondissement, sempre utiliza um pouco de farinha, mas sua receita de blanquette é um convite para se viajar. Jean-Louis Huclin, antigamente chef do Toutoune, permanece o modelo do que se pode fazer em casa. Seu segredo: nada de farinha, ligação com uma colher de chá de fécula de milho e uma seleção de carnes saborosas – acém, jarrete – e legumes.

Como uma rã em Saint-Germain

Comer fora, participar do ritmo da cidade continua sendo hoje um ideal estudantil, sujeito a imposições econômicas. Ainda existe no Quartier Latin uma rede de pequenos restaurantes próximos ao Café d'Harcourt (antigamente Flicoteaux), que desapareceu em 1940. Perto de Saint-Sulpice, no surpreendente Petit Vatel, situado na Rue Lobineau, casa que data de 1914, come-se quase dentro da cozinha o frango com especiarias, o salteado de carne bovina e a extraordinária pera ao vinho. Em Saint-Germain-des-Prés, são raros os estudantes no Petit Saint Benoît, bistrô fora de época, mas ainda um lugar vivo, assim como Aux Charpentiers, na Rue Mabillon, com o letreiro do sindicato: frangos de Bresse e cará-do-ar encantam uma bela clientela de estudantes abastados. O La Petite Chaise, na Rue de Grenelle, originalmente loja de um comerciante de vinhos e cabareteiro desde 1680, recebe os futuros diplomatas ou medalhistas do Sciences Po, o Institut d'Études Politiques de Paris, bem como turistas e provinciais. Than, o sorridente vietnamita da Rue des Saints-Pères, hoje falecido, viu desfilar duas gerações de futuros médicos entre 1960 e 1990. O La Bûcherie, perto de Saint-Julien-le-Pauvre, era na mesma época o lugar intimista, com lareira, para impressionar uma garota. Outra lembrança, a do Wagon-Salon, na Rue des Ciseaux, onde Jérôme Lindon e Christian Bourgois se deliciavam com uma costela de boi assada na brasa e com uma impressionante musse de chocolate. Os vinhos? Um modesto saumur-champigny.

O substituto hoje é o Pouic Pouic, na Rue Lobineau, cujo proprietário, que já foi viticultor, cuida pessoalmente da adega e garante que a cozinha não transgrida os princípios da cozinha burguesa. Serge Gainsbourg batizara a Rue Guisarde de "Rua da Sede". Quem passa a noite no Castel, na Rue Princesse, quase não tem outras opções de lugares para comer além do Pub Saint-Germain, na Rue de l'Ancienne Comédie, ou do Old

Navy, perto da esquina com a Buci, o que não é muito entusiasmante.

Uma crônica da época de "Potins de la Commère" [Fofocas da Comadre], espaço assinado por Carmen Tessier no *France-Soir*, recorda a brilhante figura de Roger la Grenouille [a rã], que comandava seu estabelecimento na Rue des Grands-Augustins, na Paris da Quarta República: "Nós poderíamos talvez tentar conseguir uma mesa no Roger la Grenouille, sugere o sr. Paul Étienne Dupont-Sommeil (X-Ponts, 1934) à esposa Anne-Sophie. E depois correr o risco de entrar em uma das adegas de Saint-Germain-des-Prés?". Roger Spinhirny, proprietário do La Grenouille, restaurante inaugurado em 1930, havia acostumado os clientes a lhe pedirem permissão para levar um amigo, porque o círculo familiar era restrito. Picasso, que morava na Rue des Grands-Augustins, convivia lá com Jean Rostand; Rita Hayworth conheceu lá o príncipe Ali Khan; o aviador Antoine de Saint-Exupéry e Frédéric Joliot-Curie eram amigos do proprietário; Marcel Thil e Cerdan, habitués; sem esquecer de Mistinguett, de Humphrey Bogart, de Michèle Morgan ou de Christian Dior. O prato obrigatório, nessa antiga loja de sapateiro que parecia um corredor, era pernas de rã frescas. O resto do menu se lia em um quadro pendurado na parede, nos fundos da peça, com o auxílio de binóculos que os clientes se passavam de mesa em mesa. Roger la Grenouille continua sendo um espetáculo de Paris, durante muito tempo mantido pela família Layrac. Mas a clientela turística hoje enviada pelos hotéis não é mais a de antigamente. Nem as rãs!

Antigamente, as rãs vinham da Dombes, no departamento de Ain, tão célebres quanto as de Aristófanes, ao menos para os lioneses letrados e humanistas como o era o presidente Herriot. A Dombes (sempre no singular, apesar do "s"!) é a mina de ouro das receitas lionesas. Um planalto argiloso que domina os vales do Ródano, da Saône e do Ain: a Dombes de mil lagoas. As rãs eram a febre dessas regiões. No domingo, toda Lyon ia saboreá--las nas pequenas estalagens da região, e ainda hoje no Ancienne Auberge de Georges Blanc, em Vonnas, no Ain.

No Échets, no Ain, Christophe Margain, chef poderoso e jovial, que tem a mesma paixão que os clientes pelos batráquios, os prepara de três maneiras: salteados na manteiga e nas ervas finas; em galettes de batatas assadas com rãs sem osso; e também com creme de estragão. Mas a rã é uma saltadora e tanto: ela também é encontrada no coração de Artois, perto de Azincourt, onde tenta vingar a honra da cavalaria francesa derrotada pela inglesa em 1415, na Batalha de Azincourt. Não precisava mais para garantir, há duas gerações, o sucesso do La Grenouillère em La Madelaine-sous-Montreuil, último estabelecimento que oferece pernas de rã antes do túnel sob o canal da Mancha!

Hoje, o jovem e inventivo Alexandre Gauthier frita as pernas de rã com azeite de oliva, sem as enfarinhar, adiciona a manteiga depois o purê de alho e uma pitada de molho de soja para temperar, e por fim salsa frita e suco de salsa. De onde saem todas essas rãs? Tema tabu porque capturar rãs para fins comerciais é proibido na França desde 1980. Por isso, o varejo importa as pernas congeladas da Indonésia e da China, e o ramo de restaurantes negocia rãs vivas com a Turquia, o Egito e a Albânia. A ranicultura (cultivo de rãs) nunca avançou de verdade. Será diferente no caso daquela instalada em Pierrelatte, no departamento da Drôme, perto da usina nuclear? A primeira na França, graças a um peixeiro de Roanne, Patrice François, e aos pesquisadores do Institut de la Recherche Agronomique (INRA). Falta a nós franceses um La Fontaine para escrever a fábula da "rã que queria domesticar o átomo".

As noites parisienses estão superadas, obsoletas, em comparação com as de Londres ou de Berlim? Seria precipitado dizer. Sem dúvida, os atuais locais da noite estão sujeitos ao toque de recolher de uma burguesia zelosa de seu sono. Mas desde que Hemingway decretou que "Paris é uma festa", a vida noturna continua e a música ao vivo vai mais bem do que mal. Na realidade, foi a cara da noite parisiense, com uma oferta focada e abrangente – bar, restaurante, show – que mudou. Saint-Germain-des-Prés está longe de ter poucos locais de diversão, cada um com seus códigos musicais, indumentários, suas redes ou sua comunidade. Os nostálgicos do Tabou, quando Boris Vian encontrava Jean-Paul Sartre e Miles Davis, se refugiaram no La Rhumerie, no Boulevard Saint-Germain, renovado em dois andares, onde, nos finais de semana, músicos fazem um show de jazz à noite, enquanto os clientes bebem um CRS (*citron* [limão], *rhum*, *sucre* [açúcar]) acompanhado de accras e de boudin antilhano! Às vezes, não há muito tempo, era possível esbarrar em Jacques Chirac, que saboreava uma caipirinha. Perto dali, no L'Alcazar, criado há cerca de dez anos pelo britânico Sir Conran, dois cantores e um pianista interpretam Mozart e Verdi todas as noites de segunda-feira, durante o jantar. Em outras noites, o mezanino se inflama ao som de ritmos brasileiros.

Indo em direção ao Sena, descobre-se o Lapérouse, no Quai des Grands-Augustins. Esse restaurante deve sua reputação polêmica aos acasos de um mercado de aves, cuja mudança para os mercados de Baltard, durante o Segundo Império, provocou a chegada das cocotes. O estabelecimento que recebia avicultores e comerciantes em salões discretos onde eles faziam seus negócios foi transformado em restaurante com compartimentos privados apreciadíssimos durante o Segundo Império. Foi um local memorável da galanteria, com sofás e água corrente. Tocava-se a campainha para chamar o maître, pois as portas eram equipadas apenas com uma trava interna. O último bidê desapareceu, ao que parece, em 1961. A decoração atual "à moda Watteau" data de 1878. "É Watteau a vapor"*, zombavam os frequentadores dos Grands Boulevards, retomando as palavras do pintor Degas.

Local da alta pândega parisiense, Lapérouse também foi um grande restaurante, antes da última guerra, sob a direção de Roger Topolinski. O destino de muitos governos da Terceira e Quarta Repúblicas foi selado em seus pequenos salões elegantes. Dos faustos e dos fru-frus do passado, sobraram apenas os olhos para admirar esse local rococó e mundano à deriva. Por vários anos, o estabelecimento parecia fadado ao destino do *Titanic*. Uma nova equipe, que assumiu em 1999, conseguiu durante um tempo passar a ideia de que o sucesso iria voltar. O velouté com pão torrado e fritas do jovem Pascal Barbot mostrava um cuidado com os sabores do campo. Os filés de linguado com castanhas crocantes, alusão a sua Auvérnia natal, foram um belo exercício acrobático cujo equilíbrio de sabores se apoiava em uma leve cobertura de manteiga com sal clarificada. O ponto alto era o confronto de uma saborosa carne de caça com um caldo de mirtilos frescos. Uma refeição de

---

* Trocadilho com Watteau e bateau [barco]. (N.T.)

sabores deslocados mas equilibrados que terminava com a frescura inesperada de um sablé de bananas caramelizadas, limão e sorvete de noz-moscada. Essa cozinha inspirada, corajosa, era a última chance para essa casa. Pascal Barbot ficou menos de um ano no Lapérouse, destinado a um retumbante sucesso. Desde então, o estabelecimento tentou inúmeros chefs sem conseguir se impor outra vez. Na calçada oposta, o Les Bouquinistes, mesa de Guy Savoy, oferece aos diversos turistas um bom exemplo de cozinha moderna e sem afetação. O Fogon, nas proximidades, no Quai des Grands-Augustins, é o melhor reduto da culinária hispano-basca em Paris.

Na Rue des Grands-Augustins paira a lembrança do Catalan, o restaurante de Picasso durante os anos sombrios. Um pouco mais adiante, um casarão do século XII onde La Bruyère escreveu *Caracteres*. No piso térreo, os parisienses frequentavam o L'Espadon Bleu, anexo especializado em frutos do mar do restaurante Jacques Cagna, que ficava na calçada oposta. Atualmente é a sede da KGB (Kitchen Galerie Bis), anexo da Ze Kitchen Galerie, perto do cais, onde William Ledeuil explora o universo aromático dos sabores tailandeses adaptados aos paladares ocidentais, em uma espécie de casamento misto elegante. Jacques Cagna fechou as portas em 2012. Um pouco provinciano pela decoração histórica, era um belo restaurante onde Annie Logereau, a irmã do chef, como hostess, anunciava com suavidade as delícias de um cardápio magistral na temporada de caça. Picasso – que tornou ilustre a Rue des Grands-Augustins – teria apreciado a decoração meticulosamente reconstituída, entre museu renascentista e monumento kitsch, que era o Relais Louis XIII em 1995, quando Manuel Martinez fez a aquisição do local? O antigo proprietário acumulara nessa dependência do Couvent des Grands-Augustins móveis, tapeçarias e quadros de época. A cozinha de Manuel Martinez, ex-chef do La Tour d'Argent e Meilleur Ouvrier de France, embora de um classicismo perfeito, encontra-se rejuvenescida, quase despojada, por um extraordinário efeito de contraste. Dezoito anos depois, sua culinária permanece com surpreendente vigor e generosidade, sábia e simples ao mesmo tempo, abastecida por uma adega impecável. Obviamente, trata-se da melhor mesa do 6º arrondissement.

Maio de 68 em Saint-Germain-des-Prés

Maio de 1968: a irrupção de outro ritmo com alguns ramos de lírio. Festa ruidosa de Saint-Germain-des-Prés, clima ameno e primaveril. Uma bela mulher de meia-idade segura a mão de seu amante... Agitação e grupos sob a folhagem que desabrochava nas árvores jovens; velas piscam na noite aberta. Ativa ternura do coração em que os encontros ainda podem suscitar a esperança. Não sobrou quase nada disso. Aqueles poucos dias de maio tiveram esse sentido e esse apelo. Quem devolverá a efervescência desse bairro onde os sonhos se cruzavam pelo bulevar entre as polêmicas acaloradas dos cafés? É uma imagem fulgurante de prazer e a lembrança de um gesto tão simples. Oferecer a uma pessoa que janta na Brasserie Lipp um lírio. Ela está cercada por convivas na primeira mesa à esquerda de quem entra, logo depois da porta giratória. A janela está aberta. Podemos ver a noite cravejada de prazer, ouvir o burburinho constante da brasserie. Sentamos em um banco de couro. Pedimos uma cerveja. Sobre a mesa o prato de ostras. São as últimas da estação. Eis que chegam os aspargos. Hoje, essa cena se deslocaria da

Brasserie Lipp, invadida pelos turistas, para o vizinho imediato, o Emporio Armani Caffe, famosa mesa italiana dirigida pelo brilhante Massimo Mori.

Em 10 de maio de 1968, as barricadas reapareciam na noite, na Rue Gay-Lussac. Nos dias seguintes, do terraço da Lipp que nunca fecha, via-se no horizonte nebuloso a multidão e a fumaça do conflito. É a bela juventude das escolas marchando rumo a um futuro melhor que canta e começou sua hégira rumo à Medina dourada da República. Prudente, o chefe de Estado partiu rumo ao Reno, a fim de consultar os oráculos e as coortes que defendem a fronteira. O núcleo dessa insurreição é a Escola de Belas-Artes, no Quai Malaquais – habitualmente refúgio encantador de paz com seu claustro toscano, seu chafariz, sua árvore-de-judas em flor, propícia para os apaixonados. Nos alojamentos escuros e formigantes, os artistas franceses trabalham dia e noite para imprimir os cartazes que inflamam os operários das fábricas de Boulogne. Um estranho grupo sabático igualmente se fechou nesse espaço inexpugnável, os Gazolines, que também trabalham duro na companhia de suas livres bacantes. Mas, se é necessário que a carne exulte, convém que as barrigas estejam cheias.

Quais eram então os restaurantes abertos no $5^{\underline{o}}$ e $6^{\underline{o}}$ arrondissements em maio de 1968? Era antes da *nouvelle cuisine* e se podia ver o presidente Pleven, uma revista *Hara-Kiri* na mão, saindo às gargalhadas com os amigos da Brasserie Lipp, no Boulevard Saint-Germain. Ali, a comida auvérnia paira por todas as épocas, mas não desaparece jamais, e às ostras de inverno se sucede o suculento aspargo de maio. O aipo com molho rémoulade não tem época, nem a cervelas. Para alguns autores, esse lugar encantador personifica sozinho o inconsciente arverno, o do documentário *A dor e a piedade*, emocionante relato da vida de Clermont-Ferrand durante a Ocupação. Jantava-se lá uma paleta com ervilhas regada a um marsannay rosé, ano 1965. No Tante Madée, com o jovem Alain Trama na cozinha, a musseline de pimentões verdes figurava no cardápio. Às vezes era preciso esperar um pouco pelos pratos, bebericando um chinon do Domaine Couly-Dutheil. É verdade que se estava muito bem, um pouco afastado do front das classes, na paz, na Rue Dupin.

Na linha de frente, perto do front, no Allard, situado na Rue Saint-André-des-Arts, Fernande segurava as rédeas com firmeza, apesar do clima tumultuado, e oferecia os consolos da tradição: linguado com beurre blanc, navarin de cordeiro, pato com azeitonas, pintada com lentilhas. Como escolha de vinho, recomendavam um latricière-chambertin ano 1965. No La Tour d'Argent, Claude Terrail, o dono, rezava para santa Genoveva sacrificando alguns patos propiciatórios. No Pactole, na Maubert, Jacques Manière, recém-chegado de Pantin, quase não viu clientes antes de setembro. No Moissonnier, os clientes se empanturravam com as saladas lionesas, acompanhadas de um arbois, tinto, é claro, se fosse preciso persuadir os mais exigentes sans-culottes de passagem. Os proprietários mudaram, não a cozinha, sempre revigorante e cuidada. No Maître Paul, na Rue Monsieur-le-Prince, no coração do conflito com gás lacrimogêneo, o filé de linguado ao château-chalon, a galinha com nata, morchellas e vinho amarelo estavam ali para revigorar os obcecados com a hipocaloria. O local passou a se chamar Monsieur le Prince, mas continua celebrando o vinho de Arbois e a galinha ao vinho amarelo. No saudoso restaurante Saints-Pères, perto do Institut d'Études Politiques de Paris, as encantadoras garçonetes de avental branco ofereciam o consolo de pratos da pretensa cozinha burguesa, a torta de alho-poró e o vinho de Cahors. No Sauvignon, na Rue des Saints-Pères, o amigo Vergnes se refugiava naqueles tempos de incerteza na adega e só saía à noite, depois de limpar as garrafas. Em tempos normais, recebia no balcão os amigos e vizinhos, o poeta Maurice Fombeure e o Poilâne pai, com muito beaujolais, saint-émilion e um excelente quincy. No Charpentiers, na Rue Mabillon, os amigos de Charles Maurras, circunspectos, contavam os últimos dias da República, diante de um delicado pé de porco à la sainte-ménehould – que foi fatal para Luís XVI –, regado com um Château-Magence, graves, ano 1958.

Os simpatizantes moderados, os artistas de verdade, os temporizadores blasés, os trocistas como Topor, humorista de sua classe, a própria Marguerite Duras frequentavam inicialmente o inenarrável Petit Saint Benoît, o templo dos aros de guardanapo, do hachis parmentier e do diplomate, com uma garrafa de beaujolais. Outros céticos, cujas sombras venais soturnas povoavam no crepúsculo as proximidades da Drugstore ao lado dos seminaristas da Saint-Sulpice, se deliciavam com pratos populares da mãe Raffy, na Rue du Dragon. Um lugar solene, pitoresco, com um andar calmo e ecumênico. Um pouco mais adiante, na mesma rua, discreto, reservado à burguesia, também havia o restaurante Claude Saint-Louis, que inventara o prato único, a melhor carne de Salers de Paris, servida com fritas, precedida por uma salada com nozes. Mais obscuro, na Rue Guénégaud, era o Chez Raton, espécie de falastrão complacente convertido aos deliciosos rins de vitela. Público de verdade, jovem mais do que revoltado, que vinha da Grande Masse des Beaux-Arts – a associação de alunos e ex-alunos da Escola de Belas-Artes –, cuja sede ficava no final da Rue Jacques-Callot. Gritos garantidos e vinho barato nas jarras. Na esquina da Rue Visconti, pudico e feminino, mas sem excesso, Le Vieux Casque era o reduto das egérias e das vestais. Cozinha fina no subsolo, se você tivesse a sorte de agradar as proprietárias, militantes comunistas. Na Rue Mazarine, um discreto restaurante russo, Chez Georges, era o refúgio dos decembristas e mencheviques atrasados para uma vodca um pouco cara. Estrogonofe de vitela, excelente, na sequência. Por fim, a meca, na esquina da Rue des Beaux-Arts e da Rue Bonaparte, o célebre Restaurant des Beaux-Arts (Poussinot) recebia, com uma cozinha inconstante mas não sem charme e um prato bem servido, pintores e pintoras boêmios, borradores de todos os tipos, estudantes das Belas-Artes, o tonitruante escultor César e o arquiteto Roland Castro, uma das figuras de Maio de 68. Bela adega negligenciada por uma clientela com pouco dinheiro, que se contentava com o menu. Vinhos finos da Borgonha de velha guarda.

Do terraço do Pactole, no número 44 do Boulevard Saint-Germain, de onde observa no horizonte a multidão e a fumaça do conflito, em 29 de maio de 1968, Roland Neidhart, um habitué da casa, funcionário de alto escalão do Parlamento, lembra: "Depois dos pés de carneiro com molho poulette, eu acabava de atacar o frango 'Père Lathuile'. De repente despontam os caminhões que levam os 'Renault' ao bairro da Bastilha para a manifestação". Georges Séguy, então secretário-geral da Confederação Geral do Trabalho (CGT), tinha o costume de almoçar um consistente cassoulet no Sousseyrac, Rue Faidherbe, antes de alcançar com seu motorista a passeata que caminhava rumo ao bairro da Bastilha. Para muitos ainda, as lembranças desse estranho mês de maio não são dissociáveis dos restaurantes que frequentavam, às vezes ao lado dos "enragés" [estudantes ultrarrevolucionários] e dos "katangais" [mistura de malandros e desempregados que alegavam ser mercenários do Katanga.] O Pactole, aberto em 1967, Le Pot-au-feu de Michel Guérard, em Asnières, e L'Archestrate de Alain Senderens, na Rue de l'Exposition, em Paris, eram os pontos de referência do que um punhado de iniciados logo chamarão de a *nouvelle cuisine*.

O que realmente aconteceu em maio de 68 no mundo das panelas? Os autores de *68, une histoire collective* lembram que, muito antes de maio, um grupo maoísta da esquerda proletária saqueou a Fauchon e distribuiu os produtos de luxo nas casas dos imigrantes do subúrbio. Ao evocar esse posicionamento radical, o historiador Pascal Ory, em Les Lieux de mémoire III, destaca "o hedonismo proclamado da geração *soixante-huitarde*", que inicialmente condenara a comilança como "símbolo do desequilíbrio antinatural da sociedade de consumo", antes de comemorar o recolhimento individualista ao longo da década seguinte, do qual, para ele, Le Ventre des philosophes de Michel Onfray e L'Homme aux pâtes de Michel Field, publicados em 1989, são herança direta.

Os cozinheiros têm uma visão diferente e contrastante dessa época. Para Gérard Cagna, à época aprendiz no Lucas Carton, "1968 é o fim dos molhos ligados com farinha, dos sabores disfarçados da cozinha pós-guerra; a mudança é brusca: não é a revolução, mas parece". De acordo com Michel Guérard, a ruptura começara a partir de 1952 em Marly-le-Roi, com André Guillot no Auberge du Vieux Marly, e em Bougival, no Camélia de Jean Delaveyne a partir de 1957. "Para romper com a codificação rigorosíssima de Escoffier, era preciso matar o pai", comenta Michel Guérard. Henri Gault e Christian Millau, jornalistas do *Paris-Presse-L'Intransigeant*, se encarregarão dessa tarefa. Juntos, publicarão o *Guide Julliard* em 1962, a revista *Gault et Millau* em 1969 e, três anos depois, um guia gastronômico, destinado a um grande sucesso. Apoderar-se da ruptura, do detalhe, quando não o impor, tal foi até 1986 a linha editorial desse guia. Redução do tempo de cocção, fim da *faisandage* para a carne de caça, suavização de molhos muito opulentos, estética e criatividade, tal é a crença, inspirada nos estudos do patologista clínico Jean Trémolières, a quem adere a nova geração de cozinheiros. Seu livro, *Diététique et Art de vivre*, traz a resposta do nutricionista às perguntas de uma nova dieta individual dentro da sociedade de consumo.

Henri Gault, curioso, voluptuoso, gourmand, amante de vinho branco, de pitus e de ostras quentes, seria o caçador de talentos; já Christian Millau, o organizador, o recrutador, construiria a extraordinária aventura de Gault e Millau. Essa dupla provavelmente não teria feito tanto sucesso sem a sagacidade de André Gayot, negociador habilidoso e estrategista notável, porque, na realidade, tudo opunha os dois jornalistas. Basta ler as três parcas páginas dedicadas por Millau ao antigo parceiro, falecido em 2000, em seu *Dictionnaire amoureux de la gastronomie*. Desde então, Christian Millau compartilha regularmente seus comentários no estilo de *Vinte anos depois*. Em 2007, o seu *Guide des restaurants fantômes ou Les ridicules de la société française* escolheu uma forma de sátira enviesada e retrospectiva. Com exceção de "Paul Ladainha", vulgo Paul Bocuse, ele praticamente só ataca os falecidos! Isso não diminui em nada a força cômica e explosiva desse guia. É por meio de uma estratégia oblíqua de alusões que ele diverte o leitor, nos moldes de uma mistura de Léautaud e Frédéric Dard, ou então usando o tom de Audiard, rabugento, campeão de todas as categorias do resmungo maldoso e que apenas a presença do cassoulet reconcilia com nosso tempo.

Um dos últimos dessa geração de jornalistas, Claude Lebey deu a entender em suas *Memórias* que também era um dos iniciadores da *nouvelle cuisine*. Ele foi sobretudo um editor prolífico (na Robert Laffont e na Albin Michel) e um agente de chefs, entre os quais o saudoso Bernard Loiseau.

A *nouvelle cuisine*, entretanto, não foi unanimidade entre os simpatizantes de Maio de 68. O dr. Claude Olievenstein, fora de qualquer suspeita de inclinações "burguesas", escreveu em 1979: "A *nouvelle cuisine* [...] pretende oferecer uma cozinha 'aérea e aerada', mas nos estabelecimentos que reivindicam seguir essa corrente, muitas vezes só me serviram, em quantidade mesquinha, pratos grosseiros, insípidos, pretensiosos...". Em 1968, uma geração de jovens cozinheiros se apropriou da dimensão hedonista e libertária de Maio de 68. Muitos passaram a vez. Uma nova geração reivindicou, desde então, o direito de herança. O olhar de Jean-Paul Aron é mais severo ainda com os modernos: "A *cuisine* supostamente *nouvelle*, com um olho examina os antigos que se esforça a ressuscitar, com o outro os esportistas, os médicos, os ecologistas cuja ideologia condena os gastrônomos".

A arte de Jacques Manière

No número 44 do Boulevard Saint-Germain, nenhuma placa indica "Aqui foi o Le Pactole" do grande chef Jacques Manière.

O endereço hoje está no anonimato. O Le Pactole, aberto em 1968, depois o Dodin-Bouffant em Maubert, foram por mais de uma década os modestos e brilhantes crisóis onde se moldaram revelações gourmandes de toda uma geração, ao mesmo tempo em que se forjavam com rigor, ao lado do proprietário – autodidata falastrão –, os temperamentos de alguns dos atuais chefs franceses. Veterano do exército de Lattre, depois paraquedista da Special Air Service, Jacques Manière tinha uma visão da autoridade de que seus subchefs ainda se lembram. Generoso, exigente, voluntarioso, Manière também sabia demonstrar uma paciência exemplar, explicando aos ajudantes, que o chamavam de "papa", os segredos de sua arte.

O que sobrou de seu estilo nas memórias gustativas dos franceses? A lembrança do fino sabor do molho de sua paupiette de vitela, a profusão da omelete Roger Bedaine e do frango Père Lathuile. O estilo de Jacques Manière era uma maneira muito simples de fazer coisas complicadas: "Era uma cozinha formidavelmente generosa, sem a menor sofisticação", lembra Roland Neidhart, funcionário parlamentar de alto escalão e gastrônomo, que Manière tinha indicado para o título de Garfo de Ouro, uma distinção sem futuro imaginada por Henri Gault e Christian Millau para possibilitar que os chefs homenageassem os mais finos paladares entre sua clientela. Manière tinha uma capacidade incrível de personalizar os pratos mais simples, como sua terrine de atum com cenoura e vinagre de xerez. Nem uma pitada de afetação em seu civet de lavagante e de pato ligado com sangue: "Uma necessidade imediata no prato, uma plenitude de sabores desde a primeira garfada", comenta Roland Neidhart, "inconsolável órfão dessa cozinha, talvez dessa genialidade culinária".

O ardor do gastrônomo é uma paciente reconstituição pessoal dos sabores e das maneiras à mesa que lhe são caros. É um esforço semelhante à aquisição da música ou ao conhecimento das artes. Uma busca que permite o acesso ao gosto refinado, um percurso ligado às nossas origens, à nossa memória, às imagens deixadas pela vida. Manière esteve, confesso, na origem de minhas primeiras grandes emoções gastronômicas, honrando-me com uma amizade leal muito antes que eu sonhasse em escrever. Ele me permitiu, sobretudo, observar e compreender sua técnica, a dos molhos gigognes, por exemplo. E as contribuições aromáticas, inclusive na receita já esquecida na época da "cabeça de vitela ao molho tartaruga", verdadeira Pedra de Rosetta da cozinha clássica, à qual todos os grandes cozinheiros, Antonin Carême, Jules Gouffé, Auguste Escoffier, até o contemporâneo Marc Meneau, deram um toque pessoal.

Não deixarei de mencionar o mais recente e mais improvável, Jean Bruller. Mais conhecido pelo pseudônimo Vercors, o autor de *O silêncio do mar* conta em um livro surpreendente (*Je cuisine comme un chef sans y connaître rien*, Bourgois, 1991) como a cabeça de vitela com molho tartaruga era para ele uma insubstituível recordação proustiana da comida materna. Esse molho tartaruga é uma infusão de ervas aromáticas em um pouco de fundo de vitela, dando ao molho uma delicada dimensão hortícola. Pois as famosas "ervas de tartaruga" nada mais são do que as ervas da horta, a sálvia, a manjerona, o alecrim, o manjericão, o tomilho, o louro e a salsa. Acrescente essa decocção à demi-glace e ao molho de tomate de acordo com as quantidades prescritas antes de deixar o sabor no ponto com molho madeira e uma ponta de pimenta-de-caiena. A guarnição desse prato inclui azeitonas, cogumelos-de-paris e pequenos pepinos em conserva, quenelles recheadas de vitela, ovos fritos, cérebro e língua, alguns pitus para a decoração, e trufas cortadas à juliana para dar o aroma. Então a poesia está na panela, e essa receita que alguns acharão obsoleta assume uma dimensão mítica.

A memória gustativa é a base necessária de toda cultura culinária, mas a receita é uma rememoração que pertence ao universo do conto, ou ao dos sonhos da vigília, pois a gastronomia não é uma ciência exata. O segredo do cozinheiro está em sua panela. Uma receita é apenas uma taxonomia feita de sucessivas adições, relatadas em uma linguagem muito afastada do senso comum: *desossar, embeber, branquear, retificar...* A verdadeira receita é um palimpsesto logo fadado ao esquecimento quando o executante se esquece do momento em que um fio de vinagre ou de suco de limão é necessário, se deve ser muito ou pouco, preceder ou não o estragão que dará o toque final.

A autoridade de Jacques Manière encontra aqui sua justificativa, pois a maioria de seus antigos colaboradores, mesmo quando estes desenvolviam personalidade própria, ainda tinha a capacidade de fazer renascer o folheado de aspargos na manteiga de cebolinha, as vieiras com purê de agrião dedicadas por Jacques Manière a seu amigo toulousiano Lucien Vanel, a blanquette de legumes ou então a famosa cabeça de vitela ao molho tartaruga, retomada recentemente por Mark Singer no Dodin, no 17º arrondissement. A receita de pés de carneiro com molho poulette, revista por Jacques Manière quando o amigo Mustapha havia trazido os pés cuidadosamente limpos na mesma manhã no mercado de Vaugirard, foi revisitada vinte anos depois por seu antigo subchef Philippe Valin: "Prepare algumas raspas de cascas de limão esbranquiçadas; faça suar as chalotas, adicione os pés pré-cozidos em um blanc, um pouco de noilly, um pouco de caldo de cozimento, depois as cascas de limão e o crème fraîche. Faça, com ovos, uma ligação à l'anglaise. O conjunto deve ficar bem amarelo. Adicione o suco de limão e a cebolinha."

Jacques Manière, que foi amigo e cúmplice de Michel Guérard, não merece o esquecimento em que caiu. Alguns se lembram de sua generosidade e de sua preciosa ajuda: ele mostrou a Paris dois viticultores destinados a um futuro promissor: Eloi Dürrbach, do Domaine de Trévallon, no coração das Alpilles, e Henry Marionnet, pioneiro do vinho natural no Domaine de la Charmoise, em Sologne. Suas sacadas geniais tinham no mínimo tanta inspiração como as de nossa época, que não são poucas. Quantos não serão amanhã os chefs ilustres, celebrados pelos gastrônomos? Eles não teriam conseguido ampliar a fama da culinária francesa sem o talento daqueles que, como Jacques Manière, formaram o gosto de uma geração de gourmands.

Sua cozinha também sabia ser espontânea, como o ovo "Céline", que com certeza não era dedicado ao autor de *Viagem ao fim da noite*, mas a Céline Vence, que acabava de publicar com Jacques Le Divellec *La Cuisine de la mer*. E como certa feita ela comentou com Manière que os cozinheiros quase não saíam de caminhos que já estavam batidos, tocando assim na ferida, ele deu corda à sua imaginação, ouvindo-a: "Uma receita simples... Um ovo, nada mais simples, mas com o quê? Associação de ideias... com outros ovos, os de esturjão... e caviar! Mas o conjunto vai estar frio quando eu for servir... Requentar, flambar?". O caviar o levou irresistivelmente a pensar na vodca. Assim nasceu o ovo "Céline", que todos podem fazer contanto que tenham à mão um *coquetier* – copo especial para ovos quentes – e um prato, ambos metálicos. A única dificuldade é deixar a gema na casca utilizando um garfo para eliminar a clara. O ovo, recheado com caviar, é colocado em um *coquetier* de metal aberto. Duas colheres de sopa de vodca bem quente embaixo e pronto, em menos de um minuto, o ovo e o caviar estão quentes sem estar cozidos. "O que mais demora é cortar, grelhar e passar manteiga nas fatias de pão", dizia Manière, de maneira hilária. Sucesso universal, a tal ponto que o grande Jacques logo teve contestada a paternidade, não da receita, mas do que ele considerava um simples savoir-faire. Nos anos 1970, Manière foi consultor do novo comprador de um belíssimo estabelecimento, com uma lareira monumental, localizado na vizinhança, na Rue Maître-Albert, que Guy Savoy tornou há alguns anos a mais famosa rôtisserie de Paris, cujo nome é Atelier Maître Albert.

Estrelas fora das paredes

Na extremidade do Boulevard Saint-Germain, La Tour d'Argent é a herdeira de uma estalagem do século XVI localizada fora das muralhas de Filipe Augusto, cuja torre de pedra revestida de mica gerava contra o sol reflexos prateados e protegia uma barreira alfandegária, que impunha cobrança de impostos sobre produtos à entrada na cidade. Dizem que nesse local Henrique IV tinha apreciado um patê de garça-real. Por volta de 1780, um restaurante ali se instalou. Será saqueado em 14 julho de 1789, após a queda da Bastilha, pelos revoltosos que confundem o brasão do estabelecimento com as insígnias principescas. Em 1925, o *Guide du gourmand à Paris* de Robert-Robert situa esse "santuário da gourmandise [...] longe, muito longe, nas imediações inexploradas do Mercado de Vinhos e do Jardim das Plantas".

Desde 1890, de fato, Frédéric Delair, proprietário do local, realiza uma estranha cerimônia propiciatória, inspirada no pato à la rouennaise. É um pato de Challans, prontamente estufado a fim de conservar seu sangue. Meio cozido, é entregue ao *maître canardier*, trinchado diante do cliente, tendo como últimos instrumentos de tortura a prensa, o fogareiro, a escumadeira. "Retira-se a pele. Cortam-se os filés com uma lâmina precisa". A carcaça é colocada na prensa de pato, onde exsuda a última gota no molho – caldo e fígado de pato –, ao qual se adicionam conhaque, limão-siciliano e molho madeira. No fogareiro ocorre a delicada ligação e se finaliza o cozimento dos filés. Batatas suflê acompanham o prato. As coxas, grelhadas, farão parte do segundo serviço. Trata-se da constância imperativa dessa receita, à qual não se pode mudar nada. Desde aquela época, os patos são contados e se faz o registro dos apreciadores célebres. Bom exemplo histórico de rastreabilidade, mas que não está livre de risco! Às vezes, as listas passam a ser secretas. Entre o pato número 147.844 – saboreado pelo duque de Windsor em 1938 – e o número 185.397 – destinado, dez anos depois, à princesa Elizabeth –, provavelmente nunca se saberá o nome dos beneficiários dos 37.513 patos desconhecidos dos anos de guerra. Claude Terrail me contou que os arquivos haviam desaparecido. Seu filho, hoje, não é tão categórico. Ao menos se sabe que, além das celebridades do mundo todo que frequentaram o La Tour d'Argent em tempos de paz e de guerra, o general Von Choltitz, que desobedeceu a ordem de Hitler de destruir Paris em 1945, foi jantar no La Tour d'Argent em 1956.

As relações do *Guia Michelin* com o La Tour d'Argent sempre foram caóticas. O estabelecimento fazia parte da fornada dos sete primeiros estrelados de 1933. Em seguida, em razão das "dificuldades de fornecimento", a classificação de três estrelas foi suspensa até 1951. Há de se convir que se tratava antes de um prazo de decência, após o período de Ocupação, durante o qual os três estrelas, em sua maioria, haviam sido requisitados, com exceção de Fernand Point, em Viena, que fechou seu restaurante. Em 1952, o La Tour d'Argent perdeu uma estrela, recuperada no ano seguinte, novamente perdida em 1996. A opção paternalista da empresa de pneus com base em Clermont, mesmo que tenha se tornado multinacional, mantém o *Guia Michelin* afastado do símbolo de luxo e de frivolidade representado por La Tour d'Argent. Em 1952 e em 1996, Claude Terrail manifestara sua intenção de recuperar a posição. Em *Ma Tour d'Argent*, ele escreveu: "Meu pai simplesmente me disse que eu deveria um dia continuar sua obra, 'manter' o La Tour d'Argent, isto é, renová-lo eternamente". A mensagem vale para seu filho André: manter não é não mudar nada.

As coisas estavam estagnadas havia muito no La Tour d'Argent, que se tornara uma espécie de museu Grévin da cozinha burguesa, quando a chegada de Laurent Delarbre, discretamente, em abril de 2010, pressagiou certa renovação. Esse jovem chef conhecia o estabelecimento: ali fizera o aprendizado antes de se juntar às brigadas de cozinha do Ritz e do Lasserre. "Ele tem a missão de mudar o cardápio respeitando o espírito da casa", confidenciou André Terrail Júnior na chegada de Laurent. Um pedaço de vitela gorda e maçãs carameladas com azeitonas dava a deixa ao pato numerado; ao passo que no almoço um menu – quenelle de lúcio, pata da Vendeia, sopa de pêssegos – era oferecido a um preço razoável, com um serviço que continua sendo um modelo inigualável: um maître nunca interrompe uma conversa para comentar um prato, infelizmente um costume que é muito difundido e sugere que o cliente esqueceu o que pediu.

Lamentavelmente, os responsáveis pelo *Guia Michelin* não tiveram até o momento a elegância de rever sua classificação, deixando uma única estrela para o restaurante francês que está entre os mais conhecidos do mundo. O que há para reprovar no La Tour d'Argent, sua adega excepcional ou o fato de não servir os vinhos senão após um envelhecimento de dez anos, regra imposta pelo maravilhoso sommelier David Ridgway? Sem dúvida não, nem tampouco a vista para a abside da Notre Dame. Então, seria apenas o museu de uma cozinha démodé? Todos são livres para gostar ao mesmo tempo de Chardin e Bonnard.

Uma refeição no La Tour d'Argent é sempre um momento singular, seja qual for o pretexto. Espaço refinado, clientela selecionada. É uma festa ir jantar em um lugar assim. Em geral, o público se veste com elegância e bom gosto, como na Ópera nos tempos idos. Os menus são distribuídos com parcimônia. O serviço é um modelo tanto de discrição quanto de atenção. Essa é a diferença em um mau restaurante, vale dizer, muitos estabelecimentos parisienses, inclusive entre os mais concorridos, quando a recepção é imprecisa e o chef de rang demora a vir; depende dele, no entanto, a boa ordem das coisas. Ele está diante de nós, vamos pedir explicações... não, ele é apanhado por outra mesa. Amigos dele, provavelmente? O pedido é feito, enfim. E começa a longa espera. A cozinha estaria "no aperto", com pouca gente? Não parece ser o caso, na medida em que o cardápio é repleto de preparações rápidas. É o que todos se perguntam, mordidos pela fome, desejando que o jantar corra bem e possibilite que as durezas do dia a dia sejam esquecidas por uma noite. Eis os aperitivos. "Bom apetite", gagueja o jovem garçom, inconveniência a que ninguém responde. Ele reincide no momento das entradas. "O pregado é de quem?" Em seguida, sente-se obrigado a nomear os pratos ao colocá-los na frente de cada conviva, como se cada um tivesse esquecido o próprio pedido, antes de falar: "Bom proveito!". Então se chega ao cúmulo. Os pratos serão servidos apenas muito tempo depois. Fazemos essa observação ao garçom, que ergue os olhos para o céu. A situação fica tensa imperceptivelmente. Os cálices estão vazios; a garrafa está em uma gueridom fora de alcance. O jantar está prestes a fracassar. Uma suspeita silenciosa ocorre: o rodovalho é fresco? Sem dúvida, o pregado está cozido demais, as guarnições estão mornas. A situação está à beira da ruptura. Inevitavelmente, a tempestade desaba quando outro garçom, também inexperiente, coloca os pratos na mesa coberta com migalhas do serviço anterior. Um maître, conciliador mas blasé, acolhe as críticas e observa os restos sobre a mesa. Oferece uma taça de champanhe e balbucia um vago pedido de desculpas.

O serviço é a coroação da preparação culinária. A equipe que fica na sala, com o duplo papel de servir e representar, deve demonstrar tato. E, justamente por isso, não se comportar como arlequim: "De repente, vi o proprietário se dobrar em reverências, os maîtres acorrerem juntos, o que levou todos os clientes a se virarem", já lamentava Marcel Proust. Na teoria, a leitura de um cardápio já pode dar uma ideia da cozinha. Claro está, se a nomenclatura dos pratos for rebuscada até dar náuseas, será fácil imaginar o resultado no prato. Na prática, no entanto, é preciso evitar conclusões precipitadas: isso pode ter relação com a proprietária, com a cópia de um grande cardápio mal assimilada ou com ingenuidade. É melhor então se limitar a exaltar as extravagâncias do cardápio, na impossibilidade de seguir a recomendação atribuída a Raoul Ponchon: "Há restaurantes em que é melhor sair sem pagar do que criar casos".

A vida de bairro

Várias gerações de alunos da École Polytechnique – quando esta ainda ficava na Rue de la Montagne-Sainte-Geneviève – se recordam do Père Besse, um comerciante de vinhos que tinha no número 48 uma loja, para onde os estudantes se dirigiam frequentemente a fim de realizar alguns trabalhos de aplicação. Como qualquer cliente, eles eram recebidos pelo proprietário, sorridente e rabugento, a boina enterrada na cabeça: "Vocês estão procurando algo? Fiquem à vontade, a casa é de vocês". Entre cafarnaum e caverna de Ali Babá, a loja estava repleta de garrafas vazias, de caixas entreabertas dos mais prestigiados certificados de origem. Uma garrafa de la-tâche, cujo gargalo se quebrou pela queda de uma pilha de caixas, mas ainda pela metade, não parecia comover esse homem nascido no departamento de Corrèze em 1907, em La Graulière, perto de Uzerche: "Ah, vou beber o resto com os amigos!". Invariavelmente, fazia a pergunta: "Quanto você quer gastar?... Então pegue este, é muito bom".

Jean-Baptiste Besse, que faleceu em 1996, abrira sua loja em 1932. Durante sessenta anos, viu desfilar entre suas paredes amantes de vinho do mundo inteiro, Hemingway, Peter Ustinov, Jean Carmet e todos os apreciadores de vinho da capital.

Ele havia começado de maneira modesta, vendendo vinho a litro com uma enchedora. Também fazia alguns engarrafamentos. Sua primeira experiência com os vinhos finos de Bordeaux foi um cos-d'estournel que ele colocava, com o cheval-blanc, no topo de sua hierarquia pessoal. Dentro em pouco, os três andares da adega foram preenchidos com vinhos de todas as procedências que ele se orgulhava de ter provado. Sua seleção, ampla e pertinente, descoberta durante suas visitas aos vinhedos, era compartilhada com todos os clientes, que ele aconselhava da mesma maneira. Mantinha estoques consideráveis, inclusive de antigos champanhes. Sempre se encontravam em seu estabelecimento um bollinger R.D., os Borgonha da casa Chandon de Briailles, os vinhos do Loire de Olga Raffault. Ele bebia todos os dias um gole de banyuls envelhecido, cuja franqueza apreciava. Besse era o protótipo do comerciante de vinhos à moda antiga que, como os livreiros de outrora, sabia dividir seus gostos e suas descobertas, aconselhar, às vezes oferecer degustação e sempre transmitir aos neófitos a sensação de que eles tinham aprendido algo ao sair de sua loja.

Ela foi retomada e completamente transformada, após alguns anos de fechamento. O estoque fora comprado por Lionel Michelin, outro apaixonado por vinhos. Este antigo quadro das telecomunicações, apreciador e colecionador que abandonou a carreira com a chegada dos quarenta, está há quinze anos à frente de um comércio de vinhos antigos e garrafas recentes mas raras. Trata-se de um antiquário do vinho cujo letreiro dialoga com os latinistas com senso de humor: "*De vinis illustribus*". Ele visa a um nicho de mercado, o dos amadores de vinhos antigos ou de vinhos propícios ao envelhecimento. É um mercado que só deve crescer diante do assustador avanço dos vinhos tecnológicos, prontos para beber desde o engarrafamento, oriundos de vinificações com processo de micro-oxigenação, com aromas excessivamente amadeirados. Lionel Michelin participa de leilões, mas é sobretudo um especialista na compra de adegas particulares, cujas condições de conservação pode avaliar, no caso de heranças ou de vendas. É um verdadeiro caçador de tesouros.

Nos anos 1980 e 1990, com o desenvolvimento espetacular dos feirões de vinhos dos grandes varejistas, os comerciantes de vinho eram considerados como suplentes do varejo, condenados a uma inevitável extinção. No entanto, desde 2005, o número desses pequenos estabelecimentos não para de crescer em Paris. Do outro lado da Rue Mouffetard, no Philovino, na Rue Claude-Bernard, se instalou um comerciante de vinhos atípico, Bruno Quenioux, antigo comprador-guru da Lafayette Gourmet. Sua paixão por uma vinificação sincera lhe rendeu alguns problemas com aqueles que ele acusa de formatar o vinho, de estabilizar a matéria lhe dando, por meio de uma tecnologia cada vez mais invasiva, uma "cor de tinta". Seu site (www.philovino.com) é um manifesto dos vinhos "autênticos", que "cantam os sabores e as generosidades da terra", e uma antologia das melhores garrafas do momento.

A Rue Mouffetard, perto das Arènes de Lutèce, onde os apaixonados vão flertar, não é um deserto, mas um mercado parisiense clássico, atual e permanente, muito bem abastecido, ao pé de casas antigas com pátios e jardins, entregues aos bubos, nossos boêmios modernos. Pequenos restaurantes de todos os tipos descendo a rua íngreme em direção ao corpo de bombeiros. Havia no passado um luxuoso restaurante chinês mantido por uma libanesa. O marido na cozinha, a proprietária vendia o rolinho-primavera com um sotaque marcante. Ela estava sempre cansada, mas a comida chinesa era perfeita. Desse quarteirão, na parte alta da rua, eu me lembro do café Aux Cinq Billards, com sua sucessão de amplas salas e mesas de jogo. O La Forge, pequeno reduto périgourdino na Rue Pascal, abaixo da Rue Mouffetard, continua sendo o paraíso do pato: foie gras, confit, magret. E também do filé-mignon de porco e do boeuf bourguignon. "Aqui não cozinhamos a vácuo em baixa temperatura", confirma o chef Jean-François Le Guillou. É o domínio dos cozimentos lentos, do fogo baixo: "cozinha paleolítica", segundo Joseph Delteil. O cassoulet? Coisa séria! Com as sobremesas regionais e uma garrafa de bergerac, a conta permanece razoável.

Cabe lembrar também, na esquina da Rue Saint-Jacques e do Boulevard Saint-Germain, um restaurante oriental chamado Les Balkans, famosíssimo e rústico, em seu auge nos anos 1960. Em Paris, a cozinha grega está concentrada na Rue de la Huchette, no coração do Quartier Latin. Mas a maioria dos restaurantes deve ser evitada.

Os sabores da cozinha helênica, os do bouquet garni de tomilho, de louro e de orégano, se encontram hoje no Mavrommátis, ao lado da igreja Saint-Médard, o melhor restaurante grego de Paris, se não de toda a diáspora. O louro é essencial para cozinhar o polvo ao vinho branco. O tomilho aromatiza as codornizes assadas envoltas em folhas de uva e muitas outras preparações do cardápio de Andréas Mavrommátis, de origem cipriota, instalado com os irmãos na parte baixa da Rue

Mouffetard, assim como no Délices d'Aphrodite, em uma rua vizinha. Do Chipre, onde se desfruta de um confit de leitão em um forno aquecido a uma temperatura infernal, ele trouxe sua paixão comunicativa pela cozinha. Em seus restaurantes, pode-se saborear um filé-mignon de porco salteado no vinho tinto de Metsovo e no coentro, um peixe-espada no fondue de berinjela, um cordeiro de leite no espeto, a série das pikilia, excelentes pratos de degustação, e naturalmente a mussaca. Alguns vinhos brancos excepcionais, de Santorini, possibilitam convidar Dioniso à mesa. Magia de sabores, de cores, de lendas, a cozinha grega vem de nosso mais antigo legado civilizatório. As plantas aromáticas abrem o apetite e amenizam o instinto carnívoro bárbaro, revestindo-o com os aromas do Mediterrâneo. À sopa negra espartana das mesas duvidosas da Rue de la Huchette, prefiro a finesse e a elegância dos banquetes no Mavrommátis.

Não é possível deixar o 5º e o 6º arrondissements sem fazer uma escala no La Marlotte, situado na Rue du Cherche-Midi, muito em voga durante os anos Giscard, retomado recentemente por Gilles Ajuelos depois que ele vendeu o La Bastide Odéon e com um cardápio cobrindo o Mediterrâneo e uma cozinha de mercado. Nessa rua também fica a sede de uma instituição bistroneira onde se encontram todos aqueles que são indiferentes ao japonismo, à estética do prato, aos aperitivos e aos tira-gostos, e elegem a sólida tradição mantida por Jean-Christian Dumonet na sucessão de seu pai, que pendurou o avental nos anos 1990. No restaurante Joséphine "Chez Dumonet", dois nome unidos, sempre propõem um dos melhores gigots de Paris, acompanhado de feijão branco do Poitou e uma comitiva do Sudoeste, com cassoulet, foie gras e trufas, quando é época.

O pato semisselvagem com repolho fazia a alegria de Jean Pinchon, ex-presidente do Institut National de l'Origine et de la Qualité (Inao), um bom de garfo chamado ao paraíso dos gourmets, e ainda hoje traz a felicidade de seu sobrinho, o traiteur Marc Vigneau-Desmarest, e de sua esposa. A decoração bistrô à antiga segue inalterada, reconfortante; o serviço continua sendo bem executado e divertido, com gracejos à la Audiard.

O passeio gastronômico pelo 6º arrondissement estaria incompleto se não fosse evocado o La Rotonde, no Carrefour Vavin, uma brasserie criada em 1911, no exato momento em que os pintores, depois de Picasso, deixavam Montmartre e o Bateau-Lavoir para se instalar em Montparnasse. Uma longa e rica história está inscrita nas paredes do estabelecimento, que recebeu François Hollande na noite de sua nomeação como candidato de seu partido à presidência em 2012. "Cada qual com o seu *Fouquet's*", dirá um engraçadinho, sem conseguir perturbar os irmãos Tafanel, que recebem todos os dias da semana uma clientela de habitués, entre os quais uma alta proporção de apreciadores do steak tartare, um dos melhores de Paris. O menu de preço fixo oferece também, regularmente, o famoso pâté-en-croûte ou uma terrine do charcuteiro Gilles Vérot, cuja loja e o ateliê ficam pertinho, na Rue Notre-Dame-des-Champs.

Gilles Vérot é herdeiro de uma dinastia de charcuteiros fundada por seu avô em Saint Étienne em 1945. Em Paris desde meados dos anos 1990, Gilles venceu a Coupe de France du Fromage de Tête – uma competição das mais sérias, criada em memória do ator Jean Carmet – e se lançou no ramo da charcutaria de qualidade superior. Em quinze anos, reverteu a imagem de uma profissão condenada à extinção pelas forças articuladas de nutricionistas obstinados e dos grandes estabelecimentos abastecidos pela indústria da charcutaria. Seu exemplo é um incentivo para muitos jovens que, como ele, aprenderam o ofício por dever, antes de descobrirem os outros aspectos, o momento compartilhado, a convivência e a inovação. Com ele, não é um parêntese que se fecha, mas uma porta que se abre. Em 2011 se sagrou vice-campeão mundial do pâté-en-croûte, graças a uma peça saborosíssima composta de galinha, recheio de porco e foie gras, pontilhada por pedaços de marmelo. Sempre criativo, oferece em suas duas lojas parisienses muitas outras receitas, porque o pâté-en-croûte se tornou "tendência": a galinha de Houdan com recheio de porco e pistache, o pato na laranja, a moleja de vitela e morchellas, o pato, figos e foie gras, ou ainda as sete carnes, quatro de caça, como o "oreiller de la Belle Aurore", uma receita de Lucien Tendret dedicada à mãe de Brillat-Savarin. Recebidos por Catherine Vérot, os parisienses fazem fila para comprar o pernil com osso, o salsichão seco ou de Lyon, os torresmos, o boudin noir, o patê de coelho selvagem e um famoso chucrute, um dos melhores de Paris na opinião de muitos apreciadores.

Os cafés parisienses foram ampla e profundamente modificados. Muitos desapareceram, como o bistrô anterior a 1914 batizado de Au Siècle Nouveau. Morreu fulminado pela modernidade nos anos 1990, antes do fim do século passado. Os cafés do 5º e do 6º arrondissements não escaparam desse destino. Aqueles que fecham deixam como uma ferida na memória de toda uma geração, uma sensação de passagem do tempo, como o La Reine Blanche – quartel-general do poeta Maurice Fombeure, que era também guarda campestre de Saint-Germain-des-Prés – ou também o Café des Sports, no Carrefour de la Croix-Rouge.

O La Palette, na Rue de Seine, resiste como pode. O Le Rouquet, na esquina da Rue des Saints-Pères, é a última testemunha dos anos 1960 no bulevar. Por quanto tempo? Existirão no futuro esses assíduos apreciadores dos cafés que exploravam as margens, os redores mais do que os arredores, por nostalgia política também, como Éric Hazan, Jean Rolin e o prodigioso Pierre Sansot? Com um itinerário estabelecido, eles mudavam de lugares preferidos todos os dias e anotavam em um caderninho a hora que passavam. Alguns santos bebedores, segundo a imagem do austríaco Joseph Roth, morreram em missão, esgotados pelo percurso de relojoeiro, como o camaleão atravessando um tecido xadrez. O fenômeno não é exclusivamente parisiense. "Os cafés caracterizaram a Europa. Desenhe o mapa dos cafés e terá uma das referências essenciais da noção de Europa", escreveu George Steiner, ensaísta e romancista, crítico literário na *New Yorker*.

"Comer é votar!", entre o Quartier des Invalides e o Quartier de l'École Militaire

Dizem que o funcionalismo público francês é uma invenção do Império, aperfeiçoada no século XIX e concluída em nossa época. Balzac, que presenciou seu nascimento, encontrou o modelo indireto no caricaturista Henri Monnier, o pai de Joseph Prudhomme. O que restou hoje dos costumes da mesa desses sucessivos regimentos? Haveria uma gastronomia administrativa? Tradicionalmente, são as "três armas" que fornecem, ao menos em parte, o grosso do pessoal das equipes de sala e cozinha dos ministérios, tão numerosos no 6º arrondissement. Como seus cozinheiros são os mais bem escolhidos e experientes, a Marinha tinha o privilégio de cuidar da alimentação das grandes mesas da República francesa: a do Palais de l'Élysée, residência oficial do presidente, e a do Hôtel Matignon, residência do primeiro-ministro. A bordo dos navios, era preciso atenuar a distância e a saudade por meio de uma mesa bem-servida. E os costumes gastronômicos dos grandes transatlânticos ainda estavam presentes na Marinha.

No Hôtel Matignon, entretanto, Édouard Balladur, primeiro-ministro de março de 1993 a maio de 1995, colocou seus convidados na dieta. Ao renunciar a servir nem que fosse uma mínima entrada, ele aboliu a ordem da refeição clássica. Mas essa frugalidade era muito relativa, porque os pratos – mesmo o linguado à la meunière! – podiam ser repetidos à vontade. Por ironia do destino, Talleyrand, o proprietário do Hôtel Matignon de 1808 a 1811, certa feita mandara servir um magnífico salmão em um *torpilleur*, nome que no jargão culinário francês será mais tarde dado aos grandes pratos decorados de prata. Por ordem sua, o maître exibiu diante dos convidados as preciosas mercadorias, espalhando-as no chão. Imperioso, Talleyrand fez um gesto: dois outros empregados trouxeram sem demora um salmão preparado com ainda mais suntuosidade que o primeiro.

A alta cozinha da política

Nem todas as armas têm essa reputação inigualável da Marinha, e devemos lastimar aqueles que só têm a opção das gororobas da gendarmeria. A personalidade – e a vontade – do ministro às vezes fazem a diferença. No tempo de Charles Pasqua, conhecido pelo gosto eclético e apreciador da cozinha asiática, nada escapava à sua vigilância. Também foi o caso de Jack Lang, criador do Conseil National des Arts Culinaires e cuja mesa era das mais refinadas. Na época, seu colega do Ministério da Agricultura, situado na Rue de Varenne, não teve a mesma sorte ou a mesma exigência. Ele foi severamente criticado por *Le Canard enchaîné*, subitamente preocupado com o frescor das verduras e com a qualidade dos pratos. Os representantes do povo comem em locais diferentes.

O Senado confia a concessão de seu restaurante a um profissional particular contratado, enquanto o presidente – segundo personagem do Estado – pode ter a seu serviço inúmeros

Meilleurs Ouvriers de France e uma dúzia de maîtres para servir, em média, oitenta refeições por dia, sob os lambris e dourados dos salões na ala Boffrand do Palais du Luxembourg. Ao sabor das mesas e das conversas, pode-se perceber às vezes alguns tons de exaltação peculiares, pois o Senado é um surpreendente conservatório dos sotaques regionais, e às vezes – antes da proibição –, de algumas espirais de fumaça de havana, quando o senador do departamento de Puy-de-Dôme, Michel Charasse, havia passado pelo local.

Na Assembleia Nacional, na Rue de l'Université, a gestão dos restaurantes é assunto interno, sob a responsabilidade dos administradores e de um diretor acompanhado por uma equipe de uns cinquenta funcionários, oriundos de concursos, que entregam mais de trezentas mil refeições por ano. Uma cozinha de montagem para a cantina da equipe, utilizando apenas produtos frescos para o restaurante destinado aos deputados, bem como para aquele do oitavo andar, de onde se tem uma vista única para a Place de la Concorde.

Nesse universo meio imaginário, meio etnográfico, alguns com boa memória dirão como poderia ter escrito Georges Perec: "Eu me lembro do Restaurant des Ministères". Ficava na Rue du Bac. Ainda existe, mas hoje se vai mais no Françoise, na Aérogare des Invalides, para reencontrar a atmosfera de *Messieurs les ronds-de-cuir*, da memória do subordinado, que alivia as feridas do amor-próprio por meio do sonho. Trata-se de um livro esquecido de Courteline, que foi expedicionário durante catorze anos e suplente na Direction Générale des Cultes, antes de entrar para o júri Goncourt. Os escritores-funcionários de alto escalão são sempre companheiros dos esplendores das cantinas da República. Era já privilégio de Giraudoux, de Paul Morand, de Alexis Léger e de Claudel, florões do serviço de Estado. Foi mais recentemente o de Erik Orsenna, durante os anos Mitterrand. Paul Claudel esbarrou com Franz Kafka, em Praga, em uma recepção na embaixada, e não lhe dirigiu a palavra. Balzac alertara em *Os funcionários*: "Em qualquer ministério que você perambular para solicitar a menor correção de erros ou o mais simples favor, encontrará corredores escuros...". Sensação premonitória é *O castelo* de Kafka.

"Comer é votar!" alegava Curnonsky, cujos aforismos parecem atemporais. Então, você gosta de orgânico ou sushi, de hambúrguer ou de *fooding*, ou seja, é um garfo eclético e vota na esquerda por princípio, ou prefere o poule au pot, a blanquette ou o pot-au-feu, que o classificam irremediavelmente à direita? Assim pensavam os Loucos Anos 20, depois que Curnonsky, príncipe eleito dos gastrônomos (1872-1956), estabeleceu o quadro de correspondência entre as preferências de seus compatriotas e suas opiniões políticas. À extrema direita, situava os "fervorosos da alta cozinha": a dos grandes banquetes, dos palácios, quando não dos palaces, que ele detestava. À extrema esquerda ele relegava os "fantasiosos, os inquietos, os inovadores" em busca de sensações novas, "curiosos de todas as comidas exóticas e de todas as especialidades estrangeiras". À direita, distinguia os defensores da "cozinha tradicional", os apreciadores dos cozidos em fogo baixo. À esquerda, via os "partidários da comida sem afetação nem complicações", que pode ser feita em um tempo mínimo, com os recursos que se tem ao alcance: uma omelete, um fricassê de coelho, uma sardinha enlatada. O centro, onde Curnonsky se situava espontaneamente, adorava a cozinha burguesa de tendência regionalista, servida em "boas estalagens, onde as coisas têm o gosto do que são".

Esse quadro água com açúcar arrancava sorrisos de todos aqueles que pensavam, já naquela época, que para se fazer política é preciso ter estômago. Contemporâneo de Curnonsky, Édouard Herriot (1872-1957) tinha sobre a questão um ponto de vista bastante radical: "A política é como a andouillette: deve cheirar um pouco a merda, mas não demais", dizia. Antes dele, Jean Jaurès, figura emblemática da esquerda de antes de 1914, tinha embaralhado as pistas preferindo o confit de coxa de ganso com molho de azedinha ao cassoulet local! Daí a pensar que a mesa pode reconciliar os franceses... "Quando me dizem que não existe diferença entre a esquerda e a direita, o primeiro pensamento que me ocorre é que a pessoa que me disse isso com certeza não é de esquerda", dizia o filósofo Alain, natural de Mortagne-au-Perche, capital do boudin. De fato, a opinião de Curnonsky é apenas uma extrapolação trabalhosa do famoso: "Diga-me o que comes e eu te direi quem és", aforismo de Brillat-Savarin, autor de *A fisiologia do gosto*, livro publicado dois meses antes de sua morte, aos 71 anos, ocorrida pouco depois do Natal de 1825. "Eu vou ter um *Dies Irae* com trufas", foram suas últimas palavras. De esquerda, de direita, a pergunta quase não faz mais sentido hoje. A gastronomia é de todos, de acordo com sua cultura, seu gosto e seus recursos. Seus fundadores, Grimod de La Reynière e Brillat-Savarin, sem serem sans-culottes, eram humanistas. O primeiro viveu de modo bastante modesto depois de 1789, o segundo foi um membro da Convenção Nacional próximo dos fisiocratas. Já o fundador da gastrosofia, o filósofo Charles Fourier (1772-1837), é um visionário de uma organização utópica da sociedade. Michel Onfray é um de nossos raros contemporâneos a ter lido e comentado os escritos.

Os legumes conseguem o papel de protagonistas

Para poder apreciar uma refeição no L'Arpège, de Alain Passard, deve-se dispor de algum dinheiro e de certo nível de cultura gourmande. Eu tive o privilégio de morar por mais de uma década perto do L'Arpège e de passar, de vez em quando, depois do trabalho, para fumar um charuto ao lado desse cozinheiro cativante e singular. Quando em 1986 ele se estabeleceu na Rue de Varenne – que havia abrigado quinze anos antes o L'Archestrate de Alain Senderens –, voltou à cena de sua primeira juventude, depois de seu aprendizado na Bretanha. Só precisou de dois anos para conquistar suas duas primeiras estrelas. Reivindicava então, em alto e bom som, seus laços bretões, ou seja, a cozinha da manteiga, chegando até a saltear lulas aromatizadas em folha de louro com um pouco de manteiga com sal. Também concentrava seus esforços no processo de assar, um dom que herdou da avó, Louise Passard, cujo retrato continua pendurado na parede do salão do restaurante. Foi ela quem o ensinou a dominar o fogo. Da mãe, costureira, aprendeu o gosto pela cor.

No final dos anos 1990, época em que presenciou dolorosamente a epizootia da vaca louca, interessou-se pelos legumes: "O espaço estava tão vazio que era preciso refazer tudo". Logo o burburinho se espalhou: L'Arpège estava virando um restaurante vegetariano. Os gourmets parisienses e até os habitués ficaram perplexos. Só se falava de sua beterraba em crosta de sal. Duas horas e meia de cocção em fogo médio, e estava pronta a famosa *beta romana*, servida ainda quente, com sua pele que se tornou ligeiramente crocante. Nunca nenhuma beterraba tinha visto semelhante aprovação! As cenouras com grãos de cuscuz, untuosas e açucaradas, repletas dos sabores picantes da harissa, resistiam à adstringência do óleo de argan. Mesmo o modesto alho-poró da Mancha na manteiga com sal, servido com pedacinhos de trufas negras, conseguia ter protagonismo embora não passasse, até então, de um figurante no teatro culinário. O entusiasmo de Passard e sua equipe logo conseguiu desarmar os críticos carnívoros. Em 2002, quando lhe perguntei sobre sua visão da cozinha do futuro, ele respondeu com malícia: "Ainda é cedo, estou apenas no segundo ano de legumes!".

Ao longo dos últimos dez anos, Alain Passard criou duas hortas, no Sarthe e na baía do Mont Saint-Michel, na Normandia; contratou horticultores, comprou dois cavalos para lavrar a terra e utiliza todos os legumes de sua produção, que ele diferencia como vinhos, de acordo com a região de origem. Também está experimentando um fumeiro para legumes, no Eure, e um adubo monoproduto. Hoje, continua se dedicando a simplificar suas receitas de legumes, que pareciam ter atingido, já, uma expressão culinária completa. Ele nunca deixa de buscar combinações, de brincar com as cores, de identificar valores como um pintor privilegiando o *gesto*, que associa de bom grado à cor, como em uma experiência de sinestesia. Aos peixes, aos crustáceos, que nunca deixaram para valer o cardápio, juntaram-se as aves, as carnes brancas. Apenas as carnes vermelhas permanecem banidas. E a cor se tornou a principal linha de criatividade, do dourado de um gratinado de cebola doce da variedade sturon ao limão-siciliano confit, da jardineira Arlequin com óleo de argan servida com merguez vegetal à harissa. As próprias sobremesas participam da festa de legumes com o grande macaron de tupinambor com baunilha de Madagascar.

A cozinha de Alain Passard quer ser hoje uma categoria das belas-artes, "que são cinco, a saber, pintura, escultura, poesia, música, arquitetura, a qual tem como ramo principal a pâtisserie", ironizava um pouco o célebre chef Antonin Carême. No entanto, Alain Passard nunca deixou, mesmo que fosse para formar os jovens de sua brigada de cozinha, de preparar de vez em quando um verdadeiro faisão de caça aqui, uma cabeça de vitela ali. O quê, uma cabeça de vitela no L'Arpège? Sim, raramente, ou sob encomenda. Ao ser questionado no passado sobre a cabeça de vitela ao molho tartaruga, Passard me respondeu: "Com certeza é famosa, mas não é minha praia". Sua praia – inevitável não pensar nisto – é uma cabeça de vitela em crosta de sal! Ele cobre uma cabeça de vitela com osso, inteira, sem pelos, com um redenho, em seguida a envolve com um tecido formando uma espécie de mortalha. A cabeça, levada a uma chapa, é revestida com sal grosso em todas as partes... inclusive nas orelhas! "Eu levo para assar no forno sem preaquecer por volta da meia-noite do dia anterior... a 120-130 graus". Ao retirar do forno, às 13 horas do dia seguinte, a crosta está inteira, compacta. Deve ser quebrada na cozinha. Em seguida, a cabeça é exposta como uma múmia. Volta para a cozinha: preparado, montado, cada prato apresenta um pedaço de couro, de carne, de língua, totalmente natural, sem qualquer tempero além de um pouco de sal de Guérande e uma pitada de pimenta. Um pedaço é crocante, outro quase confit; a língua permanece um pouco consistente. Ao lado, uma chiffonnade de ave, apenas refogada com um pouco de manteiga. O resultado é espetacular! Segue um segundo serviço, com um suco cheiroso, emulsionado com anchova, e uma guarnição discreta de chalota confitada e berinjela defumada que acompanham um pouco de carne e de cérebro, que nada pode sugerir que foram cozidos – em fogo baixo, é verdade – por umas doze horas. Uma proeza? Não, apenas a busca da mais extrema simplicidade para expressar a verdade do produto. Essa receita, reduzida a um método de cocção, mostra mais uma vez que a cozinha de Alain Passard é menos uma ascese do que uma estética de mesa incitando com correção e parcimônia o universo contrastante dos sabores, não se preocupando muito com a tecnologia de ponta e com os métodos de cocção demasiado sofisticados.

Era preciso certa coragem em 2005 para se instalar a cinquenta metros do L'Arpège, na Rue de Bourgogne, passando o restaurante de frutos do mar Les Glénans. Ao jovem e também bretão Gaël Orieux, 33 anos, isso não faltava, mas ele não desconfiava dos obstáculos que iria encontrar. A escolha do nome Auguste, uma homenagem a Auguste Escoffier (1846-1935), foi criticada por aqueles que haviam levado ao pé da letra o anátema lançado contra esse grande cozinheiro por Gault e Millau e pelos seguidores da *nouvelle cuisine*, nos anos 1970, para justificar seu ponto de vista. "Cozinha ultrapassada!" alfinetavam Gaël Orieux sem rodeios os defensores de uma cozinha moderna, que zombavam de seu pavê de atum rosado com salsa, alho e gengibre ou de seu robalo com creme de agrião. Do lado oposto, a velha guarda se enfurecia ao ver um lagópode-escocês apresentado em filés alternados com uma camada de foie gras e de garganta de porco, tudo cortado com cortador de biscoitos em quadrados de cinco centímetros, cozido no vapor e coberto por um fundo de carne de caça deglaçado com uísque rótulo preto. "Parece um opéra de chocolate", lamentava um renomado gourmet em uma garfada.

Uma cozinha jovem? Gaël Orieux nunca chegou a pensar a respeito, ele que, depois de rodar por várias grandes casas, foi no Meurice o subchef de Yannick Alléno, apenas alguns anos mais velho. A juventude é o espelho da sociedade a que pertence e da qual pouco se distingue. Ele deveria por isso se limitar ao repertório, sem ousar? Atitude também estranha à sua abordagem: um cozinheiro só expressa bem o que sente e não o que pedem para sentir. O caminho estava estreito para o jovem bretão, que desejava construir o legado do bistrô e manter "o espírito de convivência" em prol de uma cozinha moderna e eclética, ligeiramente deslocada, expressando-se mais na nuança do que no contraste. Seus trunfos: um menu a um preço bem razoável no almoço, uma decoração contemporânea sem afetação, uma adega modesta mas cuidada, com várias opções de vinhos, um serviço amável e sereno e um ponto estratégico, no meio do caminho entre o Palais-Bourbon e a Avenue de Breteuil, na época sede da Michelin, que lhe concedeu a primeira estrela em 2007. A alta cúpula do *Guia* atravessava a pé a Esplanade des Invalides para almoçar em seu restaurante.

Joias do mar no Quartier des Invalides

No Boulevard de La Tour-Maubourg, do outro lado da Esplanade des Invalides, Armand Monassier criou o Chez les Anges em 1953, que vendeu em 1975, depois de fazer grande sucesso, para se aposentar em Rully, na Borgonha. Paul Minchelli se instalou ali em 1994, depois de deixar o Le Duc, e deixou a decoração a cargo de Slavik. Muitos que só foram conhecer sua cozinha naquele momento se recordam de uma magnífica série de peixes crus e de alguns pratos singulares, como a brandade de bacalhau "à la french", coroada com batatas salteadas aromatizadas no funcho selvagem, ou de um robalo assado em verrine. Era uma cozinha de inspiração, não desprovida de humor, que atraiu a nata ictiofágica parisiense durante algumas temporadas. Seu sucessor, Jacques Lacipière, pediu para o arquiteto Alberto Balli renovar a decoração anterior – "atenuar", dirão alguns –, retomando o nome original do estabelecimento que fizera tanto sucesso. O Chez les Anges é hoje uma casa séria, discreta, acessível.

A fachada do Hôtel des Invalides, vista da Ponte Alexandre III, é para o arquiteto Claude Parent um bloco, "a primeira Habitation à Loyer Modéré [habitação popular] da história da arquitetura", mas que, admitamos, fecha com maestria uma das principais perspectivas de Paris. Mar calmo na hora do almoço no Le Divellec, por um tempo considerado um dos principais restaurantes de frutos do mar da capital, com dois pequenos menus, um composto por uma sopa de peixe ou ostras especiais, de uma caldeirada ou de bacalhau frito à moutarde violette; o outro, de grande estilo, oferece ostras cozidas com alface-do-mar ou um extravagante foie gras prensado e marrons-glacês, depois um turnedô de atum frito com coulis de pimentão vermelho.

Na esquina da Rue de l'Université e da Esplanade des Invalides, a posição era estratégica. Le Divellec sucedia ao Tagada, dirigido pela linda Gaby. Diziam que as aeromoças da Air France costumavam ir ali tomar uma bebida. Toda uma época! Jacques Le Divellec publicou em setembro de 2002 *Ma vie: une affaire de cuisine*, livro no qual não esconde nem o significado original de seu sobrenome (em bretão "padre apóstata"), nem uma avó nativa de Santo Domingo ("Herdei de minha avó *créole* o gosto pelas viagens e certo tom de pele"), nem sequer as simpatias comunistas de seu pai. Em um cubículo de dois metros quadrados na Rue Quincampoix, onde as carnes – "a um centavo a porção para os mendigos" – cozinhavam em um caldeirão eterno semelhante àquele descrito por Alexandre Dumas, no hotel da Rue Cler, onde a clientela, em certas épocas, "se renovava várias vezes por dia", é pintado um universo celiniano que o autor observa com franqueza e simplicidade. Ao passo que aumenta a quantidade de livros de chefs – muitas vezes desnecessários ou pedantes –, este mistura autobiografia e paixão culinária. Le Divellec divide com o leitor sua admiração diante da multiplicidade quase infinita de moluscos: burriés, búzios, buzinas, lapas, bivalves, amêijoas, mariscos, berbigões… e sua surpresa de ver a mãe tirar dessa inverossímil série a essência colorida de uma delicada culinária. "Cada um de seus gestos se encontra em minha cozinha." O que muitas vezes não passa de lugar-comum é aqui, pela precisão de detalhes, um indicador e um momento de verdade. Esse livro desperta o paladar, mexe com os sentidos, estimula a mente, sobretudo graças a algumas receitas espalhadas entre os capítulos e à descrição da prensa de lagosta, transposição diabólica daquela reservada ao pato, destinada a expressar as "sutilezas íntimas da personalidade da lagosta (sic)". A proximidade com a Assembleia Nacional continuou garantindo a Jacques Le Divellec uma clientela selecionada e fez dele testemunha de inúmeras anedotas. Mas a discrição da equipe tornou impossível descobrir se serviam o vinho do o primeiro-ministro Édouard Balladur em jarra para que ninguém pudesse saber se era um vinho barato ou um grand cru. Em outubro de 2013, Le Divellec se aposentou e vendeu o estabelecimento para o grupo Costes. O futuro dirá se o navio vai seguir seu caminho ou naufragar completamente.

Uma parcela da Rue Saint-Dominique foi anexada por Christian Constant – natural de Montauban, ex-chef três estrelas do Crillon nos anos 1990 – para oferecer três facetas de seu imenso talento: uma cozinha típica com sotaques do Sudoeste no Le Violon d'Ingres; uma table d'hôtes moderna no Les Cocottes; e um bistrô à moda antiga no Café Constant. A recepção é prioridade em todos eles; o proprietário, que passa de um a outro, é jovial e atencioso, a cozinha é requintada e os preços são razoáveis. Acima de tudo, porém, é preciso agradecer a esse chef por ter formado uma fornada de excelentes cozinheiros que em seguida se tornaram célebres, com o mesmo rigor, nos mais diversos estabelecimentos. Em especial Yves Camdeborde, de início no La Régalade, no 14º arrondissement, em seguida no Comptoir, no 6º, um dos melhores bistrôs de chef da capital, e Éric Frechon no La Verrière e depois à frente do Bristol.

Nos anos 1960, "Solférino 86-89" era, para seus amigos, o "escritório" de Roger Couderc, jornalista esportivo e famoso bom de garfo, que frequentava à tarde L'Ami Jean, na Rue Malar. Ali, já naquela época, havia discussões e confraternização pós--jogos... No decorrer dos anos, os fãs de rugby cansaram de uma cozinha tão desatualizada e rotineira quanto a decoração. Com a chegada em 2003 do jovem Stéphane Jego, antigo pilar da equipe de Yves Camdeborde no La Régalade, essa mesa celebrou de novo com entusiasmo e generosidade as maravilhas da cozinha basco--bearnesa. O axoa (pronuncia-se "achoa"), émincé de vitela com pimenta Espelette, o ttoro (caldeirada de frutos do mar), o confit de pato eram tanto evocações de Euskadi quanto as anchovas, o bacalhau ou o gâteau basco. A costela de porco no forno servida sobre uma camada de cantarelas era acompanhada por vinhos da região, irouléguy, txakoli. Dez anos depois, o cozinheiro – não basco, mas bretão – expandiu o repertório. Ele regala os habitués com uma incomparável terrine de pistache, com uma delicada galinha caipira do Père Godart e com um coelho à la royale, que recebe tratamento semelhante ao dispensado habitualmente à lebre: desossado e recheado com um pouco de foie gras e miúdos de pombo, é servido com o caldo do cozimento, sem no entanto ter sido marinado. Esses pratos grandiosos destacam a precisão de um arbois-pupillin da Maison Pierre Overnoy (2005), garrafa-fetiche desse grande viticultor. Na plenitude da maturidade, do entusiasmo e da jovialidade, Stéphane Jego é hoje a melhor figura dessa geração de cozinheiros formada pelo chef Constant, quando ele dirigia a brigada de cozinha do Crillon.

Ainda na Rue Malar cabe destacar L'Affriolé, bistrô descontraído, para não dizer popular de verdade, retomado no início dos anos 2000 por Thierry Verola, formado por Senderens e Duquesnoy. Uma nova decoração bastante refinada, alguns objetos elegantes, e acima de tudo uma cozinha astuciosa, inventiva, interessante pelos sabores e pela qualidade dos produtos. Às entradas de salmão "defumado-grelhado" com batata palha e raiz-forte ou de raia no vapor com cenouras confitadas no mel e no cominho, sucedem hoje um croustillant de escargots, um patê pantin de codorniz e um famoso savarin à la mandarine impériale. Esse bistrô, que por muito tempo buscou status, tornou-se um clássico do que alguns chamam bistronomia, ou seja, a aplicação de princípios da alta cozinha a pratos de bistrô, a um preço que, no entanto, continua razoável.

O acontecimento do começo de 2014, na Rue Surcouf, foi a abertura do restaurante do jovem chef David Toutain. Os jovens cozinheiros, que se consideram artistas, exploram os caminhos de uma espécie de abstração lírica, como Miró nos anos 1950, que desprezava a estrutura e as texturas em prol da cor. Um dos líderes dessa nova tendência, o jovem normando David Toutain ocupa um amplo espaço com um mezanino. Mesas de madeira bruta, cadeiras funcionais e decoração minimalista; a vedete é o prato: colorido, despojado ou profuso, conforme os ingredientes. A sépia, cortada em tiras, forma a base para uma chalota confitada, uma cebolinha, ao passo que a tinta do cefalópode, no entorno, apresenta algumas manchas incomuns. Já se viu isso com Gagnaire quando o pintor Mathieu parecia auxiliá-lo na cozinha. Mas a proeza aqui é que a vontade estetizante não compromete o equilíbrio dos sabores. Tudo está sob controle. O que poderia parecer anedótico é agradável e até gourmand. O pombo na beterraba, flor e folha de capuchinha ao cúrcuma, assim como a ave ao aneto, lingueirões e creme de alho doce fogem do estereótipo. A lógica dessa cozinha pede o acompanhamento de vinhos naturais em que a fruta é respeitada pelo viticultor. Serviço jovem, atencioso, sem afetação nem condescendência.

O cruzamento de uma lenda

O cruzamento da Rue du Bac foi palco de inúmeras pilhérias e piadas inocentes de Antoine Blondin e de Albert Vidalie, destinadas a surpreender o transeunte depois de alguns copos a mais. Os dois grandes locais daquela época eram o Le Bar Bac, quartel-general de Blondin, e o Bar du Pont Royal, no subsolo desse hotel, onde no entreguerras Francis Scott Fitzgerald e Zelda haviam apresentado coquetéis inéditos aos norte-americanos de Paris. Hemingway e Miller os seguiram, depois os pintores, Miró, Chagall e Buffet. Nos anos 1970, Philippe Sollers assumiu, até o fechamento do bar, o que permitiu alguns anos depois a instalação do primeiro Atelier parisiense de Joël Robuchon, duplicado em seguida em três continentes.

O L'Atelier de Joël Robuchon é um sucesso global. Mas o modelo, muitas vezes apresentado como revolucionário, na verdade é apenas uma transposição ocidentalizada do *teppanyaki* – literalmente "grelhado em uma chapa de ferro", isto é, uma comida de inspiração japonesa, preparada diante do cliente em uma chapa aquecida. Sobre bancos, os clientes são dispostos nos três lados ao redor do espaço onde os cozinheiros trabalham. A cadeia japonesa dos restaurantes Misono está na origem desse tipo de restaurante. Seu desenvolvimento a partir de 1945 nos Estados Unidos é retomado com o grupo Beni Hana, que assegurou o sucesso adicionando uma dimensão de espetáculo e acrobacia ignorada no Japão. Nos Atelier de Joël Robuchon pelo mundo (Londres, Hong Kong, Tóquio, Macau, Las Vegas etc.), o espetáculo se limita aos gestos dos cozinheiros que antecedem o envio dos pratos. A mesa aquecedora é substituída por um balcão ao longo do qual, como em um desfile, os clientes são alinhados. Joël Robuchon queria se libertar do ritual do grande restaurante, de sua pompa e seu cerimonial, sem calcular bem que cometia um retrocesso na convivência. Talvez isso tenha motivado sua cautela inicial em relação à inscrição da "refeição gastronômica dos franceses" no patrimônio imaterial da

Unesco. Pois, na França, uma refeição tradicional ocorre ao redor de uma mesa, e não ao longo de um balcão.

Joël Robuchon, em seus restaurantes parisienses, parece preocupado em superar a emoção individual. Ele busca inicialmente o rigor, a expressão de uma regra que pode ir até a austeridade. Com o atum ao molho tártaro, as pernas de rã empanadas e o ouriço-do-mar en royale com fumet de funcho, três das dezesseis pequenas porções de um menu de degustação, Joël Robuchon não confere importância senão ao produto, ao processo e ao trabalho. É seu estilo, a assinatura de um Meilleur Ouvrier de France. Trata-se de uma cozinha precisa, que define com soberania os sabores e os aromas, às vezes com algumas pinceladas de modernidade – uma emulsão, uma textura incomum – que denunciam nele uma nova atenção para o que está em voga.

Sempre com rigor, prepara o lavagante e as castanhas, a couve-flor e o caviar, ou, é claro, a famosa trufa! Champignon milagroso, tubérculo de aroma volátil que deve ser tratado com arte para oferecer e manter sua força. O tempo de cocção é um fator decisivo nessa cozinha instantânea. A aproximadamente um grau – e é possível controlar –, os aromas fogem da tarte friande de trufas com cebola e toucinho defumado. Brillat--Savarin dizia em tom de brincadeira que nascemos assadores e nos tornamos cozinheiros. Aqui, é a técnica duramente adquirida do cozinheiro que sustenta, em Joël Robuchon, o ponto de cozimento certo. Com semelhante técnica, mais do que por seu purê de batatas rattes – que acompanha a costeleta de vitela vinda de Aurillac –, não causa surpresa que Joël tenha se tornado uma lenda. A geleia de caviar com creme de couve-flor poderia deixar transparecer certa desmedida, bem estranha a este homem calmo, educado e modesto. Estou convencido de que suas inovações culinárias refletem antes de tudo um apego ao espírito de camaradagem, à dimensão histórica de uma arte que, como a formação do sabor, se inscreve em longo prazo. As quenelles com molho Nantua exigem quinze minutos de cozimento e alguns séculos de preparação: ter pescado com astúcia e arte o lúcio, como o plebeu que sabia pescar nas profundezas dos juncos e, com cuidado, retirar a carne desse peixe voluptuoso, raro e carnívoro, trabalhar a panade como nas cozinhas do castelo... "Não é fácil conseguir fazer uma quenelle crescer até quatro vezes seu volume, como fazia Jean Delaveyne", constata Robuchon. O sabor é uma unidade de civilização que se alimenta desses costumes evocados.

Os garfos de ouro, do Quartier des Champs-Élysées a Concorde

O Triângulo de Ouro da alta gastronomia, entre o Le Cinq, Ledoyen e o Lasserre sobretudo, não é o Triângulo das Bermudas, mas a testemunha emblemática do que foi o esplendor discreto de sessenta anos do ramo de restaurantes estabelecido nessa parte circunscrita do Quartier des Champs-Élysées e suas ruas adjacentes. Muitos desapareceram, como o Joseph, na Rue Pierre-Charron, ou o Edgard. Destino inexplicável o desses restaurantes, estrelas desbotadas que entraram para um catálogo. Se considerarmos a área geométrica na perspectiva cavaleira de uma tela, para um Salão de Maio no Palais de Tokyo, que seria representada por um pintor como Dufy ou Lapicque nos anos 1950, tendo como fundo a Torre Eiffel, totem da festa noturna de 14 de julho, então os restaurantes subitamente célebres nesse espaço urbano um pouco acanhado apareceriam agrupados e brilhantes. Essas estrelas de luz imóveis e justapostas, como os pintores da Escola de Paris gostavam de pintá-las em *La Fée Électricité* da Exposição Universal de 1937, ofereceriam a paleta multicolor de um espetáculo pirotécnico por meio do qual a República adora celebrar ao mesmo tempo a nação e seu povo reunido, seu exército e a beleza de Paris, cidade livre.

A alta gastronomia em Paris, desde os anos 1950, é como um pequeno buquê de peônias fechadas, apresentadas em um ramalhete apertado. O interior é mais importante do que o exterior, a substância tem preferência sobre a aparência, e a satisfação egoísta substitui a abundância ostentatória de suas origens, as quais, cabe lembrar, eram as de uma mesa principesca inicialmente, depois burguesa, sempre visível a partir da rua. Mas os quatro anos de Ocupação tornaram o palco sombrio. As pessoas se escondiam atrás das cortinas de veludo para comer. A alta gastronomia na cidade tornou-se invisível, exceto na mesa dos líderes hospedados outra vez nos palaces e grandes hotéis, que são falsos lugares públicos, na verdade protegidos de qualquer invasão pela barreira social e suas conveniências e por um serviço de segurança eficaz.

A alta celebração

Alguns grandes restaurantes estão esquecidos ou fora de moda, como o Maxim's, brasserie de luxo criada em 7 de abril de 1893 que, antes de fazer enorme sucesso mundial, precisou superar uma reputação polêmica pois, de acordo com um cronista de época, "a menção a este nome causa um arrepio nas mães dentro das províncias a tal ponto é tenaz a lenda e universal a glória dos vaudevilistas". Referência à obra de Feydeau, *La Dame de chez Maxim's*, que retrata a vida agitada da jovem Crevette, dançarina do Moulin Rouge e habitué da brasserie situada na Rue Royale. Hugo, maître no Maxim's antes de 1914, confirmara essa reputação relatando que um cliente "chegou certa noite de Neu-Neu com uma galinha velha nos braços. Mas, veja bem, uma galinha com penas, que ele tinha acabado de ganhar na feira!". O serviço no Maxim's foi por muito tempo um modelo de dignidade cúmplice: ainda é possível lembrar de Dalí e seus felinos. As top models sucederam durante um tempo as "leoas": Liane de Pougy, a Belle Otero, Émilienne d'Alençon, Blanche de Marcielle, Odette de Brémonval, Irma de Montigny, também chamadas de "grandes cocotes", que estavam no centro das atenções. "Onde a partícula se abrigaria? – questiona Henri Calet. – Como seria possível dizer: nobreza de vestido? – Não, já que elas os retiravam com frequência demais. Nobreza de camisa? Nem isso". No século XIX, de fato, as mulheres honestas quase não iam ao restaurante ou, quando iam, usavam chapéu, pois Léon Bloy (1846-1917) condena na mesma época as "vadias cabeludas" que se atrevem a sair sem nada sobre a cabeça.

Contam que, alguns meses após a Libertação, o proprietário do Maxim's, indo a Fresnes para buscar um de seus maîtres que saía de um curto período de prisão, se surpreende ao não encontrá-lo no grupo dos libertados do dia. Cinco minutos se passam. "Albert, onde é que você estava? – se impacienta Louis Vaudable. – Senhor, os clientes em primeiro lugar – responde o empregado." Bonito demais para ser verdade? Vai saber...

Em 1953, a terceira estrela foi pendurada na fachada do número 3 da Rue Royale. Nos anos 1950, o Maxim's, sob a direção de Louis Vaudable, conta com uma centena de cozinheiros, auxiliares, aprendizes, quatro maîtres *trancheurs*, inúmeros chefs de rang e uma dezena de funcionários para lavar a louça. "Tinha um ucraniano, verdadeiro colosso, veterano da Legião Estrangeira, um senegalês, um corcunda, um iugoslavo", relembra Gérard Cagna, que fez seu aprendizado no Maxim's naquela época, sob a direção de Alex Humbert. Cem lugares ao meio-dia, cento e oitenta à noite. As estrelas – Jeanne

Moreau, la Callas, Onassis – chegavam por volta das onze da noite e ficavam até as quatro da manhã. Às cinco, começavam os preparativos da equipe responsável pela elaboração do buffet (lentilhas, frango com geleia). O fogão Labesse, que recebia os briquetes de carvão poloneses, no segundo subsolo, não parava nunca. Paul Valéry se atreveu então a fazer seguinte imagem: "O Maxim's parece um velho submarino que teria afundado com toda a sua decoração de época". Hoje, o Maxim's, propriedade de Pierre Cardin, recebe principalmente turistas russos, saudosos do roteiro dos cabarés e restaurantes de luxo de antes de 1917.

Quase ninguém sabe que Pierre Gagnaire, instalado no Quartier Hoche-Friedland, iniciou sua carreira no Maxim's, depois de seu aprendizado em Lyon, ainda sob a influência das "mães" – cozinheiras que haviam forjado a reputação da cozinha lionesa. Em Paris, ocupou também vários cargos nas brigadas de cozinha do L'Intercontinental, e no Lucas Carton. De volta a sua região, assumiu a frente do Clos Fleuri, negócio de família, depois teve o próprio restaurante em Saint-Étienne em 1981. Voltará a Paris depois de contratempos em Saint-Étienne e obterá três estrelas em 1998. Predestinação? Naquela época, ele não faz ideia de que seu caminho estava traçado: o modelo familiar. Pierre Gagnaire vê hoje seus dez primeiros anos de cozinha "como anos de formação". O ofício não o encantava, ou ao menos a forma de exercê-lo naquela época não lhe agradava.

De onde virá o clique, o estalo do que alguns chamam de carreira, e que Pierre Gagnaire chama com mais modéstia de "projeto pessoal"? Ele revela que foi pelo olhar dos outros que um dia percebeu a dimensão criativa do ofício. Um modesto artigo de "três linhas", conta, pouco depois de se estabelecer em

Saint-Étienne, lhe abriu os olhos: a cozinha pode ser ao mesmo tempo um modo de expressão, um vetor de emoções e um meio de "se realizar pessoal e socialmente". Essas três linhas de Jean Ferniot, que descreviam um prato com precisão e ardor, tiveram sobre o destino de Pierre Gagnaire uma influência considerável, na medida em que permitiram a este altruísta pensar que "a cozinha pode dar alegria para as pessoas". Como Rousseau, aquele da *Nova Heloísa*, adepto da vida natural, Pierre é então tocado pela graça e constrói aos poucos um sistema lógico do qual fará seu ideal profissional.

Quando, muitos anos depois, o pintor Soulages elogia sua comida, Pierre Gagnaire vê nas palavras a justificativa de sua "luta diária". O olhar dos outros é essencial para ele. Ainda hoje, conhecido e reconhecido, é visto passando inquieto pelo salão no final do serviço para observar as reações... do público. Como em um espetáculo. Esse traço de personalidade, essa sensibilidade extrema são bastante raros para merecerem o registro e influenciam, naturalmente, seu processo culinário. Imaginação fértil sempre em movimento, cozinha em constante "colisão de sabores" para alguns, Pierre Gagnaire fornece uma resposta original e pessoal para a pergunta, sempre levantada e nunca solucionada, da modernidade na culinária. É a técnica que desencadeia a criação ou o produto que requer a imaginação?

Quando dava seus primeiros passos, os profissionais exaltavam as virtudes de um novo utensílio de cocção derivado do cuscuzeiro que permitia "preservar o sabor verdadeiro do produto". O principal inconveniente, aos olhos de Pierre Gagnaire, era que se corria o risco de que a generalização desse método de cozimento uniformizasse a culinária e, em certo tempo, amarrasse sua própria linguagem, seu gestual e sua técnica. Por isso, ele esperou alguns anos antes de retornar ao cozimento por vapor. Desde então, utiliza essa técnica com mais frequência no momento de enviar um prato, a fim de expressar ou realçar um sabor, como por exemplo o de cantarelas, mousserons, cornucópias [*Craterellus cornucopioides*] refogados com amêndoas frescas, servidos com um lavagante inteiro, defumado, acompanhado de uma bisque de vinho amarelo. O cozimento dos cogumelos começa de modo tradicional, em seguida, o lavagante assado é descascado e colocado em contato com um suco de uva emulsionado; o conjunto é enfim submetido a quarenta segundos de vapor saturado (úmido). Pierre faz o mesmo com uma peça de carne, com um coelho grelhado cozido com seus condimentos, em seu suco, e submetido alguns segundos ao vapor; idem para um pombo grelhado com especiarias, com uma guarnição de feijão fresco. O fato de refogar (e/ou o assar) justaposto ao uso do vapor confere à cozinha de Pierre Gagnaire mais possibilidades do que a utilização de um único método de cocção. Para ele, a culinária deve sobretudo contar uma história; é a sua maneira de fazê-lo, trabalhando o produto segundo um código culinário pessoal e utilizando técnicas múltiplas de cozimento. Desde então, a questão de saber se "nascemos assadores" ou se "nos tornamos cozinheiros" quase não faz mais sentido, uma vez que nenhum método de cozimento é empregado de maneira exclusiva.

O produto pode ser fonte de criação culinária? Pierre Gagnaire conta com satisfação sua descoberta do óleo proveniente do caroço da argânia, árvore somente encontrada no Marrocos, no interior de Essaouira. Trata-se de um óleo que tem a cor da areia do deserto e cujo gosto, poderoso, evoca um sabor de avelã. Puro encanto. No Marrocos, é utilizado para aromatizar as saladas e os cuscuz ou temperar pratos com ovos. A mistura de óleo de argânia, amêndoas, mel, conhecida por *amlou*, é servida no café da manhã.

Várias tentativas, pouco conclusivas, foram necessárias. Até que um belo dia, sem referência a uma lógica aparente, Pierre Gagnaire pensou em emulsionar esse óleo com um sumo obtido por evaporação de um suco de cenoura "bem simples", muito saboroso e muito açucarado. Cor, sabor e textura deram um resultado esplendoroso: "É sempre muito difícil explicar as coisas que acontecem assim...", admite ele, com modéstia. Se gastronomia é a arte de usar alimentos para criar felicidade, o debate sobre as imposições ou os avanços da época se torna incerto, uma vez admitida a entrada do cozinheiro no patamar de criador. O progresso culinário está ligado ao conjunto de ingredientes até então desconhecidos? O historiador inglês Theodore Zeldin argumenta que "os cozinheiros criativos encontram qualidades em alimentos que ninguém desconfiava, combinam ingredientes que ninguém nunca costumava misturar".

Na vanguarda do debate sobre os sabores, as texturas e os aromas, e fundador da "quenelle de batata com tinta de sépia e das alcachofras com algas do Japão", Pierre Gagnaire é o mais deliberadamente inventivo dos chefs de sua geração. Porém, ainda é preciso que os clientes também sejam criativos e aceitem levar adiante a luta contra os tabus e contra o medo de pratos novos ou exóticos. A cozinha de Pierre Gagnaire é uma exceção desconcertante. Por ser tão inesperada, torna-se um estilo, em que cada elemento deve ser identificado e, ainda assim, participar da harmonia do conjunto. Na arquitetura, isso se chama pós-modernismo. Este é o destino dos lagostins pincelados com manteiga de nozes, da *royale* de foie gras com cogumelos-de-paris, aipo, cogumelos enoki ligados com um creme de pistache, ou ainda do peito de pato de Pequim untado de cominho em molho salmis, servido com marmelada de mamão e manga verde, nabos au poivre e um pequeno crepe de trigo-sarraceno de shiitake. A descrição correta de semelhante cozinha se limita quase obrigatoriamente à análise de um savoir-faire – um protocolo de execução – do qual destacamos apenas as características essenciais em detrimento da evocação de uma tradição culinária e cultural mais vasta e que está subentendida. Em contrapartida, a nosso ver, encontra-se excluído do campo culinário o uso dos aromas e dos ingredientes sintéticos produzidos pela indústria química, que leva a uma aporia todos aqueles – epígonos, imitadores, seguidores – que se inspiram na cozinha de Pierre Gagnaire sem com ele compartilhar a necessidade interior, a íntima convicção que o anima. Sem tampouco possuir seu talento e sua gentileza.

O teatro do Taillevent

O restaurante Le Taillevent, a principal mesa do Quartier Hoche-Friedland, foi por muito tempo o guardião do templo, o modelo de todas as virtudes culinárias parisienses. Por tempo demais? Fundado por André Vrinat logo depois da guerra, o restaurante, inicialmente localizado na Rue Saint-Georges, recebeu duas estrelas do *Guia Michelin* em dez anos, depois de sua mudança para o antigo casarão do duque de Morny, no número 15 da Rue Lamennais. Ex-aluno da École des Hautes Études Commerciales, Jean-Claude Vrinat se juntou ao pai em 1962 na condução do restaurante que ele tornou um palco maior da gastronomia francesa. Onze anos depois foi concedida, com o chef Claude Deligne (de 1970 a 1991), a terceira estrela, mantida durante mais de trinta anos por seus sucessores, Philippe Legendre (de 1991 a 1999), Michel del Burgo (de 1999 a 2002) e Alain Solivérès (desde 2002). O Le Taillevent por muito tempo passou essa impressão de eternidade, como se nele a alta cozinha francesa desprezasse as crises, os conflitos e os regimes. Ele é, para ser exato, um palco gastronômico, com um cenário que muda. No almoço, separações – como tantos *deus ex machina* – surgiam entre as mesas e delimitavam espaços privados propícios para conversas de negócios ou de política, como uma reminiscência burguesa dos compartimentos privados. É verdade que o staff da vizinha Union des Industries et des Métiers de la Métallurgie teve durante muito tempo seu lugar cativo no Taillevent.

À noite, o palco ocupa os dois salões com revestimentos de madeira clara e a entrada contígua, ao pé da grande escadaria, como um único espaço de representação. A relação entre mesa e teatro se verifica todos os dias no estabelecimento. Na época de Georges Pompidou, banqueiros, donos de fábricas e o mundo político ali se esbarravam na hora do almoço. O jantar era mais frequentado pela realeza, pela grande burguesia internacional e pelo show business. Para Jean-Claude Vrinat, evoluir demandava um esforço diário intenso e perseverante. Até sua morte, em 7 de fevereiro de 2008, ele foi um dos principais anfitriões parisienses, depois de Marcel Trompier, René Lasserre e Claude Terrail. Fazia suas as palavras de Marcel Proust: "Os grandes inovadores são os únicos verdadeiros clássicos e formam uma sequência quase contínua".

Guardei na memória, como preciosidade, uma famosa refeição em agradável companhia, preparada por Philippe Legendre. A terrine de pombo e foie gras ao alho-poró, em uma geleia cristalina, esboçava uma combinação de sabores de uma precisa delicadeza. Com o creme de ouriço-do-mar aos aspargos, comprovava-se um trabalho de cozinha repleto de nuanças, o sabor do coral misturado à bavaroise de ouriços contrastando com o do aspargo, sustentado por um suco leve que garantia uma ligação perceptível ao paladar. O grande clássico – o boudin de lavagante à beurre blanc, suavizado com um pouco do caldo da marinada – era realçado por um salpicão da carne do crustáceo em uma preparação de textura homogênea. Suave harmonização com um hermitage branco ano 1985. A magia dos grandes vinhos de Jean-Louis Chave era incontestável. Um molho saboroso iluminava um hermitage tinto (1983) do mesmo viticultor, que acompanhava uma delicada peça de carne de corça, preparada no salão com destreza. Outra lembrança... um sorvete de caramelo com manteiga salgada e maçãs salteadas no qual cada sabor era perfeitamente distinto.

O Taillevent e o *Guia Michelin* eram amigos havia trinta anos. Foi em 1973 – ao mesmo tempo que Jacques Pic, Claude Peyrot e Alain Chapel – que Jean-Claude Vrinat ganhou uma terceira estrela. Ele, e não seu chef, em virtude de um privilégio que beneficiava o Taillevent e alguns outros, La Tour d'Argent e René Lasserre. Para comemorar esse trigésimo aniversário, em 2003, Jean-Claude Vrinat pediu a Alain Solivérès para adaptar uma receita do *Viandier de Taillevent*: "*Char de porcelez en rost*", isto é, "caillette de leitão às especiarias", composta por todas as vísceras do porco, em um brilhante exercício de arqueologia culinária justapondo os sabores ácidos e cozimentos diferentes. Dois antigos diretores do *Guia Michelin*, André Trichot e Bernard Naegelen, participaram do almoço. Quatro anos depois, os novos diretores do *Michelin*, Jean-Luc Naret e Jean-François Mesplède, recuavam o *Taillevent* para duas estrelas, o que provocou em Jean-Claude Vrinat um surdo furor, retransmitido por seu blog, e uma crítica severa da leviandade da dupla da Avenue de Breteuil, sede parisiense da empresa. No ano seguinte, era vencido por um câncer fulminante. Não teve a satisfação de ver a dupla abandonar a barca pouco depois.

O Taillevent mudou de mãos em 2010, sendo assumido pela família Gardinier, que também é proprietária do Les Crayères em Reims. O Taillevent continuará sendo um restaurante francês de tradição e reencontrará suas marcas? Alguns acreditam que essas estejam ultrapassadas. Podemos nos felicitar que o estabelecimento exija do cliente o respeito à regra do jogo. O elitismo nos moldes de um clube inglês é insuportável quando é uma particularidade de pessoas que pretendem ignorá-lo; é o auge do refinamento quando o pequeno grupo conhece o valor da tradição. O Taillevent, por si só, o tempo perpetua. Modelo que não tem imitação, essa mesa única só continuará fazendo escola se, como hoje, o cuidado com a decoração, com a recepção e com a comida mantiver a mesma exigência. A julgar pelo Les 110 de Taillevent, novo estabelecimento criado em 2012 por impulso dos novos proprietários para facilitar o acesso a uma ampla gama de vinhos de preços e procedências variados, o prestígio do Taillevent não sofrerá arranhões com esse anexo elegante.

O Taillevent, instalado no casarão de um antigo dignitário da Monarquia de Julho, tem como vizinho o Apicius, que ocupa as antigas cavalariças do último dos Bourbon que se tornou rei. Por muito tempo estabelecido na Porte Champerret, Jean-Pierre Vigato trouxe seu restaurante para o centro do Quartier Saint-Philippe-du-Roule, para um dos casarões construídos após 1720, no local da antiga Pépinière du Roule, onde o conde d'Artois – futuro Charles X – mandou criar suas cavalariças e empregou Marat. Com uma fachada de arquitetura clássica e três andares com vista para um amplo jardim, esse casarão coloca de imediato o novo Apicius entre os restaurantes mais elegantes de Paris. A decoração atemporal de Eric Zeller é feita de harmonias sutis, como a cozinha de Jean-Pierre Vigato, que se manteve fiel ao antigo cardápio e aos pratos que fizeram sua reputação: ostras ao agrião, cabeça de vitela ao molho ravigote, cozida inteira, carne de caça sazonal. Sua maneira muito especial de assar um lombo de lebre ligeiramente maturada e acompanhá-lo com um molho de beterraba é sinal de uma cozinha moderna e decidida, afastada da ação dos sabores virtuais que invadem o campo da culinária. Evidência disso é seu *Carnet de recettes*, vencedor do prêmio da Commanderie des Ambassadeurs Gourmets de Rungis em 2012. A decisão do *Guia Michelin 2014* de retirar uma das duas estrelas do estabelecimento não apenas parece injustificada, como também se revela uma gafe.

Um homem apressado

Do outro lado do Quartier des Champs-Élysées, no coração do Triângulo de Ouro, Alain Ducasse foi inicialmente o "homem apressado", como o herói de Paul Morand. Após a chegada em Paris em 1996, sucedeu Joël Robuchon no número 59 da Avenue Raymond-Poincaré. Quatro anos depois, estabeleceu-se na Avenue Montaigne, após a saída do chef Éric Briffard. Fim do Le Régence! Então, esse local no Plaza Athénée foi preenchido por Alain Ducasse e o estabelecimento se tornou o carro-chefe da frota global de um dos chefs mais estrelados da França.

Para a circunstância, a cozinha foi ampliada e a sala de jantar ganhou em homogeneidade – graças aos tons de cinza – o que perdeu em solenidade. O espaço é bem distribuído entre as mesas, e acústica não foi deixada de lado. Início suave com a equipe da Avenue Raymond-Poincaré, liderada pelo talentoso Jean-François Piège, com doze pratos, já rodados, como o lagostim ao caviar, apresentado com uma cobertura de nata suavizada com o caldo da marinada. Sempre, em Alain Ducasse, a aparente facilidade reúne a maior sofisticação. No tomate de Marmande em dois pratos, a simplicidade torna-se poesia quando se misturam o cru da delicada geleia e o cozido gratinado do parmesão. Um exercício de estilo, cujo sucesso depende menos da técnica do que da maturidade do fruto. Em seguida, furtivamente, como uma concessão à modernidade, a cozinha nova-iorquina faz uma aparição com o lavagante – bretão, todavia – acompanhado de um risoto com especiarias ao curry salpicado de filamentos de coco. Retorno à tradição com um bife flanqueado de uma grossa fatia de foie gras e suco de assado trufado, uma homenagem a Rossini, que não poderia viver sem as batatas soufflées. Como sempre em Ducasse, o serviço é agradável e discreto; a adega, espetacular; os preços, em conformidade.

Para o 10º aniversário de sua instalação no Plaza Athénée, em 2010, Alain Ducasse explicou sua intenção de mudar tudo, a decoração, a louça e até a cozinha: "Recentralizá-la no produto, para realçar o sabor". Christophe Saintagne sucedeu Christophe Moret – que foi para o Lasserre – à frente da brigada de cozinha. Ducasse anunciou uma revolução de palace, um rebuliço no momento em que a abertura de hotéis de luxo em Paris torna mais acirrada a concorrência.

Agora, o cliente senta diante de uma mesa, com toalha mas despojada, sem outra decoração além de uma figura geométrica abstrata, uma espécie de fita de Möbius em cerâmica. Tábula rasa, a alegoria é forte! O próprio cardápio, excessivamente enigmático ("pata, nabos" ou "legumes e frutas"), requer uma decifração por parte do diretor de sala, Denis Courtiade. Os tira-gostos, servidos na hora como em um bouchon lionês, também visam quebrar a solenidade da decoração, com uma pitada de humor: uma torrada recheada com toucinho de Colonnata, outra de corvina, alguns camarões sem cabeça servidos na própria frigideira. Resta saber o que pode se esconder sob um pouco de água. A pata, cozida com perfeição, é servida com nabos fondants, mas pochés – por assim dizer – em um caldo de folhas de nabo. O prato "legumes e frutas", apresentado como um ragu, é uma composição de grande qualidade na qual o caldo de cozimento da beterraba, do marmelo, da pera, da cenoura e do aipo, uma vez reduzido, forma uma sábia decocção, realçada com um pouco de vinagre de maçã. Cada prato – coq en pâte, suco de Périgueux, bisque de lagostins, linguado à la meunière com cogumelos porcini, cordeiro e alcachofras – expressa assim o que em pintura leva o nome de "valores", ou seja, que os sabores, as texturas e os aromas devem ser julgados não em absoluto, mas em suas relações mútuas.

Desde Carême, é um elemento canônico da cozinha francesa, infelizmente pouquíssimo respeitado atualmente. Alain

Ducasse, modelo da simplicidade na cozinha? E se fosse apenas a marca da mais delicada sofisticação? Ele privilegia o produto, é o mínimo a esse preço. Desde 1995, prega a simplicidade na cozinha como uma verdade de época. No prato, hoje, tudo é delineado com clareza e legível. Um pouco menos de floreios? Ótimo, outros se dedicam a eles, e não os menores. Pois não nos enganemos, se Ducasse prega, como o poeta Ramuz em seu tempo, a "volta ao elementar, mas volta ao essencial", é também para apitar o final do recreio, da cozinha *bling-bling*, da cozinha virtual e da presunção molecular. Um convite para olhar para o futuro.

São dois ex-integrantes de suas brigadas de cozinha a seguir seus passos: David Gutman, que se estabeleceu no Metropolitan (Hotel Radisson, Place de Mexico), e Frédéric Vardon – o último subchef de Alain Chapel em Mionnay –, que se instalou no 39 V, na Avenue Georges-V, em uma magnífica decoração contemporânea no último andar do prédio. O aprendizado com Alain Ducasse os ensinou a buscar a essência dos produtos e do sabor, as linhas gerais. A técnica traz para a cozinha uma novidade radical que exigiria, no passado como no presente, passar em revista as menores variações? O que faz o sucesso da cozinha clássica e sua coroação em torno de Alain Ducasse é uma cultura integrada e transmitida, que não dá importância às novidades, utilizando-as mas mantendo inalterada a intenção original, constituída por uma estratificação memorizada de sabores, de usos de escolhas que caracterizam sua imagem canônica. A alta cozinha francesa está fundada na arte das nuanças e das gradações, por redução dos sucos e dos caldos de cozimento destinados seja a ressaltar, seja a contrastar com o produto. Esse esforço anda de mãos dadas com uma paciente busca da "combinação perfeita" entre os pratos e os vinhos, à qual nos convidam os sommeliers do Plaza Athénée, sob a tutela de Gérard Margeon.

Em meados de 2013, o fechamento do Plaza Athénée para longos meses de obras levou à transferência da sua equipe para um prestigioso hotel administrado pelo mesmo grupo: o Hôtel Meurice, do qual Yannick Alléno acabava de se desligar. Após sua reabertura no outono de 2014, o Plaza Athénée continua sendo o principal dos estabelecimentos de Alain Ducasse, que dá atenção especial à origem dos legumes e cereais e faz uma rigorosa seleção dos frutos do mar.

Nos Carrés des Champs-Élysées, entre o Rond-Point e a Place de la Concorde, o Laurent, Ledoyen e alguns outros, como um palimpsesto, registraram sua história em uma paisagem urbana onde, há dois séculos, tudo mudou: o nome das praças, a função dos Carrés assim como o uso e a aparência dos edifícios. Esses lugares, resplandecentes no final do Antigo Regime, presenciaram o último jantar de Robespierre e de Danton antes que o irremediável acontecesse, bem perto, na Place de la Révolution. Política e gastronomia já se misturavam na festa, mesmo que esta fosse trágica e digna da Antiguidade. Menos de um século depois, Marcel Proust, o narrador menino, brinca nas barras com Gilberte. É um dia de neve, perto do Laurent, entre o teatro de fantoches e o circo. "Já Gilberte vinha correndo [...] radiante e corada debaixo do gorro de peles, animada pelo frio, pelo atraso e pelo desejo de brincar..." Mais tarde, essa lembrança de Gilberte Swann provoca em Proust o desejo de ressuscitar o *Tempo perdido*, e imortaliza esse Carré, que viu desabrochar estabelecimentos com destinos diversos.

O prédio que abriga o Laurent é uma antiga fábrica, construção frágil, depois *guinguette** durante a Revolução. Em 1842, o arquiteto Hittorff, projetista da Gare du Nord, reconstrói a parte central do local, que mantém sua função de lugar de diversão. Nada permanece, em compensação, do Bal Mabille, contíguo, que encantava Toulouse-Lautrec quando ele se aventurava entre as atrizes e as dançarinas. Mogador, Rigolboche, Chicard, a Belle Otero não fazem mais passos de dança senão nas telas do pintor, cujo centenário de morte foi comemorado em 2001. Hittorff constrói então um café, Le Café du Cirque, com pilastras e colunas clássicas, ornamentando as fachadas com motivos historiados e multicolores. A propriedade é comprada em 1860 por um tal de sr. Laurent, cujo nome, não se sabe ao certo por quê, passa para a posteridade. Em 1906, duas alas são adicionadas às extremidades do edifício. O prédio todo é retomado em 1976 sob a direção de Edmond Ehrlich, uma espécie de herói vienense de romance de Kipling, um jovem Kim que, durante a Segunda Guerra Mundial, teria tido um encontro em Samarcanda... com a alta gastronomia. Clientela de bom-tom, não muito afetada, recebida por Philippe Bourguignon – que já ganhou um prêmio de Meilleur Sommelier da França –, sucessor de Edmond Erlich. Ali se fala baixo e se come com elegância.

Joël Robuchon foi consultor do estabelecimento para o qual indicou Philippe Braun, refinado cozinheiro. Com Alain Pégouret, ex-Crillon, a continuidade está garantida. Este estabelecimento, onde se esbarram homens do poder e das finanças, e também os antiquários do bairro, está no lado oposto dos lugares da moda, onde é bom ser visto: poucas estrelas do show

---

* *Guinguette*: cabaré popular, geralmente a céu aberto, onde se pode consumir e dançar. (N.T.)

business e quase nenhum cliente estrangeiro entre as colunas da sala de jantar. A cozinha se esforça para tornar o comum excelente e para que o excelente pareça familiar. Em hipótese alguma o cozinheiro impõe sua lei. Ele satisfaz as preferências da clientela. Toulouse-Lautrec teria gostado da sugestão do dia, uma delicada tarte friande de pato com foie gras, e talvez ainda mais da salsicha trufada da casa, com purê de batata, muito aromática e saborosa. O cliente aprecia: é a "legitimação". Court-bouillon gelado de lagostins com coentro, alcatra suína e batatas ao vinagrete, pregado ao louro e manteiga com sal, frango de Bresse assado no espeto e macarrão com salsa... A lista é sóbria; a técnica, garantida; os produtos, de primeira qualidade; os cozimentos, bem dominados. Nada perturba a bela execução, um serviço discreto, um sommelier sensato – Patrick Lair – que, sem um discurso pletórico, sabe também se comunicar com um olhar. Todos estão em seus postos, aplicando ao pé da letra as lições combinadas da tradição e da École de Lausanne. Laurent cuida do legado. O restaurante de verão, escondido atrás das cercas vivas, está outra vez valorizado, ao lado da fonte que jorra sem parar. É um espaço estival muito apreciado, espécie de vilegiatura com o aspecto de lugar de memória: aquela, viva e autêntica, de Paris. A história, a literatura e a gastronomia convivem neste lugar.

"Um povo sem nenhum molho tem mil vícios"

Era originalmente um modesto bar na relva chamado Dauphin, que ganhará o nome de seu proprietário em 1791, Antoine Nicolas Doyen, para se tornar Le Doyen em 1848, depois que o arquiteto Hittorff estabeleceu as plantas do planejamento dos Carrés des Champs-Élysées. Seu nome atual data de 1962. A história desse restaurante oscila entre o trágico e o cômico. Robespierre jantou no térreo do local na antevéspera de sua execução, enquanto Tallien e alguns montanheses conspiravam contra ele no andar de cima. Em 6 de junho de 1944, ao saber na hora do almoço do desembarque dos aliados na Normandia, o romancista Pierre Benoit exclamou: "A estrada da manteiga está cortada!". A frase, retomada pela Rádio Paris, fará sucesso. A cozinha do Ledoyen, desde os anos 1980, teve alguns episódios gloriosos com o clássico Guy Legay, depois com Ghislaine Arabian, outros menores com a direção de Régine.

Em seu retorno em 2014, Yannick Alléno, 46 anos, assume o Ledoyen, dezoito meses depois de deixar o Hôtel Meurice, onde foi coroado com três estrelas no *Guia Michelin*. Ele sucede Christian Le Squer, havia dezesseis anos à frente desse estabelecimento onde conquistou três estrelas em 2002, graças a uma cozinha por vezes brilhante e inspirada. Mas ele sempre se recusou a banir o azeite de trufa de algumas de suas preparações, para grande desespero meu! Yannick Alléno aproveitou esse momento de dificuldade para começar uma reflexão sobre os molhos, criticados desde a época da *nouvelle cuisine*, nos anos 1970. A questão dos molhos é, há dois séculos, um debate central da culinária francesa. Carême fez a primeira codificação, Escoffier simplificou muitos procedimentos, até Michel Guérard, que imaginou substitutos engenhosos utilizando guarnições aromáticas sem contudo esquecer os princípios da redução. O debate fora relançado por Alain Senderens, para quem os "molhos estão obsoletos".

Já Yannick Alléno acredita que "sem os molhos, não existe cozinha francesa". Seu encontro com Bruno Goussault, engenheiro agrônomo e pioneiro da "cocção na temperatura certa", lhe permitiu estabelecer uma verdadeira teoria da prática do molho registrada em um modesto opúsculo intitulado *Sauces, réflexions d'un cuisinier*, livro fascinante que logo de início faz uma constatação: "Os molhos foram abandonados por terem perdido o processo de demonização instaurado contra eles ao longo dos últimos cinquenta anos. Complicados demais para preparar, gordurosos demais, pesados demais, salgados demais, feios demais etc. E, no entanto, os molhos são um elemento essencial de nossa cozinha. São consubstanciais a ela".

Já afirmava o marquês de Cussy: "Sem molho, sem salvação, sem culinária". Balzac confirma: "O molho é o triunfo do sabor na culinária", e Curnonsky acrescenta: "Os molhos são o ornamento e a glória da cozinha francesa. Contribuíram para lhe dar essa preeminência que ninguém discute". Essas certezas parecem destacar um etnocentrismo exagerado, um reflexo obsidional de povos hoje sitiados pela pizza ou pelo hambúrguer. Mas o tema é ampliado pelo escritor e jornalista norte-americano Ambrose Bierce (1842-1914), para quem a variedade de molhos "é a mais incontestável das referências da civilização e da elevação do espírito. Um povo sem nenhum molho tem mil vícios".

Ao perceber certo dia que um fundo de terrine, meio congelado, meio líquido, era muito mais saboroso do que a própria terrine, Yannick Alléno constatou que esse sabor só podia resultar de uma redução pelo calor. Ele então se voltou para as técnicas de extração (cocção a vácuo na temperatura certa durante um determinado tempo) que proporcionam um exsudato que, uma vez filtrado, revela um sabor original mais próximo do alimento (funcho, aipo, tupinambor, frango, linguado) de que é extraído. Assim, ele obtém uma paleta de sabores aos quais a crioconcentração daria uma dimensão totalmente singular. Essa técnica consiste em uma diminuição da temperatura que permite a obtenção da cristalização de uma solução. Basta retirar o gelo para manter apenas o suco concentrado. A técnica é natural e ancestral do Québec para produzir a sidra de gelo. Esses extratos, sozinhos ou reunidos, possibilitam então inúmeras combinações de sabores que podem ainda ser modificados por meio de uma oxidação controlada ou de uma fermentação adaptada a cada elemento. Yannick Alléno vê nesses experimentos um campo de investigação infinito que passou a inspirar sua cozinha. Essas técnicas, que combinam cozimento a vácuo, isto é, o banho-maria, e o frio intenso, exigem apenas um termômetro e uma centrífuga. Isso provavelmente vai despertar uma concorrência saudável e talvez provocar em muitos jovens cozinheiros uma vocação nova, mais fecunda do que a imitação estéril de uma suposta cozinha do Norte da Europa. Nesse contexto, a chegada de Alléno ao Ledoyen assume uma dimensão bem diferente do que uma simples dança das cadeiras de chefs.

Retorno ao coração do Triângulo de Ouro para uma véspera de Natal. Alguns alhos-porós não são muita coisa. Mas com imaginação, uma técnica incansável – a de toda uma brigada de cozinha –, um paladar confiabilíssimo e muito entusiasmo, Philippe Legendre, o chef do Cinq, prestava em 2003 uma homenagem inesperada e triunfal ao alho-poró. Durante muito tempo considerado o legume que não podia faltar nos cozidos e nos pot-au-feu, apenas recentemente o alho-poró recuperou seu reconhecimento gastronômico. Mas muitas vezes ele não passa de um figurante de ingredientes de mais prestígio. Legendre considera o alho-poró com respeito. Ele o amarra como uma ave para evitar que se desfaça, e o cozinha em um duplo consomê de ave e carne bovina: o alho-poró é cozido no barbante aos sabores do inverno e com trufas. O alho-poró, uma vez cozido, será cortado em pedaços de três centímetros, ocos no centro, a fim de permitir o acréscimo de castanhas moídas, de pinhões e de um pouco de croûtons embebidos no caldo da ave. Dois tupinambores, escaldados e refogados, serão colocados no lado do prato com duas lamelas de trufa de Tricastin. O próprio prato, pois toda a engenhosidade da preparação está nessa dissociação, é fundo e equipado com uma bandeja móvel de porcelana, perfurada com pequenas mas suficientes aberturas para reter parte da vinagrete. Esta é composta por uma emulsão de suco de trufas, de vinagre de xerez e de óleo de amendoim, que o chef adiciona no último momento sobre os pedaços de alho-poró recheado. Parte do molho vai se juntar, no fundo do prato, ao duplo consomê bem quente no qual foram escaldados os alhos-porós. O resultado é estupefaciante. Nenhum dos três ou quatro sabores principais predomina, nem a trufa nem o vinagre. Apenas o talo do alho-poró mistura os sucos de sua delicada finesse no consomê duplo, que se saboreia necessariamente por último. Philippe Legendre deixou Le Cinq em 2008, grande perda para a gastronomia parisiense.

A cozinha de hotel, "a pior" segundo Curnonsky, cozinha de aparato reservada a uma clientela cosmopolita, retornou de maneira brilhante na segunda metade do século passado à cena gastronômica, como um reflexo narcisista da vida parisiense.

Guy Legay no Ritz, Dominique Bouchet no Crillon e Marc Marchand no Meurice começaram um *aggiornamento* saudável da culinária dos palaces. O Plaza Athénée, inaugurado em 1911, brilhava muito mais nos anos 1950 por seu snack-bar, como se chamava na época Le Relais Plaza, aberto em 1936, do que pela cozinha do Le Régence, dirigido por Lucien Diat. Foi preciso esperar os anos 1990 e a chegada de Éric Briffard, subchef de Joël Robuchon no Jamin, para que o Régence do Plaza Athénée tivesse uma brigada de cozinha capaz de destacar as texturas de uma sopa de ervilhas e cebolinhas com estufado de morchellas, de revelar a delicadeza dos aromas de um creme de alface e aranha-do-mar à emulsão de amêndoa ou então de uma refeição leve de ovo mollet no fricassê de morchellas e pontas de aspargos ao vinho amarelo. Cada um desses pratos era composto de acordo com um ritmo ternário de três sabores bem dosados, identificáveis, um fazendo combinação ou contraste com os outros dois de modo claro e equilibrado. A sensibilidade superava a técnica, capaz no entanto de fixar com soberania os sabores e os aromas, sem concessão às tendências da moda.

Em 2000, o *Michelin* concedia ao Régence uma segunda estrela. No outono, a equipe de Alain Ducasse se instalava no Plaza. Mudando-se para o Élysées du Vernet, com recursos reduzidos, Éric Briffard continuou com o mesmo embalo. O *Michelin* acabou o acompanhando, fora de tempo. Era um dever e um prazer a cada outono ir desfrutar, sob a cúpula de vidro realizada por Eiffel, seu pithiviers de carne de caça com molho escuro, saboroso e profundo. Em 2008, a partida repentina de Philippe Legendre do Cinq, o grande restaurante do Four Seasons George V, ofereceria a Éric Briffard a oportunidade de reatar com uma brigada de cozinha ampla e capaz de belas proezas. Terreno difícil que ele levou diversos meses para dominar, demonstrando de passagem que, se a cozinha é uma questão de sensibilidade, é também uma história de relação humana de contingências múltiplas.

Sinestesia culinária

Primeira refeição no Cinq, alguns meses depois que Briffard assumiu. Os sabores delicados, o frescor impecável de uma caranguejola respondendo às leves nuanças do savagnin, anunciavam uma refeição excepcional feita na companhia do benevolente gerente Éric Beaumard, grande sommelier e anfitrião agradável. Veio em seguida uma entrada de cogumelos de outono, legumes à grega, em que dominava levemente a doçura das uvas. Alguns abalones crocantes na medida certa acompanhavam uma abóbora japonesa (*kabocha*), cujo sabor e textura contrastavam estranhamente com a do molusco marinho. O pithiviers de perdigoto, pato-real e tetraz, em compensação, com sua maravilhosa crosta folhada, lembrava em todos os pontos aquele que eu tinha guardado na memória, cuja nuança próxima de um mel de castanheira impunha sua presença perfumada no molho sempre preciso e aromático, mas sem dúvida menos saboroso do que aquele que ele fazia no Vernet, e cujo aroma, sobretudo, parecia açucarado.

Reconheço que meu paladar – que não pretendo impor – não tem muita inclinação para o doce. Minhas poucas anotações, feitas logo após a refeição, mostram como é extremamente difícil para um chef impor o próprio código de sabores a uma brigada de cozinha nova. Lembrei-me então de que, por uma estranha premonição, Brillat-Savarin admitia estar "tentado a acreditar que o olfato e o paladar formavam apenas um sentido".

Cabe recordar suas palavras: "O nariz sempre faz as vezes de sentinela avançada que grita: quem está aí?!". Acrescentava: "Sem a participação do olfato, não existe degustação completa". Ele observara, de modo empírico, que uma coriza forte prejudicava o paladar. Da mesma forma, se comermos apertando o nariz, a sensação do paladar só se expressa de maneira obscura e imperfeita; a língua lhe parecia um órgão completamente secundário na apreciação dos sabores. A cavidade nasal, em compensação, "sobre a qual os fisiologistas talvez não tenham insistido o bastante", lhe parecia um elemento determinante da percepção, o que as mais recentes descobertas das neurociências confirmaram. Ele recusava a classificação usual dos quatro sabores básicos, aceita ainda: "O número de sabores é infinito, pois todo corpo solúvel tem um sabor especial, que é totalmente diferente de qualquer outro", escreveu em sua *Fisiologia do gosto*. Ele também admitia, por convenção, que era possível identificar o doce, o salgado, o azedo, o amargo, mas contrapunha ao dogma uma classificação pessoal dos sabores "mais ou menos agradáveis ou desagradáveis ao paladar". Brillat-Savarin retomava assim o ponto de vista de Aristóteles, que opunha o doce e o amargo e situava o *continuum* dos sabores em um eixo único.

Poucos meses depois, Éric Briffard, outra vez no auge de sua arte, mudou as receitas: os abalones bretões e as vieiras na manteiga de algas eram realçados por um caldo de erva-cidreira; o foie gras perfeitamente assado au poivre era acompanhado de ruibarbo e morangos ao suco de sabugueiro. Em ambos os pratos o equilíbrio distinto, introduzido pela erva-cidreira ou pelo ruibarbo, dava a total medida de uma levíssima acidez, assinatura indispensável de um grande chef. Um pedaço de moleja de vitela com mostarda de Cremona, cenouras com cúrcuma e azedinha acabavam dando razão a Jules Renard, para quem "a felicidade está na amargura". A amargura e a acidez haviam retomado todo seu espaço na paleta de aromas de um dos mais brilhantes chefs franceses, no momento em que muitos se deixam levar pela onda de cozinhas açucaradas e adocicadas.

Uma abertura para a vida

René Lasserre (1912-2006) foi uma figura de destaque no ramo parisiense de restaurantes do pós-guerra. Ele soube impor um estilo, uma decoração e uma cozinha em constante movimento, sem facilidades nem academismo. Ao comprar em 1942 um bar provisório construído para a Exposição Universal de 1937, René Lasserre queria criar o mais suntuoso de todos os estabelecimentos da época, o qual, situado na Avenue Franklin-Roosevelt, estava destinado a se tornar um símbolo universal de Paris.

Essa avenida, antiga estrada de terra em 1696, era um pouco afastada, negligenciada e malfrequentada, e no passado se chamava "Allée des Veuves" [Alameda das Viúvas]. Ali existiram ao longo dos anos alguns cabarés como o Le Bal d'Isis ou o Le Bal des Nègres, casas construídas em um terreno que pertencia à Madame du Barry. O Bal d'Isis foi substituído em 1836 pelo restaurante do Petit Moulin Rouge, que durante o Segundo Império esteve muito em voga graças ao seu interior aparelhado com divãs e espelhos, e onde as pessoas jantavam ao sair do Bal Mabille. A Dama das Camélias – Alphonsine Plessis – morava no local do número 9.

Logo de saída, no novo estabelecimento de Lasserre, reformado depois de 1945, entrada, corredores e salão foram mobiliados com muito bom gosto. Mais tarde, será criada uma luxuosa sala no andar de cima, acessada por um elevador estofado como uma liteira. O encanto, quando não a principal surpresa, é o famoso teto solar, inspirado talvez nos utilizados no Lido, onde René Lasserre havia trabalhado antes da guerra. Uma atmosfera Segundo Império emana do conjunto. Toalhas, louça e qualidade do serviço alimentam esse sentimento. No Lasserre, a palavra "perfeição" carrega todo o rigor da antiguidade: "Você está no Olimpo", comenta sr. Louis, homem de confiança de René Lasserre. Talvez mais precisamente em um ambiente da Antiguidade revista pela Revolução Francesa. Como eram, no século XIX, os estabelecimentos gourmands espalhados pelos Carrés des Champs-Élysées, como o Laurent ou o Ledoyen. Lasserre então parece estar no campo dessas exceções concebidas em épocas cruciais, aos olhos do amante da história da capital. Paris, em tempos de crise, sempre quis fazer frente ao perigo. Como Matisse que, em junho de 1940, pintou seu mais lindo retrato pacífico de *La Femme au bouquet de tulipes*. "É sua maneira de resistir", explicou Aragon.

A única referência conhecida de espaço comparável ao Lasserre do pós-guerra é a sala de jantar da princesa Mathilde (1820-1904) no casarão em que morou de 1852 a 1870, no número 10 da Rue de Courcelles, em Paris. Essa peça, que talvez tenha servido de inspiração para o arquiteto amigo de René Lasserre, ficou conhecida por uma tela de Charles Giraud pintada em 1854, no museu de Compiègne. "Essa sala de jantar ao estilo de átrio, com colunas com caneladuras, adornada com hera, [é] a verdadeira sala de jantar de uma prima de Augusto", contam os irmãos Goncourt em seu *Diário*, em 27 de março de 1865.

Eles haviam conhecido a princesa em 16 de agosto de 1862. Filha de Jérôme Bonaparte, essa mulher espirituosa costumava dizer: "Sem o imperador, eu teria vendido laranjas nas ruas de Ajaccio". Chamava o príncipe Napoleão de "Plon-Plon". Depois de ser casada com o conde Anatole Demidoff por um tempo, ela recebia no seu salão na Rue de Courcelles, durante o Segundo Império e a Terceira República. Avessa a toda etiqueta, recebia sem levar em conta posições políticas: "Recebia todos os visitantes com uma sem-cerimônia que era o refinamento extremo da condescendência e da civilidade", observou um dos habitués.

Na princesa Mathilde, a sala de jantar é um museu imaginário, como virá a ser o restaurante Lasserre no grande momento. Ele também expõe uma prataria digna da casa de Menandro, em Pompeia. O lugar da vegetação na casa é predominante desde o Segundo Império. O jardim interno que se tornou sala de jantar, banhado por luz natural, traz verdor, frescor e sonho. A incessante viagem de René Lasserre durante o tempo de sua formação, depois o exercício de seu ofício lhe permitiram formar um imaginário de cenários diversos, cuja metamorfose tornou esse espaço incomparável. Isso deve ter seduzido André Malraux, habitué do local, mais inscrito do que se imagina na linhagem do gosto decorativo francês.

A aposta de René Lasserre – sua sacada genial – é bem-sucedida. A clientela renovada, que saía de uma época conturbada, agitada e sombria, encontrou uma decoração à altura de sua esperança. Ofereceriam a ela um Petit Trianon, quando não um Palácio de Versalhes da gastronomia, com uma decoração de ramagem feita de tons quentes na escala dos ocres e dos ruivos, com toques de púrpura. Os cristais são resplandecentes, a prataria, cintilante, as toalhas de mesa, impecáveis. Nada choca: as joias das clientes vestidas com as últimas criações de Dior, Fath e Chanel estão em harmonia com esse lugar que parece ter sido feito para elas. Cenário de teatro talvez, se pensarmos que Touchagues, que pintou o teto, foi amigo de Christian Bérard, grande sedutor desta época. Jean-Louis Barrault acaba de montar *As artimanhas de Scapino* no vizinho Théâtre Marigny, peça que dirigirá até 1959. As famosas pombas brancas circulam entre as mesas, reminiscências dos quadros de Matisse. O Lasserre desta época é o lar reconciliado da Bela e da Fera. Jean-Louis Barrault encena em 1948 no Théâtre Marigny *Le Partage de midi*, a mais bela peça de Claudel. É o momento em que este bairro do baixo Champs-Élysées sai da sombra e da solidão pela presença de costureiros, de luxuosas galerias de arte, ao passo que nas proximidades, na Avenue Montaigne, celebram-se a "glória" jornalística de *Jours de France* e o brilho redescoberto da música no Théâtre des Champs-Élysées.

A sala de jantar, em seus sucessivos níveis, é propícia para a vida social. Balaustradas e jardineiras de flores oferecem divisórias que permitem uma forma de intimidade compartilhada. Essa impressão é reforçada pelos diferentes níveis do chão. As janelas à moda francesa dão para o verde da avenida ou para o jardim. As pessoas vão ao Lasserre para ver, e também para serem vistas! O talento de René Lasserre, como o de muitos de seus contemporâneos, que trabalham duro, é uma incrível consciência mimética dos acontecimentos parisienses nos anos do pós-guerra. Lasserre abre seu teto a este tempo de ilusões inebriantes. Os criadores ainda estão ali e, a cada estação do ano, apresentam uma novidade. Pintores, costureiros, gente de teatro, cineastas, escritores para uma última obra-prima, do polêmico Céline com *De castelo em castelo* ao delicioso *Sagouin* de Mauriac. Cocteau é o rei do festival de cinema com *Orfeu* e *A Bela e a Fera*. A sombra de Giraudoux paira na encenação de *Pour Lucrèce*, com Edwige Feuillère, no Théâtre Marigny, na presença da elite da época.

Com sua cozinha tradicional, é para esta época que René Lasserre abre o teto de seu restaurante. O simbolismo da renovação e o da liberdade recuperada estão ligados a essa abertura para o céu de Paris. O público acredita nisso: festa da 2ª Divisão Blindada, a "Kermesse aux Étoiles", a venda de livros da Caisse Nationale des Lettres, criada em 1946, com os escritores no Vélodrome d'Hiver, o Salon de Mai, as coleções de primavera da alta-costura. O prêmio Goncourt de Simone de Beauvoir. Paris ronrona de prazer. Seus olhos ainda não se abriram. A cozinha de Lasserre foi alçada ao firmamento estrelado pelo *Michelin* até a venda do restaurante aos herdeiros de um banqueiro internacional. Michel Roth fez uma aparição à frente da brigada de cozinha no final dos anos 1990; Jean-Louis Nomicos o sucedeu de modo brilhante por uma década, até a chegada de Christophe Moret, vindo do vizinho Plaza em 2010. O Lasserre continua sendo a referência de uma cozinha tradicional que se adapta por pequenas pinceladas à evolução dos paladares de nossa época. A magia da decoração continua funcionando.

In vino veritas

Como antigamente na loja de departamentos Samaritaine, sempre acontece alguma coisa com Alain Senderens, antigo oficial de ligação no corpo de franco-atiradores da *nouvelle cuisine* no início dos anos 1970, instalado no Quartier Élysée-Madeleine.

Mas vamos nos limitar à última década, do contrário seria preciso recordar episódios anteriores: Senderens educador, Senderens viticultor...

Digamos como preâmbulo que ele é um grande, um enorme cozinheiro dotado de um paladar excepcional e uma reatividade imediata. Em 2002, olhos e papilas em comoção, Alain Senderens decidiu ir até o limite de sua paixão, aquela que, quando ele era um dos principais protagonistas da *nouvelle cuisine*, o levara a explorar a arte culinária dos antigos tomando como modelo Arquestrato, grande cozinheiro romano. Foi o nome que deu a seu restaurante, Archestrate, na Rue de Varenne, em 1968, onde posteriormente se estabeleceu Alain Passard. Arquestrato, poeta nos tempos de Péricles, costumava comer pouco e bem. Nascido em Gela, na Sicília, era um grande viajante que observava, depois testava e transformava os alimentos da época, buscando sempre melhorar o rendimento e a qualidade deles. Em 1985, Alain Senderens foi para o Lucas Carton, na Place de la Madeleine, mas levou consigo o espírito do Arquestrato. O Lucas Carton é um desses restaurantes de prestígio em que, a menos que se seja reconhecido pelo manobrista, é prudente antes de entrar reler o artigo "luxo" do *Dicionário filosófico* de Voltaire, para admitir "que não é da natureza humana renunciar por virtude a comprar com o dinheiro usufrutos de prazer ou de vaidade". Uma vez transposta a porta – moderna, automática e, para resumir, bastante feia –, a magia do *jugendstil*, decoração vegetalista aplicada ao sicômoro, ao ácer e ao bronze, no espírito da Art Nouveau, deveria acontecer.

A ideia de Senderens, por muito tempo meditada, era aplicar ao vinho os princípios que nortearam suas primeiras pesquisas, a saber, que uma refeição é em si uma história que resume nossos antecedentes de mesa e constitui uma verdadeira arqueologia gustativa pessoal. Seu interesse pelo vinho o levou a fazer sistematicamente experiências de harmonização dos pratos com os vinhos. Para acabar, pensava então, com o terrorismo do vinho único, imposto pelo anfitrião aos comensais, ou por um sommelier, independentemente do prato escolhido por cada conviva. As harmonizações equivocadas chocavam seu ideal de construção de um prato que ele pretendia reservar a determinado vinho ou a determinada família de vinhos. Isso porque, cada vez mais, o vinho se projetava em sua visão culinária. Como o pintor "vê na pintura" a paisagem que está prestes a lançar na tela, Senderens imaginava qual vinho, e até qual ano da safra, combinariam perfeitamente com este ou aquele prato, qual nuança deveria ser acrescentada aos lagostins enrolados com aletria – aqui algumas amêndoas torradas, ali algumas lascas de pistache – para se alcançar a perfeição dos valores justapostos do sólido e do líquido.

Ele começou sugerindo um vinho adequado a cada uma de suas grandes criações, como o lavagante com baunilha ou o pato Apicius. Primeira condição, o vinho devia deixar "um vestígio" e o desejo de "quero mais", ser persistente na boca e não saturar. Com a lebre à la royale, um prato emblemático da grande tradição de Carême, a questão era delicada. O fundo do cozimento, à base de redução de carne de caça e de um tinto generoso, fora desengordurado, espumado depois concentrado, ligado com sangue e cuidadosamente batido com um pouco de foie gras peneirado, para formar o molho miroir, liso e brilhante. Cabe às diferentes safras de Château de Beaucastel, de cor púrpura-rubi e taninos arredondados, o privilégio de acompanhar esse prato fascinante.

Inicialmente com o enólogo Jacques Puisais, em seguida com os degustadores Michel Bettane e Thierry Desseauve, Alain Senderens ampliou as experiências e forjou de maneira duradoura sua convicção. A ponto de considerar que o cliente podia, em seu restaurante, se limitar a escolher seu vinho, sendo o prato apenas a consequência dessa escolha. Raciocínio falacioso que poderia dar a entender que o chef tinha de repente adquirido um pouco de modéstia, quando, ao contrário, ele se preocupava tanto com o vinho quanto com o prato. A crítica não percebeu o ardil. Assim, o cardápio do Lucas Carton se apresentava nessa época como uma nomenclatura de crus de diferentes regiões vitícolas, incluindo portos e runs, seguida de uma breve explicação e, logo depois, da apresentação do prato. Essa inversão da ordem dos fatores não era tão nova quanto pareceu. Em 1922, Édouard de Pomiane registrava que na região de Bordelais "um proprietário nunca elabora a carta de vinhos de acordo com o menu que oferece; ao contrário, elabora o menu de acordo com os crus que têm à disposição. Sua única preocupação é encontrar esta ou aquela preparação culinária que vai realçar as qualidades deste ou daquele vinho". O ineditismo aqui foi a generalização do procedimento para todo o cardápio.

Para começar, na escolha do aperitivo, um champanhe com notas de amêndoa, de maçã verde e de citrinos da Côte des Blancs, um manzanilla extremamente iodado ou então um chardonnay redondo com notas amadeiradas da Côte de Beaune; eles serão acompanhados por duas séries de petiscos completamente diferentes. Ao Dom Pérignon 1993, cujo cardápio elogia justamente o excepcional equilíbrio, correspondiam algumas colheres de caviar oscietre temperado com cebola branca de Cévennes, cozido na argila, e alguns grãos de pistache. As notas de noz fresca, de maçã e de especiarias do château-chalon 1995 do Domaine Macle eram harmonizadas com o vigor de um pedaço de pregado, e com a couve-da-china aromatizada com curry. Cabia ao Château de La Tour clos-vougeot "vieilles vignes" 1995 e a seu buquê extremamente aromático a honra de destacar um pato estufado, seu rougail de alho-poró, manga e gengibre marinados em um xerez envelhecido. Os clientes que permaneciam ligados à tradição podiam ainda pedir o cardápio de pratos à moda antiga e escolher a própria garrafa, mesmo que fosse uma água mineral! Essa abordagem, vista como inovadora, conseguiu relançar a imagem do Lucas Carton. Era também o objetivo buscado.

Dois anos depois, em 2005, Alain Senderens decidia desviar seu estabelecimento dos critérios que, a seus olhos, tinham garantido as três estrelas que ele obteve desde 1984 para este restaurante de prestígio. Os balanços eram positivos, mas Alain desejava acima de tudo "diminuir a pressão" e sonhava com uma nova atmosfera de convivência para um estabelecimento "mais sensual, mais feminino e mais aberto". De modo concreto: Lucas Carton não devia se tornar uma brasserie, mas os preços não podiam exceder uma centena de euros, ao passo que a média de então era três vezes esse valor. Havia uma certeza, era para "entrar em sintonia com atitudes contemporâneas" e para "melhores trocas" que o criador do pato Apicius queria "desempolar" o estilo da casa, começando com o serviço e com a cozinha, à qual queria dar "mais liberdade" e não proibir de cozinhar sardinhas! E também desejava renovar a decoração, o que foi feito de maneira contestável, mas sem afetar o essencial, pois o estabelecimento está inscrito no Inventário Suplementar de Monumentos Históricos.

Alain Senderens sempre foi um *enfant terrible* entre os seus colegas – Delaveyne, Bocuse, Troisgros, Guérard –, revirando velhos livros de receitas para adaptá-las, de modo muitas vezes brilhante, aos gostos da atualidade. Formidável profissional, foi e continuará sendo um verdadeiro criador nesta nova fase a que confere espontaneamente – é o seu temperamento – tons prometeicos! O Lucas Carton foi desbatizado para se chamar, tão somente, Alain Senderens. O risco era que o *Guia Michelin*, ofendido, mantivesse as três estrelas do novo estabelecimento, na medida em que o mesmo padrão de qualidade aplicado a produtos menos nobres era mantido na cozinha. Os sábios da Avenue de Breteuil jogaram o jogo e lhe deram duas estrelas. O terremoto midiático foi total e, por muitos anos, o restaurante Senderens esteve superlotado.

No entanto, não endossarei as recentes declarações de Alain Senderens, que o levaram a considerar que os molhos estão obsoletos. Alain Senderens está familiarizado com essas intuições que se transformam em certezas e que muitas vezes ele consegue transmitir. Mas dessa vez o debate é sério e aberto, indo além da disputa recorrente entre os antigos e os modernos, isto é, velhos e jovens. No verão de 2013, uma onda de pânico tomou conta da brigada de cozinha quando Alain Senderens e sua esposa venderam todas as suas participações ao sócio, Paul-François Vranken, proprietário da Pommery e de algumas outras casas de champanhe. O chef executivo anunciou sua saída, seguido por uma parte da brigada de cozinha. Yannick Alléno se candidatou para assumir. Porém, no outono, Senderens continuava sozinho no comando, com

Potel et Chabot, encarregado de fazer a transição. O restaurante voltou a ter o antigo nome Lucas Carton, embora Alain Senderens continuasse como consultor. O *Guia Michelin* não concedeu em 2014, por prudência ou vingança, distinção alguma a esta casa de prestígio. A passagem de bastão ocorreu de modo discreto para o jovem Julien Dumas, ex-chef do Rech, restaurante de frutos do mar do grupo Alain Ducasse. A página de Senderens parece virada. A lenda do Lucas Carton precisa ser reconstruída.

Nas proximidades da Place de l'Étoile, a Rue Arsène-Houssaye – homem de letras desconhecido – abriga algumas boas mesas. O Le Chiberta, criado em 1932, foi durante muito tempo o porta-estandarte do golfe de Anglet, perto de Biarritz. Esse restaurante alcançou um sucesso intervalado e ainda era considerado, no início dos anos 2000, uma testemunha "do espírito dos anos 70, remoçado por uma decoração japonizante que preserva a privacidade", segundo o *Michelin*, que lhe conferia uma estrela. Retomado em 2004, o objetivo de Guy Savoy e sua equipe, liderada por Jean-Paul Montellier, é oferecer uma cozinha moderna, saborosa, criativa, capaz de colocar o "autêntico ao alcance de todos", isto é, uma cozinha concentrada principalmente nos produtos, cujos preços no entanto ficariam dentro de limites razoáveis. A estrela Michelin está brilhando outra vez. Minimalista, moderna sem manias nem excessos, com toalhas de mesa clássicas e louças Bernardaud, a nova decoração leva a assinatura do arquiteto Jean-Michel Wilmotte. Barack Obama e François Hollande jantaram no local no dia 5 de julho de 2014, antes de comemorarem o septuagésimo aniversário do desembarque das tropas aliadas na Normandia.

No *Le Monde* de 7 de fevereiro de 1987, La Reynière profetizava: "Guardem este nome: Gilles Epié. Se os bajuladores midiáticos não o devorarem no caminho, ele será notado, sem para isso precisar abrir filial nas 'ilhas', aconselhar fabricantes de congelados ou patrocinar uma cadeia hoteleira". O destino acabaria decidindo de outra maneira. Depois de um começo de carreira brilhante no Miravile, Gilles Epié foi obrigado a pendurar as panelas em 1994. Nascido em Nantes em 1958, logo em contato com grandes estabelecimentos, o jovem Epié fizera seu aprendizado em Rosiers-sur-Loire e começara a carreira como um viajante, primeiro nos Estados Unidos, depois na Bélgica, ao mesmo tempo que Alain Passard.

Seu modelo, para não dizer seu mestre nos anos de formação, foi Alain Senderens, o mago de L'Archestrate. Foi em sua escola que aprendeu a clareza e a legibilidade dos produtos no prato. O traço justo, ordenado, como o de Greuze, que entusiasmava Diderot: "Tudo é compreendido, ordenado, nítido, claro, nesse esboço", escreveu o enciclopedista durante o Salão de 1765, onde o pintor apresentava sua obra. O elogio, palavra por palavra, se aplica à cozinha de Gilles Epié que por muito tempo foi um esboço, a promessa que se tornou realidade e vingou desde o seu retorno a Paris em 2004, no Citrus Étoile, na Rue Arsène-Houssaye. Ainda hoje se impõe a lembrança dos primeiros passos, os sabores precisos de uma salada de carne e cenoura com mostarda contrastando com a delicadeza de uma entrada de mexilhões e coco fresco à marinheira. O caldo de frango e de legumes ou então a salsicha de pato com mangas e maçãs verdes eram uma alusão à costa Oeste e aos sabores da Ásia, como a lota [*lota lota*] ao saquê, o estufado de berinjela ou o bacalhau marinado assado. E também um fígado de vitela cozido ao vapor, sem qualquer gordura, um cérebro de cordeiro, tão raro atualmente, com cogumelos porcini e cantarelas, realçado por um imperceptível fio de vinagre de framboesa. No outono, o porcini inteiro no vapor acompanhado de um sabayon intenso. Elizabeth, a linda norte-americana, esposa do chef, dá um toque fashion a esse restaurante com preços bem razoáveis para o bairro.

A noite do Fouquet's

O Fouquet's, brasserie clássica do Quartier des Champs-Élysées, foi involuntariamente o símbolo de uma sociedade fascinada pelo dinheiro, pelo *bling-bling*, no início do mandato de cinco anos de Nicolas Sarkozy em 2007, que recém-eleito havia convidado alguns amigos, aqueles do CAC 40 e outros, para uma recepção no local. Caviar em profusão, champanhe em abundância? Nada disso: tudo teria deixado uma lembrança duradoura nos convidados. Não, a recepção foi mundana e, para resumir em poucas palavras, mais ou menos entediante. Havia sem dúvida bastante champanhe, mas nenhuma garrafa rara. O prato principal era um risoto com alcachofra e camarões. Camarões, nada de lagostins nem de gambas, como o clássico da casa, o famoso risoto "Robert Hossein", que teria explodido o *food cost*, porque o coquetel era oferecido pela casa. É possível receber os amigos com dignidade sem jogar dinheiro pelo ralo! Na ocasião, a festa – se assim pode ser chamada, a tal ponto segundo alguns foi morosa, pois todos esperavam Cécilia, que não apareceu – acontecia no terraço, no primeiro andar, perto do Diane, mesa que se tornaria estrelada anos depois, em 2012. O risoto foi bem precedido por alguns tira-gostos, entre os quais torradinhas com foie gras, mas nenhuma das opções refinadas que o chef Jean-Yves Leuranguer, Meilleur Ouvrier de France em 1996, e sua brigada de cozinha de uma centena de cozinheiros, chefs de partie, auxiliares e pâtissiers, sabem preparar para as grandes ocasiões. Em suma, uma refeição de rotina, feita de pé, e que deu muito o que escrever, como relataram Ariane Chemin e Judith Perrignon em *La Nuit du Fouquet's*. Ah, mas é claro...!

De sobremesa, uma torre estranha com docinhos compostos por arroz tufado e roses des sables – uma sobremesa ensinada às crianças no jardim de infância para a festa do Dia das Mães, composta de flocos de milho cobertos com chocolate e empilhados para fazer volume. Uma sobremesa apreciada, diziam, pelo recém-eleito presidente, que também gosta muito de Coca-Cola. De fato, Nicolas Sarkozy não atribuía grande importância às refeições, às quais não dedicava, mesmo nos jantares oficiais, muito mais de 45 minutos. François Mitterrand ia regularmente ao Fouquet's, sem causar alardes; sentava-se sempre à mesma mesa, a 83. Discrição garantida; provavelmente uma questão de época...

Um estabelecimento, na Rue Berryer, conhecido sucessivamente pelo nome de Version Sud com Guy Savoy, depois por Chez Catherine, tornou-se especializado em frutos do mar com o nome Helen. Os espaços foram redesenhados. O local está limpo e luminoso. O novo proprietário, Frank Barrier, antigo maître no Le Duc, um dos grandes restaurantes de frutos do mar em Paris há duas gerações, entregou a cozinha a Sébastien Carmona-Porto, ele próprio subchef do mencionado estabelecimento. Peixes crus cortados em fatias finas ou o tartare de robalo são temperados de maneira singular e precisa. Os grandes mexilhões espanhóis, apenas cozidos no vapor, são servidos com um famoso molho ligeiramente temperado com alho; os lagostins reais são cobertos com um suflê de aioli. Este novo bom restaurante é inspirado em diversos sabores: os do Japão, do Mediterrâneo, da Catalunha, mas também da Córsega com um legítimo peixe-galo à la Murtoli, uma receita da Ilha da Beleza acompanhada de uma guarnição *champvallon* (camada de batatas e cebolas caramelizadas). Para saborear na companhia de uma garrafa de mâcon-chaintré 2007 do Domaine Vallette, sugerida por Marie, jovem sommelière sensata.

Retorno às origens

A construção de um restaurante sobre o teto do Théâtre des Champs-Élysées, sem autorização oficial, no início dos anos 1990, abriu espaço para uma polêmica marcada por alguns episódios judiciais. Mas é preciso constatar – vinte anos depois – que o sucesso é total. Em particular o do recém-instalado terraço para a Avenue Montaigne, no exato lugar em que Erik Satie e Picabia rodaram a famosa sequência surrealista na qual eram vistos disparando o canhão sobre Paris no filme de René Clair. O conjunto com mezanino é amplo, mas a cozinha ensolarada e errante, direcionada pelos irmãos Pourcel aos sabores do Mediterrâneo e do Japão, sabe como responder.

Nos arredores do Ministério do Interior, alguns bons restaurantes, que não teriam sido desprezados pelo comissário Maigret, são mantidos por proprietários à moda antiga, que conversam com os clientes. O da Cave Beauvau, Stéphane Delleré, trata os habitués com uma famosa terrine de campagne, arenques marinados, anchovas frescas, uma andouillette grelhada e belas carnes vermelhas servidas com um beaujolais ou com um côtes-du-rhône.

Le Griffonier é um animado bar de vinhos. O jovial Cédric Duthilleul oferece o œuf mayonnaise, o aipo com molho rémoulade, e os pratos do dia: blanquette de vitela ou o chucrute, realmente excepcionais, e, quando é época, cogumelos e pratos de carnes de caça.

Na Rue du Faubourg Saint-Honoré, pertinho do Palais de l'Élysée, o salão oval do Bristol, brilhante vestígio do teatro que Jules de Castellane mandou construir nas imediações do casarão da Madame de Pompadour, é um dos mais interessantes espaços dedicados à cozinha de hotel em Paris. Sua forma é em si um convite à meditação gourmande, a tal ponto são raros em nosso universo ortogonal os espaços que escapam do ângulo reto. Reconheço que o salão de verão – agora reservado ao restaurante o ano todo – seja de uma elegância soberba, mas prefiro o de inverno – hoje destinado aos banquetes e às recepções.

É neste ambiente excepcional que Éric Fréchon, um dos mais discretos entre os cozinheiros de talento da atualidade, regala uma clientela internacional e os executivos de empresas que costumam dizer ao motorista: "Gaston, toca para a Rue du Faubourg Saint-Honoré, 112".

Éric Fréchon nasceu em 1963 em Corbie, povoado de 6 mil habitantes às margens do rio Somme, no arrondissement de Amiens. Formado na Normandia, ingressou como auxiliar no Bristol, em 1982. De 1988 a 1995, fez parte da equipe de Christian

Constant no Crillon, de início como subchef, depois como chef. O anúncio da saída de Christian Constant levou Éric Fréchon, assim como outros colaboradores, a se instalar por conta própria no La Verrière, perto do Parc des Buttes-Chaumont. Em 1999, corre o boato de que o Bristol, que acabava de dispensar Michel del Burgo, andava atrás do antigo auxiliar! Saudade sem fim da mocidade? Éric Fréchon encarou o convite como um sinal do destino, a possibilidade de exercer na plenitude um ofício que se tornou sua paixão. Provavelmente refletiu sobre esta frase de Léon-Paul Fargue: "Ninguém se cura de sua juventude".

Ele volta então ao Bristol para dar uma espécie de continuidade, um "estilo de cozinha baseado na cultura culinária francesa, mas em constante evolução; uma cozinha de sabores, especiarias e ervas frescas", segundo suas palavras. Desde então, Éric Fréchon consolidou sua maestria da cozinha de palace. Ele começou brincando habilmente com sabores, texturas e cores em uma linda variação de lavagante bretão e sépias salteadas com pimentões-doces, temperados com anchovas e pinhões. O pombo da Vendeia dourado na frigideira poderia não ter passado de um exercício de estilo, mas o ponto malpassado lhe confere um primeiríssimo lugar em um cardápio que oferece também alguns pratos populares, mais ou menos enobrecidos, como o pé de porco recheado com foie gras, delicadamente empanado, dourado no espeto e acompanhado de um delicioso purê de batatas trufado. Depois a enguia do mar dos Sargaços, o peixe-de-são-pedro grelhado no forno a lenha e a incrível franga de Bresse ao vinho amarelo, cozida na bexiga de porco, em breve darão a medida do talento desse chef excepcional, seguro, modesto, sorridente. Ele não se furta a reinterpretar o linguado à normanda, em homenagem à região de sua juventude. Um modelo para uma nova geração de cozinheiros. Com alguns amigos, Éric Fréchon abriu em 2013 uma brasserie chamada Le Lazare – cuja equipe ele comanda e cujo cardápio ele elabora – na estação de mesmo nome. Retoma assim o espírito do La Verrière, onde alcançou seu primeiro sucesso.

O que se tornou o famoso linguado à normanda? Uma lembrança. Ele era escaldado no caldo de peixe com uma guarnição de mexilhões, rabos de camarão, ostras e cogumelos; e o molho normando, à base de velouté de peixe, cocção de ostras e nata, devia seu acabamento ao crème double e à manteiga. Eis por que o regime e a dieta mediterrânea o excluíram. Pelo que dizem, a receita teria sido inventada em 1837 em Paris, no restaurante Le Rocher de Cancale, pelo chef Langlais. Prosper Montagné (1865-1948) foi o primeiro a desconfiar de uma origem normanda, antes de reconhecer que um "estufado de peixe com nata" poderia ter inspirado a receita, pois ela era "originalmente preparada com sidra em vez de vinho branco".

Do Tréport a Bayeux, o linguado à normanda ainda é preparado para os clientes ingleses. Por uma feliz coincidência, foi em Paris que o normando Éric Fréchon disponibilizou no cardápio de verão filés de linguado recheados com duxelles de cantarelas com vinho amarelo, suco da espinha com molho de nata. Sem dúvida, são os ingredientes – adaptados, simplificados – do linguado à normanda; quanto aos sabores... Uma palavra: sublimes! A "notável continuidade de uma história cultural plurissecular entre os franceses e sua mesa", destacada pelo historiador Florent Quellier, está expressa em linhas gerais com brilhantismo nesse prato.

Uma gama de sabores nos arredores dos grands-boulevards

A Nouvelle Athènes, nome dado ao Quartier Saint-Georges (Lorette-Martyrs) em 1823, após a libertação da Grécia do jugo otomano, manteve um longínquo perfume de elegância, tanto em razão de uma arquitetura muito acadêmica, inspirada nas pranchas de Vignola, quanto pelo fato de diversos escritores, pintores, músicos e atores terem ali vivido: Delacroix, George Sand, Chopin, Gauguin, Victor Hugo, Alexandre Dumas, Talma, que formavam a elite do romantismo. Algumas casas marcaram a história recente do bairro, paradoxalmente um restaurante turco chamado Sizin, na Rue Saint-Georges, e também Wally le Saharien, na Rue Rodier, inventor do cuscuz sem legumes, uma sêmola aromática acompanhada de um excelente michuim. Outros tiveram uma glória passageira como o La Table d'Anvers, no Quartier Trudaine-Maubeuge, ou o L'Œnothèque de Daniel Hallée e sua esposa.

O Quartier de l'Hôpital Saint-Louis esconde alguns mistérios. "Se o canal pudesse falar, teria histórias para contar", disse um cliente do Hôtel du Nord, imortalizado por Arletty. Talvez contasse a verdadeira história do *fooding*, nascido no começo dos anos 2000, que prosperou inicialmente ao longo do canal

Saint-Martin. O *fooding* – de *food* e *feeling* –, de acordo com seus líderes, é uma nova maneira de comer, para não dizer de se alimentar, conforme sua disposição de humor. Em resumo, é a política da garça da fábula, que "vivia de regime e comia nos seus horários". Arte de comer ou arte de viver? Vida de panelinhas e tribos que compõem o mundo em movimento da moda e da noite, da música e da incansável busca dos encontros. Um novo estado de espírito? Foi durante algum tempo a escolha de uma geração que queria exorcizar os perigos e as incertezas da época, comer à vontade, ir em busca – como a globalização manda – dos alimentos do mundo, a *world food*, a fusão, as frutas exóticas, os pratos de outros lugares. Aqueles que ainda não estavam comprometidos com a vida decidiam não comer como o papai, nem o mesmo alimento, nem no mesmo horário. Ainda era preciso ser jovem, utilizar certo look moderno na hora de se vestir, ter algumas liberalidades financeiras, para desfrutar desse novo modo alimentar de sentir e se deslocar em Paris. Dez anos depois, o *fooding* perdeu o atrativo e tenta se reinventar em Nova York. Já os bubos reaprenderam a investir nos bairros onde os estrangeiros se instalaram – indianos na Gare du Nord, chineses em Belleville, africanos na Goutte-d'Or. Para eles, Paris oferece um verdadeiro baú da infância de descobertas: pequenas lojas com produtos apetitosos, restaurantes familiares com abertura para muita conversa.

Grande tradição na Nouvelle Athènes

Christian Conticini, no La Table d'Anvers, acreditava no triunfo da ciência na cozinha e lamentava a ênfase dada pela mídia ao produto. "Quem desejaria realmente rebaixar a arte culinária ao patamar do peru de concurso das feiras agrícolas?", perguntava. Ele afirmava: "A cozinha está passando por sua mais fulgurante mutação histórica em razão dos novos desempenhos tecnológicos". Criação, transporte, embalagem, conservação, mas também o teflon, a indução, o supercongelamento, o vácuo causavam mais fascínio nele do que o bouquet garni: "Cozinhar durante horas e horas o tomilho, a salsa e o louro faz com que percam seu sabor vegetal [...] O cozinheiro deve tomar partido", dizia esse chef que fez seu aprendizado no Pactole, de Jacques Manière.

Sua cozinha era um festival de sabores, aromas e texturas, três noções "que convém não confundir", acrescentava, espontaneamente didático. Como prova, seu "salmão e legumes frescos bardeados no presunto gordo com condimentos" ou a "picanha de cordeiro assada, azeitonas com tomilho, berinjela recheada à grega", dois pratos que justapunham, mais ou menos, todos os ingredientes do bouquet garni. Seu irmão Philippe, pâtissier, adotava uma abordagem semelhante com "Passion *créole*" e "Regalo total", duas sobremesas divinas. Philippe seguirá uma carreira brilhante depois que seu irmão Christian, no final do século passado, tiver deixado de chamar a atenção dos "colunistas sociais", de acordo com suas palavras, na sequência de maus negócios e de uma obscura polêmica com Joël Robuchon.

L'Œnothèque, na Rue Saint-Lazare, era uma antiga adega de bairro que datava de 1847, transformada sem grandes custos por Daniel Hallée, antigo sommelier do Restaurant Jamin, onde se instalou Joël Robuchon. Esse local se tornaria durante cerca de quinze anos um ponto de encontro de gourmands, de viticultores e o quartel-general de um grupo de hedonistas militantes.

O proprietário aconselhava, cheirava e, se fosse o caso, decantava cada garrafa. Sua esposa conduzia o serviço com delicadeza. William, o filho, dirigia a cozinha.

A convergência dessa família do Franco-Condado era total quando uma ave trazida do campo era cuidadosamente preparada com nata e savagnin, e servida com um côtes-du-jura Cuvée Henriette de Quingey, 1992. Era a combinação perfeita. Enquanto não chegava a temporada de caça, voltava a estação dos cogumelos dos bosques, simplesmente salteados, dos berbigões na manteiga, da andouillette Duval e de uma perfeita costela bovina de raça normanda, maturada, gordurosa e suculenta. Ainda lembro de uma noite memorável em que, após uma sutileza que havia nos poupado um jantar com toda a pompa no Ledoyen, nos encontramos, Michel Onfray, dr. Édouard Zarifian e eu, saboreando uma senhorita de bico longo – leia-se uma galinhola, pois o proprietário era bom de tiro – e bebendo uma excelente garrafa La Turque da casa Guigal.

Podia-se encontrar na Casa Olympe, situada na Rue Saint-Georges, uma cozinha atemporal exatamente como Olympe, nascida na Córsega e inspiradora da *nouvelle cuisine*, propunha na Rue du Montparnasse alguns anos antes, com a sopa córsega de castanhas, o incrível croustillant de boudin, a salada de orelhas de porco ao xerez ou o pé de vitela com molho poulette. Quando era época, a trufa fazia sua aparição na salada de batatas, somente temperada com um suco de trufa, vinagre de Banyuls e um pouco de nata. Olympe se aposentou em 2013, após quarenta anos de trabalho.

O Bourgogne Sud, ao lado do Cassino de Paris, na Rue de Clichy, é o novo estabelecimento onde Gilles Breuil e seu chef François Chenel oferecem aos clientes o melhor do Mâconnais:

seus vinhos, é claro, mas também a terrine de fígado de galinha, o jambon persillé, o fricassê de rãs, a quenelle suflê com molho de crustáceos, o boeuf bourguignon – evidentemente –, o frango ao vinagre, assim como uma famosa sobremesa, o "Ideal mâconnais"! A decoração meio brasserie, meio restaurante é fora de época, mas é a atmosfera, ao mesmo tempo profissional e calorosa – algo que se tornou bem raro em Paris – que conquista.

Nos tempos da Revolução, o La Grille, na Rue du Faubourg-Poissonnière, era uma tenda em que os fornecedores de peixe fresco faziam um lanche no caminho para Dieppe, onde buscavam a mercadoria. Um cartão-postal de 1906 mostra uma barraca de ostras em frente a sua fachada. Durante os Trinta Gloriosos, Yves Cullère apreciava no estabelecimento um generoso pregado à beurre blanc. Perto dali, no La Ferme Saint-Hubert, na Rue Rochechouart, Henry Voy seleciona excelentes queijos de leite cru que ele cura e expõe, à moda antiga, sobre um magnífico balcão de mármore. Às sextas, todo o leite de uma fazenda da Normandia é entregue em grandes vasilhas e servido imediatamente aos habitués insubmissos ao leite pasteurizado.

Jantar no "centro do mundo"

Após o declínio do Palais Royal, os bulevares haviam se tornado o "centro do mundo", segundo Robert-Robert, cronista gastronômico da Belle Époque. Nesses lugares, "alguns restaurantes são proibidos para os pés-rapados e para os de estilo interiorano: é preciso ser ousado para entrar no Riche e muito rico para entrar no Hardy".

Em 1872, Flaubert, Zola, Alphonse Daudet e Turguêniev fundavam no Café Riche, número 16 do Boulevard des Italiens, o

"Jantar dos autores vaiados".* Daudet e especialmente Zola gostavam de se encontrar com os irmãos Goncourt, uma vez por mês, no Café Brébant, que ficava bem perto. Por vezes, Flaubert se juntava a eles para o que era então o auge gastronômico, a degustação da "senhorita de bico longo", a galinhola, musa de Maupassant. Nessas ocasiões especiais no Brébant, o nariz de Zola estremecia, conta Edmond de Goncourt. A boa comida tornava expressiva essa parte de seu rosto. Porque, para todos esses companheiros, a caça era a metáfora da sedução amorosa. Nesses jantares, continua relatando Edmond de Goncourt, "só se falava de mulheres".

Cocheiros, maquinistas, funcionários da Ópera – situada na Rue Le Peletier de 1821 a 1873 – não tinham dinheiro para frequentar o Café Riche. Eles se encontravam no Petit Riche, até o incêndio – misterioso – que devastou o bairro em outubro de 1873. A decoração atual data de 1880. Trata-se de uma sucessão de salões com paredes com lambris, decoradas com espelhos, e tetos pintados a mando do proprietário, o sieur Besnard, natural de Vouvray. A tradição dos vinhos do Loire permaneceu, desde então, ligada a esse estabelecimento. Se o charme do Petit Riche se mantém intacto, a cozinha continua clássica, em particular o filé-mignon ao vinho chinon. Os torresmos de Vouvray com salada, com uma jarra de vinho branco tranquilo, e a andouillette são a própria perfeição. Com sorte, pode-se até saborear uma beuchelle tourangelle. A recepção é calorosa e amável.

"A memória de Paris é a única riqueza dos pobres", resume Jules Romains no começo de *Hommes de bonne volonté*.

---

* Escolhido por Flaubert, o nome do jantar remetia ao fracasso das peças de teatro desses autores. (N.T.)

No bairro dos "italianos", erguido sobre as propriedades dos senhores de Saint-Marc e de certo Pierre Crozat, apelidado de o Pobre, a memória de um terrível incêndio deixou vestígios nos bistrôs e nos bons restaurantes da redondeza.

Eram nove e dez da noite do dia 25 de maio de 1887, as cortinas acabavam de se abrir para o primeiro ato de *Mignon*, de Ambroise Thomas, quando as chamas surgiram em uma das vigas do palco. Em poucos minutos, pela segunda vez naquele século, o Théâtre des Italiens foi envolvido pelas chamas; oitenta mortos foram retirados dos escombros.

Como os "italianos", a Salle Favart – atual Opéra-Comique – foi reconstruída de costas para o bulevar, "disposta de tal maneira/ que ao passar lhe mostramos a traseira", diz um epigrama da época. Foram necessários onze anos para a reconstrução, durante os quais o bairro lambeu suas feridas. No número 10 da Rue de Saint-Marc, uma das principais vias de acesso ao teatro, o restaurante Beaugé, aberto em 1848 após o primeiro incêndio, tinha dado seu nome a um prato de rins émincés com nata e vinho branco. No número 31, nascia a cantora lírica Maria Malibran em 1808. No 32, antes mesmo da abertura do canteiro de obras da reconstrução, foi inaugurado em 1890 um bistrô simples que só atingiu o status de ponto de encontro dos cocheiros a partir da reabertura do teatro, em 1898. A vocação lionesa da casa já existia, bem como sua decoração externa com revestimento de madeiras vermelhas e sua agradável disposição interna com azulejos de estilo metropolitano. A recente fama do estabelecimento chamado Aux Lyonnais vem de 1955, quando o sr. Viollet, de origem lionesa, assumiu as rédeas do negócio. Na cozinha, autênticas mães lionesas dão o melhor de si para agradar uma clientela que saliva. O sucesso foi considerável e durável. Uma placa que não saía da porta indicava "Lotado". Era indispensável fazer reserva. Até que o negócio esfriou diante das investidas da *nouvelle cuisine*.

Ele voltou a esquentar em 2002, graças à inesperada parceria do grupo Alain Ducasse e dos proprietários de L'Ami Louis. O revestimento de madeira e as molduras com motivos florais, as luminárias de estilo acadêmico, as faianças metropolitanas retangulares com bordas chanfradas, decorando paredes e tetos nos dois andares, foram cuidadosamente restaurados. Um balcão de madeira revestido de zinco e estanho foi instalado, assim como uma antiga máquina de café a pistão, como em um verdadeiro "bouchon" em Lyon. A preocupação em preservar a autenticidade, também aplicada à cozinha, norteou os promotores desta verdadeira salvação.

O tablier de sapeur, a quenelle, a famosa quenelle cuja memorável receita de Lucien Tendret é lembrada por Mathieu Varille em *La Cuisine lyonnaise* de 1928, atendem aos princípios segundo os quais "a cozinha lionesa é de sabor nobre, sem qualquer tipo de exagero; nela não se encontram nem o excesso provençal, nem a insipidez das regiões montanhosas". Consegue-se tornar a cozinha lionesa mais acessível, intenção declarada de Alain Ducasse, quando o sabodet, escaldado em um caldo, cortado em fatias finas, é acompanhado de uma brunoise de batata aromatizada com um molho gribiche leve; o mesmo vale para a galinha caipira, primeiro assada, depois deglaçada com vinagre e servida com seu suco de cozimento. A origem lionesa do fricassê de frango ao vinagre não oferece qualquer dúvida: "o humor das mães e dos proprietários raramente era meloso", escrevia Mathieu Varille.

Alguns acharam essas receitas ultrapassadas, ou ingênuas, para nossos gourmets apressados. Hoje é preciso cozinhar de maneira leve, não afastar a presença feminina, atrair executivos, encontrar um segmento de clientela de bairro. "Todas as manhãs, eu faço compras e mudo o cardápio do bistrô de acordo com o que encontro", garante Francis Fauvel, o jovem chef do Aux Lyonnais, formado dentro da equipe de Alain Ducasse. A que se deve a renascente moda dos bistrôs? Em primeiro lugar, a sua sobrevivência, embora precária, aos *fast-foods* e às brasseries abandonadas. Também ao fato de que nos bistrôs o cozinheiro nunca impõe sua lei nem sua ética: segue a preferência da clientela. Aux Lyonnais, a adega selecionada por Gérard Margeon, baseia-se nestes princípios: um cerdon efervescente para os tira-gostos, algumas consistentes indicações do eixo vertical Bourgogne, Lyonnais, vale do Ródano, e a série de vinhos populares, coteaux-du-lyonnais, vinhos regionais... pelos quais os lioneses têm tanta estima que deixam bem pouco para os outros.

A boemia criativa do bairro da Bastilha a Nation

O eixo Bastilha-Nation – a Paris dos bistrôs – está abarrotado de lembranças ainda visíveis: dificilmente visíveis, é verdade, se você não estiver na companhia de um historiador que lhe aponte o pátio onde Robespierre experimentou... tão curta existência. Por isso, não se surpreenda se lhe disserem que grande parte da nova vida de cafés e pequenos restaurantes de Paris tem como palco, entre outros, a região da Bastilha, Richard-Lenoir, La Roquette Charonne, a Rue de Lappe, a Rue Montreuil com os ateliês nos pátios que lembram o caso Réveillon de 26 de abril de 1789 – uma revolta reprimida pela tropa que deixou duzentos mortos dois meses antes da queda da Bastilha. Sob os paralelepípedos, a história está longe de acabar nesses bairros do 11º e do 12º arrondissements.

Visite os cafés, como o Le Baron rouge, no Marché d'Aligre, ou o La Liberté, perto da estação Faidherbe-Chaligny. Paris fervilha, e dança sempre ao som de "La Carmagnole". Em 2013, Bruno Verjus abriu no bairro um singular restaurante sobriamente chamado La Table. A Rue Paul-Bert, que se tornou bistroneira, testemunha um retorno às origens com o Bistrot Paul Bert e seu anexo, no número 13, com o Le Temps au

Temps, com o Le Chardenoux, retomado recentemente por Cyril Lignac, e também com o L'écailler du Bistrot, onde Gwenaëlle Cadoret oferece a produção familiar de ostras excepcionais a preços competitivos, apesar da escassez que atinge a ostreicultura há vários anos. O 12º é um arrondissement ferroviário, com a admirável Gare de Lyon e seu restaurante histórico, o Le Train Bleu, que vê despontar a Coulée Verte René-Dumont nos rastros da antiga estrada de ferro da Gare de la Bastille e também, nos arredores, nos vestígios da linha férrea Petite Ceinture.

Bistrôs e bubos

No Bistrot Paul Bert, charmoso, reservado, estilo antigo, há muito conforto, tanto no balcão quanto na sala. Bertrand Auboyneau ancorou nesse espaço em 1998, com a discrição de um homem do mar aposentado. Os pratos são simples, renovados, cozinha de escala, por assim dizer, para acompanhar uma extraordinária carta de vinhos. Entradas abundantes, como, por exemplo, o fígado de lota ao sal de Guérande, os ovos pochés à la vigneronne ou a salada de caranguejola fresca e ainda os lingueirões. Os pratos do dia não são menos apetitosos: maminha de vitela, cabeça de vitela assada inteira, parmentier de boudin e batata, entrecôte e costela acompanhados de fritas da casa, entre os melhores da capital. No outono, a lebre à la royale tem presença no cardápio; felizmente, adaptada a uma versão burguesa. Em poucos anos, este bistrô chique tornou-se a capitania do porto onde atracam – por assim dizer – os apreciadores dos vinhos naturais que têm como lema: "Se é vinho, é natural, se não é natural, não é vinho".

O cardápio também foi por muito tempo a atração do Marsangy, na Avenue Parmentier, onde Francis Bonfilou, o chef, sozinho na cozinha, fazia no ponto de preferência do cliente uma costela de porco com vagem, como aprendera com Joël Robuchon.

No Chateaubriand, mudança de cenário. Ou melhor, ausência total de cenário, em um espaço anos 1930, despojado, que poderia servir de fundo para uma cena de *A travessia de Paris*. Um grande balcão possibilita que se beba algo antes de passar à mesa, pois as reservas são teóricas a tal ponto o movimento é intenso. É um dos restaurantes mais concorridos da Bubolândia com qualidades – uma cozinha minimalista às vezes inspirada – e problemas – serviço muitas vezes impreciso e distante. Sem cardápio, o enigmático menu diário, em uma folha A4, é distribuído por formalidade (fígado de bacalhau/rabanete, bacalhau meio salgado, verduras e água de pepino, depois sobremesa de banana esmagada). Sabe-se lá por quê, este estabelecimento figura entre os "cinquenta melhores restaurantes do mundo", segundo classificação da revista britânica *Restaurant Magazine*. Talvez porque seja possível saborear regularmente deliciosas aves da Dordonha e uma excelente seleção de vinhos naturais dos quais o chef, Inaki Aizpitarte, é um ardoroso defensor.

A poucos passos, Le Dauphin, porta-joias de mármore branco agenciado por Rem Koolhaas, é o anexo do Chateaubriand versão tira-gosto, além disso com excelentes preços. No entanto o mármore – onipresente nas paredes e no teto – não traz nenhuma melhora acústica.

O que é um vinho natural? O princípio básico é que nada (herbicidas, fertilizantes químicos) deve interferir na vinha, do repouso vegetativo à brotação, da floração à maturação que antecede a vindima. O mesmo para a vinificação. Logo, nada de correção para uma vindima que apresenta falta de maturidade. Nada de chaptalização técnica, de adição de açúcar. Nenhuma concentração por aquecimento, nenhum congelamento nem osmose reversa. Nada de correção da acidez, logo, nada de colagem nem de filtragem.

Vindimador quase religionário, o novo viticultor, sósia libertário do Sexta-Feira, o companheiro de Crusoé, está se voltando para uma infância da vinha, onde supostamente a natureza completa tudo, e onde tudo se completa na natureza. Ele luta contra os inimigos por meio da resistência não violenta que emprega projetando no vinho suas fantasias, seus desejos, suas memórias, a sombra do que imagina ser a Idade de Ouro. Pode-se vê-lo regularmente com algum guru, organizando degustações e propagando a boa palavra nos restaurantes e nos bares de vinho dos amigos, a fim de convencer uma nova geração de apreciadores cujos sentidos, como os dos bordelenses do Quartier des Chartrons, não sirvam somente, como escrevia com sua ironia glacial François Mauriac, para reconhecer o ano de safra das sete garrafas de uma degustação "vertical" de Margaux. Esses novos viticultores sonham em dar ouvidos à natureza, e que de seu respeito nasça um vinho que supere todos os outros. Para eles, cada vindima é o fruto maduro da colheita de uma vida.

O declínio dos bougnats

Tornou-se artigo raro o bistrô básico, cor de bistre, com seu balcão de estanho, brilhante e curvado, atrás do qual o proprietário bigodudo serve os aperitivos multicoloridos Suze,

Cinzano, Martini, Amer Picon etc. O patrão arverno parece o tigre do zoológico de Vincennes. Tem o olho pregado na linha azul dos picos do Cantal. Ele não fala, resmunga; ou fica, com a tesoura, separando a vagem. Isso acabou cansando, ainda que a proprietária fosse amável e comentasse os acontecimentos folheando o *L'Auvergnat de Paris*. Mas, como por todos os cantos, os chineses enérgicos estão comprando, impávidos, as ferramentas desses desfavorecidos e pouco amáveis vendedores de tabaco, de loteria, desses donos de botecos gordurosos. Então eles, os mal-amados, os verdadeiros "bougnats"*, na primeira linha de fogo durante trinta ou mais anos, voltam para o interior, para os lados de Saint-Chely-d'Apcher ou para além da Croix des Trois-Évêques, a Cruz dos Três Bispos, situada na fronteira de três departamentos (Lozère, Aveyron e Cantal) e de três regiões (Languedoc-Roussillon, Midi-Pirineus e Auvérnia).

Restaram alguns bistrôs no 11º arrondissement que ainda não se tornaram "bares de vinho". O bistrô com mesas de mármore, com uma única garçonete que os habitués chamam pelo nome; o verdadeiro bistrô tem apenas dois ou três pratos que mudam todos os dias, e um vinho comum, a garrafa do proprietário. O telefone preto com grandes botões continua no armário de produtos de limpeza. Os azulejos do balcão estão aqui e ali cobertos de serragem, o que é proibido pela vigilância sanitária. É o bistrô anônimo onde o proprietário estende a mão sobre o balcão com um ar preocupado, e lhe oferece um bom dia e um cálice do vinho da amizade no final do ano. E também o bistrô com presuntos e linguiças pendurados no teto, com mesas de metal para marcar o terraço e algumas plantas para lembrar a natureza.

---

* Bougnat: comerciante de carvão que muitas vezes tinha um café. Os bougnats eram geralmente de origem auvérnia. (N.T.)

Quanto mais afastado, menor, mais desconhecido, mais o referido bistrô tem todas as chances de se tornar parisiense, célebre, caro para a clientela norte-americana – aliás, sempre recebida com indiferença. Logo chegam mais e mais clientes, os preços sobem, os habitués vão embora; sai de cena o cãozinho da tagarela com uma mancha preta no olho. A proprietária contrata uma cozinheira, depois um cozinheiro. As paredes são pintadas, é modernizado o espaço, que se torna um restaurante; o proprietário veste um casaco comprado na Métro. O estabelecimento fica cheio, a cozinha passa a ser barroca, os pratos são preparados com antecedência, o arroz é pré-cozido, a boa batata frita parisiense não é mais servida: "Você precisa entender, não temos tempo de descascar as batatas". Então é hora de fugir. Outros bistrôs o esperam na cidade.

Desde 2010 o Leste parisiense vê desabrochar novos estabelecimentos que se afastam da bistronomia que o *fooding* havia incentivado, com as "adegas para se comer" e outros lugares incomuns ou efêmeros. Era preciso ir mais longe, sempre mais longe, romper com o modelo: o neobistrô tinha ficado para trás. Os programas de televisão, cuja culinária servia de pretexto para uma competição feroz – objetivo da transmissão –, incentivavam os finalistas a imaginar, para o futuro, espaços profissionais originais: restaurantes efêmeros ("restaurantes pop-up"), *street food*, caminhões-restaurantes (*food trucks*) ou espaços brutos (concreto, tijolos, tubulações expostas) como no bairro de Williamsburg no Brooklyn, Nova York, paraíso do movimento hipster. O Bones, na Rue Godefroy-Cavaignac, é atualmente o protótipo desse movimento, que se espalha entre a Rue Oberkampf e o canal Saint-Martin.

Ao mesmo tempo, de fato, o fenômeno hipster vai crescendo. A palavra, que pode ser traduzida como "moderninho", tinha aparecido com o bebop nos anos 1940 e designava na época a geração que se inspirava no estilo de vida e na maneira de se vestir dos músicos de jazz. Somava-se a isso o uso de gírias e de substâncias mais ou menos lícitas consideradas "cool", ou seja, ostentar comportamento livre e o culto da diferença.

Aqueles que empregam de novo a palavra como um slogan desconhecem provavelmente essa origem do movimento hipster, contemporâneo dos zazous, outros amantes de jazz dos anos de guerra. O estilo hipster, descrito por alguns como um "sócio-tipo guarda-tudo", uma espécie de anticonformismo retrô-chique, também deveria ser passageiro, pois já se anuncia sua morte iminente, na medida em que uma moda caça a anterior.

Entre os jovens cozinheiros modernos e seus círculos, este fenômeno adquiriu uma forma peculiar. Eles normalmente têm tatuagens e usam todos o mesmo uniforme. Passam gel nos cabelos, penteados para trás, e sua pilosidade facial vai da barba de três dias à que mais parece um matagal. Vestem camisas xadrez, calças com a bainha dobrada e sapatos chiques vintage. O par de meias combina com o boné ou com a bolsa, facultativa. A maioria usa óculos aro tartaruga. O hipster deve ser intelectual, ter lido Nietzsche, ouvir David Bowie e apresentar uma arrogância natural. Alguns são vegetarianos; gostam de couve-de-bruxelas, da couve-de-folhas, cujo cultivo abandonado na Europa ressurgiu nos Estados Unidos. O *must* para eles são os "tacos com couve", harmonizados com uma cerveja da casa. Suas proezas causam furor no Facebook. Esse dandismo mais ou menos decadente é de importação da América do Norte, mais especificamente de Nova York e de Montreal, onde também ressurgiu.

Um desvio pela "gastronomia bistroneira"

A figura emblemática da jovem cozinha do 11º arrondissement, que pretende existir por si só, é sem dúvida o barbudo Bertrand Grébaut, talentoso chef do Septime, na Rue de Charonne, que aprendeu muito com Alain Passard, o grande chef de legumes do 7º arrondissement. Preços módicos na hora do almoço e uma série de minipratos com uma criatividade a toda prova durante a noite: essa é a receita de sucesso desse estabelecimento, cujas reservas precisam ser feitas com três semanas de antecedência. Os hipsters às vezes resmungam quando desconfiam que Beyoncé e Jay-Z foram favorecidos para arrumar uma mesa! O *Michelin* 2014, sem muita prudência, deu uma estrela para o estabelecimento.

A curiosidade de Bertrand Grébaut o levou a descobrir não só legumes e condimentos raros ou pouco conhecidos, como também produtos impecáveis, sobretudo aves excepcionais, e a construir uma perspicaz carta de vinhos naturais. O Septime ganhou recentemente um anexo marítimo, o Clamato (nome de uma bebida norte-americana à base de suco de tomate, caldo de amêijoa e especiarias), voltado aos frutos do mar. No Servan, na Rue Saint-Maur, a companheira de Bertrand Grébaut serve um pombo antológico, em crapaudine – isto é, preso com espetinho de metal –, e belos vinhos em voga.

Outro estabelecimento típico desse novo ramo de restaurante, o Le Yard, na Rue de Mont-Louis, criado por Jane Drotter, apresenta preços módicos e uma cozinha estilo bem Nova Inglaterra do chef australiano Shaun Kelly.

No Chez Z'Aline, no Quartier Voltaire, o antigo abatedouro de cavalos foi transformado em tenda gourmet, na qual

Delphine sugere semanalmente no almoço, para comer no local ou levar, sanduíches incomuns, salada de polvo, tortilha, bonito ao molho escabeche, terrine da casa – pescoço de carneiro – e ainda algumas boas sobremesas de vovó.

Patrice Gelbart se estabeleceu há dois anos no Youpi et Voilà, nos arredores de Belleville, em uma decoração rústica, com uma grande *table d'hôtes*, na qual aos sábados pode-se saborear um famoso frango inteiro, assado, com batatas fritas. O nome do estabelecimento também se aplica a essa cozinha pessoal, deslocada e bastante alegre.

Flora Mikula abandonou os belos bairros para se instalar, entre a Bastilha e Popincourt, em um albergue (bar, restaurante, hotel) dedicado a seus laços provençais. Aberto diariamente, o Auberge Flora atende de manhã até a noite. Os caracóis, o tutano com chouriço e favas, as lulas com suco de bouillabaisse, as caillettes provençais têm o sotaque do Midi, onde ela deu os primeiros passos junto a Christian Étienne, natural de Avignon.

Michel Bosshard, vulgo Bobosse, é provavelmente o personagem mais pitoresco do 12º arrondissement. Teatral, falante, e por vezes até sarcástico quando propõe um brinde à amizade "oferecido pelos cartões de crédito", que ele não aceita em seu estabelecimento estilo pousada, chamado Le Quincy. Trata-se de um verdadeiro conservatório da gastronomia bistroneira, contanto que essas duas palavras possam coexistir. Couve recheada de maneira excepcional, pitus, galinha ao vinho amarelo, em suma, todo o repertório lionês desfila no cardápio, que oferece ainda um fantástico foie gras, uma salada de focinho, é claro, e uma terrine acompanhada de uma couve temperada com alho, queijos de leite cru, além de uma dezena de sobremesas, apresentadas por obrigação. Um dos pratos emblemáticos do estabelecimento é a caillette, que quase não se encontra fora do vale do Ródano.

O corredor rodaniano na altura de Valence é uma unidade geográfica de transição entre as terras frias, ao norte, e a região das Baronnies, anunciadoras da Provence. Como os habitantes dessa planície conseguiram escapar da influência da prestigiada cozinha lionesa e por que a fascinante mesa provençal teve apenas uma influência reduzida? Seria pela proximidade do departamento de Ardèche e seus sabores rústicos, pela do Delfinado e seus produtos tão típicos? A caillette de Aubenas, no Ardèche, fez escola em Chabeuil, no Drôme. Trata-se de um hachis de fígado de porco, acelga, espinafre e ervas selvagens, envolto por um redenho. Nem a carne nem a verdura devem impor seu sabor, do contrário uma estraga a outra, como se diz em patoá do Ardèche.

Próxima à Porte Dorée, a Avenue Daumesnil por muito tempo abrigou dois restaurantes gourmands, hoje extintos. O de Jean-Pierre Morot-Gaudry, em seguida transferido para o pé da Torre Eiffel, e o de Henri Seguin, que fez a maior parte de sua carreira – brilhante – no Pressoir, atualmente transformado em brasserie. Ambos foram presenças constantes nos cursos de aperfeiçoamento de André Guillot, uma figura histórica da culinária desde os anos 1950.

Formado por um aluno de Escoffier, Guillot foi inicialmente o cozinheiro do extravagante escritor surrealista Raymond Roussel, antes de instalar no Auberge du Vieux Marly. O que restou de suas proezas? A memória de uma técnica brilhante e, sobretudo, o vestígio de uma sensibilidade extrema na expressão dos sabores que ele soube transmitir, nos anos 1970, aos jovens cozinheiros como Marc Meneau, Jean-Pierre Morot-Gaudry e Henri Seguin. No caso desse último, seu ensinamento será por muito tempo fecundo. Trinta anos depois, Henri Seguin continuava nos anos 1990 balançando as tradições mais bem estabelecidas com um prato de frutos do mar tépidos, brilhante, assim como com uma simples salada misturada com os sabores comuns de uma orelha de porco confitada. E, em uma moleja de vitela com nozes e toucinho ou em um escalope de foie gras quente com uvas, o espírito do velho mestre sobrevivia. E sem dúvida também no molho miroir de uma famosa lebre à la royale, à base de uma redução de carne de caça e de um tinto generoso, ligados com sangue.

Aos cozinheiros também se aplicam as palavras de Eugène Viollet-le-Duc: continuam o que outros começaram antes deles e começam o que outros terminarão depois.

Na Rue Taine, na esquina da Place Daumesnil, Le Trou Gascon viu a chegada, em 1973, do jovem Alain Dutournier, então com 24 anos, que encantava Paris com seu sotaque do Sudoeste, sua inclinação por bacalhau com alho doce e sua fabulosa coleção de armanhaques. Sem abandonar seu caráter acolhedor, sua decoração anos 1900, Le Trou Gascon sorrateiramente tomou um novo rumo nos últimos tempos, dirigido pela esposa de Alain Dutournier e depois pelo chef Claude Tessier, presente desde o começo.

Tons de cinza e bege, cores até então não muito familiares na cozinha de Alain Dutournier, mesas bem espaçadas e um serviço diligente trouxeram um toque de modernidade ao velho estabelecimento. A cozinha se libertou de toda rotina com pimentões de piquillo e berinjela, enrolados de ceviche de atum cru, ou então uma gônada de ouriço e ovos pochés acompanhando os aspargos verdes da Gasconha. Os clássicos, o confit da casa, o cassoulet com feijão de Tarbes, ainda fazem parte da festa, bem como o cordeiro de leite dos Pirineus de carne branca, assado com osso como um michuim, que faz maravilhas com algumas batatas amassadas nas cebolinhas. A adega é mais do que distinta, com mil referências, o que não poderia ser de outra forma por ali. E há sempre uma luxuosa carta de armanhaques.

Uma discussão surda divide os moradores do departamento de Aude e os da Alta Garona a respeito da origem do cassoulet: Carcassonne e Castelnaudary de um lado, Toulouse do outro, Languedoc-Roussillon contra Midi-Pirineus. Havia o risco da nova divisão territorial, defendendo a fusão dessas duas regiões, aumentar as tensões? Os historiadores, confiando em seus arquivos, dizem que Castelnaudary foi a primeira a ter sucesso neste prodigioso cassoulet, porque os romanos já saboreavam um ragu de cordeiro com favas do lado de Narbonne. Naturalmente, acrescentam alguns doutos, mas os feijões são plantas da América e só foram conhecidos nas terras occitanas no século XVI. As três cidades que reivindicam o título de pátria do cassoulet estão de acordo em relação ao porco, é claro: lombo, jarrete, salsichão. Em Castelnaudary, adicionam confit de ganso; em Carcassonne, pode-se usar perna de carneiro e perdiz; e em Toulouse, confit de pato, toucinho de barriga, salame da região, pescoço e peito de carneiro. Em todos os casos, o feijão deve ser branco, ter um grão longo, carnudo, fresco, macio e uma casca fina, caso contrário não poderia absorver o aroma dos outros componentes. Por todos os lados o assunto é levado a sério: Prosper Montagné, indo em uma terça ao sapateiro de Castelnaudary, deu de cara com a porta fechada e um aviso: "Fechado para o cassoulet". Toulouse é a cidade em que o cassoulet impera na mitologia da boca do povo. Prova é que para cozinhá-lo são utilizadas as mesmas cassoles (recipientes de barro que deram seu nome ao prato) de outros lugares. Quem falou em discussão? A lenda do cassoulet simplesmente voou, como a vitória, de campanário em campanário occitano. E a aproximação do Aude e da Alta Garona dentro de uma única entidade regional (Languedoc-Roussillon-Midi-Pirineus) deveria acalmar os ânimos e encerrar definitivamente a discussão do cassoulet.

Memória na boca,
de Montparnasse a Butte-aux-Cailles

No século XIX, Montparnasse é um bairro sem forma, perto da barreira alfandegária de Denfert-Rochereau, com os clássicos cabarés e *guinguettes* do Antigo Regime. Em seguida, por volta de 1910, Montparnasse passa por um boom, substituindo Montmartre, subitamente démodé. Torna-se o refúgio de pintores, ilustradores, escultores que montam acampamento e estabelecem ali um campo de defesa durante a Grande Guerra, e depois, ainda, até a crise de 1929 e mesmo até o êxodo de 1940.

Por volta de 1880, uma sociedade de pintores boêmios se reunia duas vezes por ano em um traiteur da Rue Saint-Jacques, por ocasião de um banquete chamado "Jantar do alho-poró hierático". Pintores, escritores, mundanos e levianas invadiam os cafés, as brasseries, os bares noturnos bem como as casas de tolerância, surpreendentes e suntuosas, que dão show todas as noites, como o Le Sphinx. "Toda itinerância em Paris representa um destino, bem-sucedido ou enganado", reflete Simone de Beauvoir diante de um cassoulet, na Avenue du Maine. Nos restaurantes miseráveis, o labirinto dos mortos de fome, entre os estabelecimentos de caldo e as leiterias tão bem descritos por Jean Rhys, Berberova, Anaïs Nin e, claro, Hemingway, que ainda assim declara: "Se você teve a sorte de ter morado em Paris na juventude, então por onde for, pelo resto de sua vida, isso ficará gravado em você, porque Paris é uma festa ambulante" (*Carta a um amigo*, 1950). Montparnasse ainda vive de sua fama; algumas brasseries se destacam, La Rotonde, Le Dôme, La Closerie des Lilas. É preciso buscar nas redondezas os restaurantes escondidos, na Place Brancusi, na Rue du Château, na Rue des Plantes...

Montparnasse é uma "festa ambulante"

Montparnasse vivia a mistura de gêneros com o La Closerie des Lilas ou mais ainda com a luxuosa Coupole (1927), testemunhas de uma vida democrática de mesa e de espaço para convívio que teria agradado Tocqueville, que escreveu no século anterior: "Aqui em Paris as pessoas experimentam prazer ao lado de qualquer um, ao contrário da Inglaterra, em que cada um dorme de um lado da cama". A princesa russa ao lado de pintores pés-rapados mas famosos, Pascin, o belo italiano Modigliani, o charmoso eslavo Chagall, o trágico Soutine. Os pintores boêmios necessitados olham com inveja o incrível Picasso, que já fez fortuna com o célebre *As senhoritas de Avignon* e conversa com Apollinaire, o rei da festa e poeta brilhante. Trabalhadoras, mulheres da alta sociedade, primeiras intelectuais ou escritoras anglo-saxãs esbarram com as levianas, mulheres "exibidas" como a famosa Kiki, dançarina apelidada de a Rainha de Montparnasse, ao mesmo tempo modelo, musa e amante de vários artistas. Todas essas pessoas convivem, se reúnem. Todas se divertem. A Europa, a de Paul Morand, se civilizou em Montparnasse: aberto de dia, "aberto de noite", como o título de um de seus romances.

Guillaume Apollinaire gostava de ir para o fogão na casa dos amigos. Cozinha de Nice, mais para o gênero boêmio italiano, pois seu pai era próximo da Cúria Romana e frequentava Mônaco. Não causa espanto que Léo Ferré, cria do Principado, tenha musicado "A canção do mal-amado". Apollinaire era um defensor do risoto e do daube. Marie Laurencin, a menina mulher, a fadinha assustada, começava o jantar por uma torta de morangos. É quase uma metáfora do casal, cuja discussão constante, no entanto, não estava relacionada a ter filhos! André Rouveyre, um amigo, dá o seguinte testemunho sobre o cozinheiro Guillaume: "Ele andava em volta dos pratos, indeciso como um gato". Apollinaire disse certa vez aos anfitriões: "Percebi que as pessoas que sabem comer nunca são tolas!". Até 1908, estará entre os convidados da lendária adega gastronômica do marchand Ambroise Vollard, onde Picasso e os amigos do Bateau-Lavoir iam saborear a famosa receita do anfitrião, nascido na ilha Reunião: o curry de frango. Em *O flâneur das duas margens*, Guillaume conta tudo isso: "Comida simples mas saborosa, refeições preparadas de acordo com os princípios da velha cozinha francesa, ainda em vigor nas colônias, pratos cozidos por muito tempo em fogo baixo e condimentados com temperos exóticos".

A Montparnasse de então é o espaço do jogo que está se constituindo. O eterno jogo do apetite, do desejo, do dinheiro e da corrupção. Foi uma sacada de mestre Ernest Hemingway ter revelado a mão em um curto relato autobiográfico publicado postumamente, em 1964, com o título *A Moveable Feast*, *Paris est une fête* na versão francesa. A culinária em Paris é a primeira forma vivida, indireta e sensitiva, que reflete a diversidade da cidade. Esta tem na época mais de um milhão de habitantes, e as glórias convivem com o sofrimento e a miséria em um ambiente degradado e decadente.

Mas afinal o que comiam aqueles que vinham de fora, estrangeiros, candidatos a celebridade de Montparnasse e que conviviam com uma população operária pobre, muito bem descrita por Charles-Louis Philippe e Marguerite Audoux? Vacas magras, mas com a diferença de que os pintores desconhecidos tinham a sorte de, se tivessem uma obra consistente, uma vez admirados, também serem rapidamente comprados. Os protagonistas habituais, marchands e colecionadores esclarecidos, esperavam como criadores de cavalos a estrela que não deixaria de despontar no rastro da trilha de ouro deixada por Picasso e os cubistas. Sobretudo depois de 1907 e da aparição de *As senhoritas de Avignon*. Algo nunca visto. Logo a fama os alcançaria, como Modigliani, Chirico, Soutine e tantos outros de Montparnasse. Os primeiros Matisse e Picasso voaram para Moscou tão logo terminaram de secar, arrebatados por colecionadores riquíssimos. Para constituir uma coleção de pinturas entre 1910 e 1929 tinha de pescar peixe grande, com apenas um punhado de francos-ouro, nos terraços dos cafés – Le Dôme (1905), La Rotonde (1911), Le Select (1923), La Coupole (1927).

A cozinha era a de todo o mundo, de origem camponesa e provincial, ou suburbana. Cozinha muitas vezes de traiteurs, de charcuteiros, de modestas leiterias, para levar, porque o bairro não oferecia conforto urbano. Quase não se cozinhava em casa. Trata-se de uma constante parisiense desde a Idade Média, à qual escapam a burguesia e os sobreviventes da nobreza, como o duque de Guermantes, que põe a mão na massa. A cozinha provincial, por mutação urbana, torna-se uma cozinha parisiense: "Pronto para consumir, consomê para esquentar em casa. Mais os WC no pátio ou o conforto das toaletes à turca, no final do corredor comunitário", confirma Hemingway. É primitivo, insuportável no verão, sinistro no inverno. Daí a fuga frenética, nos bons tempos da Terceira República, dos artistas ricos, como Gustave Caillebotte já, para fora de Paris, para o ar livre, para a beleza das margens do Sena, para uma alimentação com legumes e frutas do jardim.

Também estrangeiras, as cozinhas do samovar, oriundas das planícies da Ucrânia, das terras baixas da Varsóvia, da Cracóvia, de Kiev, o mingau de aveia e a kasha, a cevada descascada que alimenta os indigentes, e as leiterias *ad hoc*, os pequenos restaurantes de pintores, na Rua de la Grande-Chaumière, o Baty, o Wadja. Na Rue Bréa, Dominique, inaugurado nos anos 1920, rivaliza com Kornilov, o mais famoso restaurante russo de Paris. Zakuski – blinis com caviar –, culibiak de salmão e costeletas com molho pojarski atraem para o local, quando eles têm um copeque no bolso, todos os desertores da Curlândia e do Báltico. Após a morte do fundador, em 1984, o negócio será aos poucos espoliado pela equipe. Guy Martin abriu recentemente no local um chiquérrimo restaurante italiano.

O pequeno teatro culinário dos Hemingway

Hemingway e sua esposa Hadley moravam na Rue Notre-Dame-des-Champs. O casal frequentava os cafés, almoçava neles ou então jantava na residência de Gertrude Stein, um casarão de grande porte na Rue de Fleurus. Contava-se que Gertrude tinha para a pintura um "faro oracular". Telas de Cézanne, Matisse, Picasso enfeitavam suas paredes. Scott Fitzgerald, que acabava de se casar com a excêntrica Zelda, encontrava-se com Hemingway no La Closerie des Lilas, onde o fez ler o manuscrito de seu primeiro grande romance, *O grande Gatsby*. Desde 1847, La Closerie des Lilas atraía uma clientela literária reunida por Paul Fort e André Salmon: Francis Carco, Moréas, Charles Cros, Gide e Valéry, escritores do movimento simbolista. Depois Georges Braque apresentou o estabelecimento para os pintores, e por fim Lenin e Trotsky, dizem, trouxeram o tabuleiro de xadrez. Desde então, e sem interrupção, La Closerie des Lilas é um bar chique, uma brasserie respeitável e um restaurante acolhedor com terraço para o verde da avenida. Retomado pelo proprietário do Flore, o cardápio anuncia fritas na brasserie e batatas pont-neuf no restaurante. Nesse caso, acompanham o filé-mignon au poivre, batizado de "Hemingway", isto é, flambado com bourbon, preparado na gueridom por Jean-Jacques Caimant, o diretor em pessoa.

Hemingway e Fitzgerald cruzavam com Ezra Pound, um poeta erudito e paradoxal nos engajamentos políticos polêmicos, assim como com Marinetti, que também morava na Rue Notre-Dame-des-Champs no começo dos anos 1920, antes de vestir o uniforme marrom das coortes mussolinianas. *O livro de cozinha* de Alice Toklas, obra composta pela companheira de Gertrude Stein, alterna receitas e histórias dos costumes à mesa de uma casa que viu se constituir, em torno de Hemingway, o mais ilustre círculo norte-americano de Montparnasse, que reunia escritores e pintores. Uma mesa hospitaleira, ao que parece, e uma cozinha bem provida, cuja aparente monotonia era quebrada com a presença assídua e cotidiana nos cafés e nas brasseries do bairro. Os escritores escreviam no café; os pintores e escultores ocupavam – mais para oeste e em direção ao Théâtre de la Gaîté – apertados ateliês de artistas.

O sentido oculto de *Paris é uma festa* de Hemingway, que Gertrude Stein, no final da amizade entre eles, se queixava de abordar apenas o sexo viril e a morte, escondia esse extraordinário apetite de viver, logo de comer, que caracteriza essa época da Geração Perdida após a Grande Guerra. Daí a fantástica voracidade do papai Hemingway, que enchia a cara com o excelente vinho da Borgonha. Paris pode então se considerar uma verdadeira representação geográfica da libido ligada aos prazeres essenciais, aqueles refinados e comuns da errância erótica, inextinguíveis como a sucessão dos fluxos das marés e dos ciclos lunares, aqueles também essenciais da fome fisiológica e física.

Da espelunca aos salões do Ritz, a época de Hemingway era propícia para grandes desigualdades. Nosso século XXI parece sucumbir na anomia da crise profunda dos subúrbios desde os incidentes de verão em Minguettes e apesar do famoso *Navire Night* de Marguerie Duras. Acreditávamos, depois de 1968, na regeneração das zonas baldias urbanas, na demolição dos conjuntos habitacionais, na renovação dos mercados de pulga, nos velhos subúrbios, onde nascia a *nouvelle cuisine* e os novos chefs que cruzavam então os desertos periféricos. Infelizmente, onde "o deserto cresce: ai daquele que oculta desertos!", como dizia Nietzsche.

Um Plaisance multicolorido

Todos os fins de semana, na Porte de Vanves, ao longo de duas ruas próximas ao Boulevard Périphérique de Paris, forma-se uma extraordinária feira, algo entre mercado de pulgas e feira de antiguidades: lindas bonecas antigas, livros, discos de vinil. Alguns restaurantes chineses da redondeza provavelmente encontram clientes e deixam pressentir a poderosa Chinatown da Porte de Choisy. A Rue d'Alésia atravessa o Quartier de Plaisance, atrás de Montparnasse, com sua famosa igreja Notre-Dame-du--Travail, que tem o interior todo metálico. Por que "Plaisance"? Um certo Alexander Chauvelot, que comprou em 1840 um amplo terreno a fim de realizar uma operação especulativa, reivindica esse qualitativo marítimo.*

Até os anos 1960, o bairro foi um vasto jardim florido, entremeado de ruelas com casas díspares, que se comunicavam entre si por alamedas com nomes pitorescos. Esse foi o último esconderijo de Georges Brassens, na casa de Jeanne, a da música "La cane". Brassens viveu no 14º arrondissement até 1968, no beco Florimont, na residência de Jeanne Bonniec, uma bretã de grande coração. No Chez Walczak, Aux sportifs réunis, na Rue Brancion, os herdeiros do famoso boxeador Yanek Walczak – que lutou contra Sugar Ray Robinson – lhe fazem reverência, cultivando também a memória de Georges Brassens, que fizera desse lugar discreto sua cantina. Sua canção "Le Bistrot" imortalizou os encantos da proprietária: "Em um canto infeliz/ Da pobre Paris/ Perto de um calçadão/ Uma espécie de fada/ Fez de um nada/ uma mansão".** É possível entrar no estabelecimento por uma porta secreta, em noites preestabelecidas, como no passado provavelmente ocorria nos restaurantes clandestinos da Ocupação.

---

* Em francês, uma das acepções da palavra remete ao campo náutico. Assim, por metonímia, "la plaisance" significa "navigation de plaisance", isto é, navegação recreativa, com finalidade de divertimento. (N.T.)
** Dans un coin pourri/ Du pauvre Paris/ Sur une place/ Une espèce de fée/ D'un vieux bouge a fait/ Un palace. (N.E.)

Plaisance também foi o palco do famoso *Bubu de Montparnasse*, título de um célebre romance pré-guerra de Charles-Louis Philippe. No livro o autor descreve com precisão naturalista a vida operária desse bairro, cuja única graça que permaneceu intacta, há cinquenta anos ainda, foi a da mescla dos prazeres da cidade e do campo, lilases floridos e cerejeiras extraordinárias bem próximos da linha ferroviária Montparnasse-Bretanha. Maltratado pela urbanização dos anos 1960, o Quartier de Plaisance só pôde ser salvo, como a Butte-aux--Cailles, pela *vox populi*. Diversos restaurantes cuja reputação não cruzava o bairro experimentaram nos anos 1960 um sucesso passageiro. São raros os que sobreviveram a seu criador. Outros, como Le Duc, Le Dôme ou La Régalade, continuam parecendo verdadeiras instituições, embora o último tenha trocado de mãos.

O caso do L'Assiette, Chez Lulu, na Rue du Château, criado por Lucette Rousseau no início dos anos 1980, continua singular. A fama imediata desse restaurante se devia aos clientes, recrutados entre os íntimos de François Mitterrand, que frequentava esse bairro fora do centro. Talvez nem todos fossem gourmets, mas iam essencialmente ao restaurante da Lulu pela qualidade de um trabalho artesanal aplicado à seleção dos melhores produtos: "Respeito pelo produto, respeito, respeito!", dizia ela, contente. E sobretudo nada – ou bem pouco – era servido no local, tudo era preparado e embrulhado para levar. O subchef cuidava dos pratos frios; ela preparava com brilhantismo todos os pratos quentes. Estava aí o segredo da qualidade excepcional de seu peito defumado da casa, cortado na hora, de um fricassê de cantarelas de Sologne salteadas em fogo alto, de um fenomenal badejo frito, um petit salé de pato escaldado à la poitevina. Elevada ao firmamento pela esquerda cassoulet, Lulu experimentou em seguida as vicissitudes da rotina, depois a desafeição da nata parisiense mitterrandiana. Também se podia ver Lulu no Canal Plus: pimenta de Espelette e boina basca enterrada na cabeça para elogiar os pratos de sua região. Lulu era incansável. Às vezes vociferava contra os clientes. No começo do inverno, seu maior prazer era juntar os últimos cogumelos porcini e as primeiras trufas do ano. Tudo isso tinha um preço: "Tem gente que fala que eu vendo caro e isso me aborrece, porque não conseguem perceber a diferença, ponto final".

Desde 2008, um jovem cozinheiro promissor, David Rathgeber, natural de Clermont-Ferrand e, embora com patronímico de origem alsaciana, auvérnio legítimo, sucede Lulu. Trabalhador obstinado, entusiasmado, David gosta do contato com os clientes, e sua trajetória é exemplar, da cozinha de Philippe Groult (Amphyclès) até a de Alain Ducasse, onde durante doze anos ocupou todos os cargos da brigada de cozinha no Plaza Athénée, no Lyonnais, depois no Benoît. Sonhava em ter o próprio negócio: "Eu quero fazer o que amo, retomar algumas receitas de casa, adaptá-las". Seus primeiros cardápios eram presságio de um sucesso que não tardou a vir: uma terrine de porco de extremo bom gosto, escargots em caquelon finamente cozidos, uma quenelle ao molho Nantua, tipo suflê, leve, uma delicada barriga de atum com espinafre. E, em breve, alguns produtos que marcarão época, o arenque defumado da casa, as codornizes gordinhas do Sudeste francês, a carne vermelha sedosa e tenra, a cabeça de vitela ao molho tartaruga, no ano seguinte. A cozinha onde Lulu afrontava os clientes está agora aberta para a sala de jantar. A maioria dos pratos, com exceção do cassoulet, é entregue depressa, inclusive o frango de domingo.

As sobremesas trazem tantas lembranças de infância: caramelo com manteiga salgada e ovos nevados. O futuro dessa casa parece estar solidamente assegurado.

Do outro lado da Avenue du Général-Leclerc, na pequena Place Michel-Audiard, dois estabelecimentos que ficam lado a lado, meio bistrô, meio bar de vinho, parecem sair de um cenário de *Testamento de um gângster*: o L'Ordonnance, de Patrick Liévin, e o Les Souriles de Dante. Comida caseira com um maravilhoso sabodet no pot-au-feu no primeiro; pratos franceses e italianos de Francis Huguet no segundo. Ambos os estabelecimentos são adeptos dos vinhos naturais.

La Cagouille

Verdadeira instituição, há 25 anos as pessoas vêm e vão pela Place Brancusi para se deliciar com o sabor inigualável dos berbigões com manteiga salgada servidos por dever de ofício, com a carne nacarada de um badejo simplesmente frito ou com uma caldeirada, pois o letreiro – La Cagouille – remete a Charente.* Charentense, Gérard Allemandou o é pelo amor às paisagens e ao conhaque, já que nasceu em Versalhes. No entanto, seus laços regionais em La Tremblade, modesta estação balneária às margens do rio Seudre, são reais. Pouco depois de Maio de 68, quando abandona a faculdade de comércio onde era colega de Jean-Pierre Raffarin e Michel Barnier, o caminho do rapaz parece trilhado. Ele faz um estágio em publicidade, depois monta o próprio negócio, que logo vende por se aborrecer com a rotina. Gourmand, curioso a respeito de tudo, se associa com um belga

---

* Cagouille: regionalismo (Charente) para escargot. (N.T.)

em um modesto negócio no ramo de restaurantes. Então, em 1978, decide se estabelecer em um bistrô na Rue Daguerre, que tinha uma cozinha do tamanho de um closet.

Nenhum chef responde aos critérios estabelecidos por esse homem de comunicação. Na época, Paris não conta com muito mais do que dois restaurantes de frutos do mar: La Marée de Marcel Trompier, e Le Duc dos irmãos Minchelli, os iniciadores do peixe cru em Paris. Gérard Allemandou segue os passos destes para fazer, se possível, tão bom e ainda mais simples. Ele vai ao extremo de seu projeto e ataca de cozinheiro. O *Michelin* lhe confere uma estrela. Ele cozinhará de maneira simples por necessidade, também por fidelidade à cozinha familiar. Nada que não seja a própria evidência, o bom senso: é a enguia grelhada ou na caldeirada, os mexilhões na palha de pinheiro ou bem quentes, as sibas simplesmente refogadas, as sépias em sua tinta. É a cozinha paleolítica segundo Delteil! É possível fazer a maioria das receitas em casa, contanto que se tenham bons peixes. O famoso badejo inteiro deve ser cozido em uma frigideira oval por três minutos de cada lado. Em seguida deixe repousar por cinco minutos e leve ao forno em fogo médio por mais alguns minutos.

Com simplicidade e um pouco de fatalismo, Gérard Allemandou nos mostra a chave para o seu paraíso. Os peixes são "arrematados no Mercado Internacional de Rungis", onde trabalha um antigo funcionário do La Cagouille, que se tornou fornecedor de peixe fresco e faz a seleção. E a criação de peixes? Para ele, é inevitável, "se quisermos preservar o relevo marinho e administrar a reprodução das espécies". Abordagem idêntica em relação à escolha dos vinhos, dos conhaques, feita diretamente com os produtores. A sabedoria em pessoa. O dono do La Cagouille, sempre lembrando Netuno, sorridente, com a barba bem-feita e a camisa xadrez, talvez nunca tenha sido o contestador que seu estabelecimento na Place Brancusi em 1987, sua cultura alimentar e sua clientela por muito tempo fizeram supor.

Gérard Allemandou apresentou aos parisienses a caldeirada fourassienne, que somente os leitores de Georges Simenon conheciam. Quando foi para La Rochelle em 1927, o escritor sabia que na cidade de Fouras, no departamento de Charente-Maritime, os pescadores da Pointe de la Fumée se regalavam com uma sopa de peixe das mais saborosas: "– O senhor conhece a caldeirada fourassienne?". Maigret responde "– Uma sopa de enguias, linguados, sépias..."

François Mitterrand era outro que adorava a cozinha de Charente e cultivava o mistério. A ponto de acolher secretamente no Palais de l'Élysée, por dois anos de seu segundo mandato, uma cozinheira, Danièle Delpeuch, a quem pediu – em um 10 de maio, data de aniversário de sua eleição – para preparar a caldeirada "do mesmo modo que sua avó fazia". Aos sábados, na hora do almoço, frequentava assiduamente com alguns amigos íntimos o La Cagouille, um dos únicos restaurantes parisienses que contam – ainda hoje – com a caldeirada no cardápio. Esse nome, derivado de "caldeirão", por metonímia usual em culinária, tornou-se "caldeirada", o conteúdo primando sobre o continente – semelhante ao caso do *clam chowder* de Boston.

Entre os pescadores de Aunis, era uma sopa de peixes pequenos demais para serem vendidos. Cada família tinha sua própria receita, que antigamente consistia em escaldar linguado, enguia, pequenas arraias, sépias em um roux dourado (farinha e manteiga derretida), "apagado, conta o arquivista Maurice Beguin, por um molhamento de vinho branco e um copinho de champanhe fina". O alho e a salsa, até uma cebola e um bouquet garni podiam aromatizar o caldo. "É uma heresia!", protesta Michel Dupas, correspondente local, que defende a observância estrita da receita fourassienne, a de sua mãe, claro está, que a aprendeu com os pais: "O tomilho acaba com a composição [...] Quanto às cebolas [...] encontrávamos essa caldeirada durante a guerra, enlatada. Imprestável!" A receita do La Cagouille de Paris segue a linha daquela do restaurante La Fumée, em Fouras-les-Bains. Reduza em fogo baixo uma mistura de vinho branco e água com uma cabeça de alho roxo e anéis de lulas previamente salteados na manteiga, mas sem dourar. O tempo de redução – não menos de duas horas – depende da acidez do vinho. Adicione batatas em rodelas grossas, a arraia, a dourada, ou a então a tainha, no caldo reduzido para escaldar por cerca de trinta minutos, depois o restante da manteiga. Estaria aí uma "miscelânea de peixes pequenos" como a evocada por Georges Musset, erudito local do final do século XIX? Com certeza não, mas é muito saboroso!

Da Place d'Enfer ao Mont Souris

Ainda no Quartier de Plaisance, no Sévero, Rue des Plantes, nada de surpresas desagradáveis, já que o proprietário – William Bernet – é um ex-açougueiro que compra suas carnes no estabelecimento de Hugo Desnoyer, um dos maiores do ramo. A roseta vem da casa Conquet, em Laguiole, o boudin noir da Ferme du Bruel, no Cantal, a andouillette e a carne de Aubrac são servidas com batatas fritas douradas mediante pedido. O estabelecimento é modesto, os preços razoáveis e a carta de vinhos – duzentas referências, sobretudo de vinhos do Sul – é incrível. É o protótipo do excelente bistrô dos anos 2000, cujos produtos, limitados ao essencial, são irrepreensíveis. É um local mais para o inspetor Carvalho do que para o comissário Maigret.

Na Rue Liancourt, Ghislaine Arabian, antigamente chef duas estrelas no Ledoyen, retomou Les Petites Sorcières em 2007, onde populariza com conhecimento de causa a cozinha de Flanders: croquetes de camarão-cinza, bacalhau à cerveja, carbonade e waterzooi, assim como, de vez em quando, uma esplêndida cabeça de vitela com molho gribiche.

No eixo de Saint-Pierre-de-Montrouge, em direção à Place Denfert-Rochereau, encontra-se o Leão de Belfort, escultura de Bartholdi. Antigamente, era a Place d'Enfer (*via infera*, "rua de baixo"). Dois pavilhões enfeitam a praça, exemplares bem conservados das barreiras de Ledoux. Por um deles, se desce até as Catacumbas de Paris, antigas pedreiras imensas que se comunicam e têm os seus fãs. Próxima a esses monumentos, a Rue Daguerre, feira permanente, também é voltada à alimentação de todos os tipos. É o reduto dos comerciantes especializados em vinhos requintados, e de alguns restaurantes voltados à culinária das ilhas. O primeiro foi um especializado na cozinha da ilha da Reunião – Aux Petits Chandeliers –, que introduziu a comida *créole*, simultaneamente ao Le Requin Chagrin, na Place de la Contrescarpe. Na Avenue Denfert-Rochereau, na alameda lateral, ficava o Aïssa, o rei de cuscuz. Ali, um marroquino amigo de Hubert Lyautey misturou sêmola da Terceira à Quinta República. Um bom cuscuz em Paris é mais raro do que se imagina. Um ou dois por década armam seus espetos e preparam o michuim.

Montsouris. Em 1860, chamava-se Mont Souris um terreno baldio antes das fortificações parisienses. O Segundo Império transformou o local em um jardim inglês, uma novidade para Paris. Dezesseis hectares de terreno montanhoso, uma cachoeira, um lago. No cume do monte, ficava o Observatório Meteorológico de Paris – uma reprodução do Palais do Bardo de Túnis vinda diretamente do protetorado –, que foi destruído em um incêndio. A grande quantidade de vegetação e de arbustos floridos é o lar de uma riquíssima fauna de pássaros em meio a árvores de espécies raras. O elegante restaurante às margens do lago é bastante apreciado, com uma cozinha variável e pratos servidos no terraço e no interior. Uma formidável fortaleza se encontra à direita do parque: são os reservatórios de água pura do rio Vanne, chamados "reservatórios Montsouris".

Próximas do Parc Montsouris, na altura da Rue Nansouty, ruelas arborizadas abrigam casas de artistas. Na Rue du Douanier, que se tornou Rue Georges Braque, o pintor morou no número 6, uma casa-ateliê projetada pelo arquiteto Auguste Perret: tijolos à vista e concreto, e o último andar envidraçado. Perto dali, na Rue de la Tombe-Issoire, ainda existe um terreno cobiçado há muito tempo pelas empreiteiras: ali se encontra a última fazenda de Paris, que ainda estava em atividade nos primeiros anos do pós-guerra, com um vasto celeiro e um estábulo, uma adega com teto em formato de abóbada e vigamento de madeira, nas proximidades de um conjunto de casas dos arredores do antigo vilarejo de Tombe-Issoire. Essa propriedade do Faubourg Saint-Jacques, construída por volta de 1850, é típica dos estabelecimentos agrícolas da cidade que eram chamados de fazendas de criadores ou "vacarias". Não dispondo de pasto, a forragem vinha do subúrbio para alimentar os animais no estábulo e fornecer leite fresco aos moradores de Paris e Montrouge. O subsolo, inscrito no Inventário Suplementar de Monumentos Históricos, abriga a última pedreira medieval de calcário intacta de Paris, assim como os vestígios de um aqueduto galo-romano da Lutécia, sob o pátio da fazenda.

No Quartier Croulebarbe, contornando a Manufacture des Gobelins, percebe-se ao anoitecer o fantasma de um rio que foi o Bièvre, chamado de Rio dos Castores nos tempos do poeta Villon. Os parisienses se lembram desse Fantômas da paisagem urbana que é o Bièvre, totalmente escondido, da entrada na cidade ao desague no Sena por um esgoto a montante de Notre Dame. Lembrança de um rio que persegue todos os poetas e os engenheiros das vias públicas. Seria possível desenterrar o Bièvre, já que se conhece o seu curso. Podemos imaginá-lo à sombra das árvores da Rue Croulebarbe até a Square René--Le-Gall. O caminho de terra ladeado por árvores magníficas – álamos, castanheiras, acácias, sóforas, nogueiras e pinheiros – desenha seu rastro subterrâneo e inalterável. Depois da Poterne des Peupliers o rio toma, subterraneamente, a Rue Brillat-Savarin. Atravessa a Rue de la Glacière, lembrança da época em que a água congelada no inverno era recolhida e armazenada nas adegas das manufaturas e dos casarões. Um bom restaurante, o L'Auberge du 15, se instalou na proximidade do Bièvre, na Rue de la Santé. Nascido no departamento de Lozère, seu jovem cozinheiro Nicolas Castelet propõe uma cozinha gourmande e generosa que lembra, mas adaptada ao nosso tempo, a do Marronniers do Boulevard Arago.

O Bièvre, que corria no sopé da Butte-aux-Cailles, baixa, fazia uma severa fissura no tufo calcário. A Butte pertencia aos moleiros – nada menos do que nove fábricas de moagem entre o Moulin des Prés e o Moulin de Croulebarbe. Ela foi um ponto de resistência ornamentado com canhões durante a Comuna. Pessoas pobres, catadores, sapateiros, lavadeiras davam já um nítido caráter libertário à Butte, que está outra vez em moda, preservada contra a disseminação das torres dos anos 1960. Casas pequenas, cafés pequenos, restaurantes pequenos para artistas e para a classe média. É a nova Paris anarcossindicalista. Aliás, o lugar é tombado. Uma cooperativa de trabalhadores – Le Temps des cerises – abriu um restaurante para libertários, anarquistas e soixante-huitard. Dois bares na Rue de la Butte-aux-Cailles: Le Merle Moqueur e La Folie en Tête. Um bar-tabacaria domina a pequena praça como em todos os vilarejos da França.

A interminável Rue Tolbiac no 13º arrondissement nos lembra que no número 16 morava um membro da rede Manouchian, grupo composto por 23 resistentes – vinte eram estrangeiros –, condenados à morte e fuzilados no Mont Valérien em 22 de fevereiro de 1944. A Rue du Dessous-des-Berges – cercada por ateliês de artistas, de artesãos que fornecem para indústrias e armazéns situados sobre as antigas vias férreas – não tem nada a ver com Les Mystères de Paris, devendo seu nome à grande enchente do rio Sena em 1910. Gerido por três irmãos, Chez Jacky foi por muito tempo o exemplo do que era um confortável restaurante de bairro, voltado à pequena burguesia saint-simoniana e também a um ramo do movimento operário. Uma irmandade balzaquiana de sabores, unida a uma cozinha caseira tradicional, com uma adega selecionada.

Sob a Ponte Mirabeau...

Sob a Ponte Mirabeau corre o Sena e nossos amores. Pelo menos o belo amor de Guillaume Apollinaire e Marie Laurencin. Também foi da Ponte Mirabeau que o grande poeta Paul Celan se atirou no Sena, em um dia cinzento de abril de 1970. A Ponte Mirabeau foi uma inovação técnica notável, construída em 1893 com caixões de ar comprimido nos pilares de fundação. O Sena ao redor dava espetáculo, um panorama constantemente renovado, diferente em cada estação do ano, proporcionando múltiplos pontos de luz, reflexos de água nos primeiros dias do verão ou uma brancura estranha entre bruma, neve e gris nos dias de inverno: de um Dufy a um Marquet. Perto dali, o esplêndido Viaduc d'Auteuil transpunha o rio à moda romana e dava sustentação aos trilhos da linha Petite Ceinture. De um trem dessa linha, os irmãos Goncourt viram os combates na planície em 1870.

Tudo virou memória nessa paisagem complexa que desapareceu por volta de 1958, e na qual a pista às margens do Sena, chamada de "Pompidou", deu o golpe de misericórdia. Arrondissement singular, o 15º viu dois dos melhores restaurantes asiáticos – um vietnamita, outro chinês – prosperarem por duas décadas.

Os parisienses se banham no 15º arrondissement

O 15º é um arrondissement denso, popular e encravado, animado por lugares como a pequena Gare de Javel, saborosamente *modern style*, e a linha Versalhes-Rive Gauche, verdadeira escapatória, a única rumo aos prazeres dos bosques de Meudon e seus lírios-do-vale. Entre Balard e a Porte de la Plaine, o Salão de Agricultura e a Feira de Paris são pontos de encontro apreciados pelos gastrônomos. Antes da construção do Boulevard Périphérique de Paris, o bairro era contido pela linha da Petite Ceinture, da qual ainda resta um paraíso verde, intacto e escondido nas profundezas de seu trajeto, e pelo Muro de Thiers, construído durante o reinado de Luís Filipe. Ambos interrompiam a continuidade das planícies fluviais de Grenelle e de Vaugirard, voltadas até então à horticultura. Em frente ao muro, o fosso e a contraescarpa eram uma área desocupada de 250 metros de largura, que foi tomada por bidonvilles no final do século XIX, quando do fim do uso militar. Esse território era chamado de "zone", e os ocupantes, de *zonards*.

Alphonse Allais, em 1905, propusera substituir as fortificações por uma extensão de areia que havia batizado de Paris-Plage! Durante o governo da Frente Popular os parisienses ainda se banhavam, perto do Viaduc d'Auteuil, no Port de Javel. Muito antes da construção da manufatura onde foi criada a água de Javel [lixívia], na véspera da Revolução Francesa, o vilarejo de Javel tinha um moinho onde, um século antes, Étienne Bréant, pescador em Auteuil, regalava os convidados com uma caldeirada de lagostim. O Moulin de Javel, fora dos muros, era também uma "manufatura para a vergonha das famílias burguesas", isto é, uma casa de encontro para cocheiros de fiacres, moças de vida fácil e burgueses ávidos para se misturar. Assim começou o formigueiro operário que foi durante séculos essa margem do Sena, que unia a higiene útil ao agradável encanto da Citera. Perto dali, o Bal de la Marine decretou o fim das paixõezinhas clandestinas no começo dos anos 1960. As novas instalações de infraestrutura do início da segunda metade do século XX – o bulevar, o trevo e a Pont du Garigliano – modificaram totalmente a morfologia inicial desse setor em prol de uma hipertrofia rodoviária e circulatória na qual toda a memória está ausente.

A leste, no Quartier Saint-Lambert, a Square Georges Brassens fez com que fossem esquecidos os abatedores de Vaugirard. No Quartier de Javel, um grande parque paisagístico original é criado sobre o antigo parque industrial das fábricas da Citroën, que ocupava dois décimos do arrondissement. A perspectiva da Torre Eiffel dava a dimensão do bairro. Era a época dos Citroën Traction Avant, dos gângsteres e das mocinhas; a época do popularíssimo "deuche" – como era chamado o Citroën 2 CV –, apreciado por jovens burgueses e freiras, e também do Citroën DS, o carro oficial nos tempos do general De Gaulle.

Um restaurante, que já não existe, testemunhou esse mundo em mudança até os anos 1990: o Napoléon Chaix. Situado em uma ruazinha que dá para a Rue Balard, foi criado por André Pousse, vulgo "Dédé" – ex-ciclista vencedor da competição Seis Dias de Paris, no Vélodrome d'Hiver, que se tornou ator especializado em papéis de gângsteres, depois proprietário de uma discoteca. Chegaram a lhe atribuir um caso com Édith Piaf. Seu restaurante foi durante uma década um dos mais concorridos pela nata do cinema e da noite de Paris.

Outra figura célebre daqueles anos – tendo inicialmente se estabelecido ao lado dos abatedores de Vaugirard e depois no Quartier Saint-Lambert – era Pierre Vedel, amigo de Georges Brassens, e como este também nascido em Sète. Ele iniciou toda uma geração nos prazeres de uma sólida cozinha burguesa – rins e cabeça de vitela, bourride à la sétoise – e dos charutos cubanos. Chegará a ser, nos anos 1990, consultor de um restaurante de Havana e, diziam, fornecedor do Líder Máximo.

A cidade… O que fez ela afinal para se infiltrar em nossas almas com sua magia? A ponto de vibrar diante da beleza corriqueira de uma curva de rua ou da silhueta banal de uma praça urbana, como a Square Saint-Lambert. Esta é uma pequena joia verde perdida perto da prefeitura do 15º arrondissement, próxima ao Bal Nègre, na Rue Blomet, o luxo de erotismo para os surrealistas, frequentado por Foujita, Joséphine Baker, Robert Desnos e Kiki de Montparnasse. Amar a cidade é um vírus, no fim das contas, a ponto de considerar que esse bairro de Paris, com seus bistrôs anônimos, seus restaurantes modestos, suas lojas sem beleza especial são fonte de emoção. Foi o mérito de um autor que faleceu recentemente, Jean-Paul Clebert, ter percebido isso. Vivemos o fantasma de uma cidade que não para de nos assombrar por meio de uma misteriosa osmose, escreveu ele, para resumir. Então demonstremos satisfação, seja no Café du Commerce, antiga cantina das fábricas Citroën nos anos de 1920, último modelo da série dos "caldos", seja no Jules Verne, restaurante situado no segundo andar da Torre Eiffel.

O escândalo da vaca louca

Nos anos 1920, o bairro era um formigueiro de operários quando ali se desenvolveu a indústria automotiva. O imóvel de três andares construído em 1920, no número 51 da Rue du Commerce que devia ser uma loja de retalhos de tecido, tornou-se no ano seguinte, com o nome de Aux Mille Couverts, a cantina dos operários das fábricas Citroën. Após a Segunda Guerra Mundial, o proprietário, ligado à família dos Bouillons Chartier, batizou o estabelecimento de Le Commerce e, em 1988, de Café du Commerce. O estabelecimento, provavelmente porque marcado por sua origem humilde, apesar da surpreendente disposição e do teto solar que abre para um esplêndido pátio interno, nunca alcançou grande fama.

A aposta de Étienne e de Marie Guerraud, que compraram o ponto em 2003, é a de associar o destino do estabelecimento à reabilitação da raça bovina *limousin*. Uma aposta audaciosa quando se sabe que, muito antes da crise da vaca louca, o consumidor já se afastava da carne bovina, que muitas vezes não passava de carne de vaca de reforma, isto é, carne de refugo ou de substituição. De fato, o costume do matadouro é chamar pelo nome do bovino macho castrado destinado ao consumo a carne de todos os bovinos – bezerra, vaca, boi, novilho, touro.

Em 20 de março de 1996, quando os cientistas anunciam ter descoberto doze casos de lesões específicas dos tecidos cerebrais comuns ao animal e ao homem, o escândalo é enorme. O embargo imediato sobre a carne britânica fica decidido. Na França, as trincheiras defensivas são imediatamente cavadas; as casamatas, guarnecidas: os príons não passarão! Além disso, o estandarte da sinalização é içado: "Carne bovina francesa". Mas nada mais de miúdos! Adeus, tripas, dobrada, tablier de sapeur, tripous, cérebro para as crianças! Tudo é suspeito, tudo pode ser incriminado. É um retorno ao século XIV, à Peste Negra e aos poços contaminados.

Realmente, o consumidor fica furioso e chateado. Tudo é adulterado! "Uma lixeira na sua mesa", estampa a manchete de uma grande revista. Uma única alternativa: "Comam, franceses!". Fácil de falar, mais difícil de fazer quando se deve traduzir o neologismo "rastreabilidade" na gíria dos carniceiros. Os grandes restaurantes se voltam para os bovinos top de linha, o charolês, o limousin. E as vacas nas prateleiras dos supermercados, as incriminadas por não terem tanta qualidade, veem passar os compradores que se precipitam para a seção de aves e para a peixaria. Os bons açougueiros de bairro triunfam, com sua carne certificada e a confiança que passam. A vitela amamentada pela mãe torna-se o modelo de todas as virtudes domésticas. Muitos anos se passaram desde esse terremoto alimentar. O perigo foi delimitado, para não dizer definitivamente afastado. Desde então, a gripe aviária no Sudeste asiático vem chamando a atenção. As crises alimentares pontuam e marcam a história ocidental desde a noite dos tempos. O verdadeiro risco alimentar encontra-se hoje em outro lugar. O desequilíbrio patológico começa com a ruptura das refeições tradicionais e o consumo permanente de alimentos diversos. Isso produz a obesidade, privilégio dos Estados Unidos que chega à Europa. Nenhum alimento é completo em si, seja ele carne ou cereais, e apenas um hábito alimentar equilibrado gera saúde. O hábito alimentar equilibrado é frágil. É herdado. É uma prática de civilização. Foi construído por gerações e transmitido no protocolo custoso da gastronomia ou na publicação de modestos cadernos de receitas, herdados por toda dona de casa. O desastre começa assim que o homem muda ou suprime seus horários de refeição ou cede à tentação de regimes de privação.

Para o Café du Commerce, todas as semanas, o açougueiro Pascal Pétard seleciona quatro ou cinco partes traseiras de boi da raça limousin, que ele deixou maturar por três semanas a fim de garantir o sabor e a maciez. A parte traseira será então "desmontada" e entregue inteira. A carne será limpa e "trabalhada" segundo as regras da arte para que sejam oferecidas aos apreciadores as partes nobres, com aspecto liso e macio, o contrafilé, o entrecôte, a picanha, o filé-mignon, a maminha, o patinho. As batatas fritas, preparadas na hora, cozidas segundo o costume em dois banhos sucessivos, depois drenadas, acompanham essas maravilhas. O Café du Commerce é parada obrigatória para os amantes de carne vermelha que agora podem, sem correr riscos, assumir sua paixão carnívora. Escândalo dos anos 1990, a história da vaca louca surgiu por trás do liberalismo inglês, da contestação dos poderes soberanos do Estado, do descrédito do controle administrativo, que, pelo menos na França, permite bloquear os sanguessugas das farinhas animais, dos hormônios, dos antibióticos infligidos ao gado, e os reis do transporte fraudulento e dos carimbos falsos.

Viagem ao Oriente

Dois restaurantes no 15º arrondissement, um vietnamita e um chinês, entre os melhores do gênero, levam o cliente a uma apaixonante viagem ao Extremo Oriente. Ambos provaram seu valor: desde 1985 no caso do primeiro; e de 1992 no do segundo, que, algo excepcional para um restaurante chinês, recebeu uma estrela do *Guia Michelin* em 1999.

Kim Anh e Ba-Hung fizeram a viagem de Saigon a Paris em 1975. Uma viagem só de ida, porque deixaram tudo para trás, exceto o amor pelo país e pelo sabor de sua culinária. Em 1985, abrem um restaurante minúsculo, na Rue de l'Église, onde até aquele momento os asiáticos quase não se aventuravam. Nguyen Ba-Hung, antigo homem de negócios que exportava vinhos, bebidas alcoólicas e gêneros alimentícios da França para o Vietnã, faz as vezes de anfitrião, e sua mulher, Kim Anh, aprende a reproduzir os pratos saigoneses de sua mãe e aqueles, mais fortes, da cozinha do Norte, terra natal do marido. Kim Anh, um nome que qualifica o brilho da prata, pode ser traduzido como "mercúrio" no sentido figurado. Vinte anos depois, seus olhos ainda brilham e seu rosto continua sempre sorrindo. A tradição, no Vietnã, pretende que as mulheres se ocupem da cozinha, enquanto os homens se interessam pela poesia, pelo jogo e até mesmo... pela comida!

Isso porque os vietnamitas são gourmands. Basta ver a riqueza resplandecente das frutas e das flores nos mercados, a profusão de camarões e peixes e os incontáveis ambulantes que, desde a manhã, distribuem o phở – a sopa nacional –, um caldo de carne temperado com nuoc-mam [molho de peixe], gengibre, cebola ou chalotas, especiarias, e acompanhado de um pouco de carne bovina ou pedaços de frango. Há vinte anos, Kim Anh está no fogão, porque prefere se encarregar pessoalmente de reunir a carne de oito caranguejolas cozidas na hora, verificar se não contêm brânquias moles nem partes não comestíveis, antes de adicionar um pouco de carne picada de pernil, as partes cremosas e a carne dos caranguejos, assim como as gemas batidas, os perfumados cogumelos, as chalotas e os pedaços de miolo de pão.

Como Eugénie Brazier preparando sua quenelle, ninguém além de Kim Anh saberia tão bem misturar todos os ingredientes para obter um recheio homogêneo e, sobretudo, temperar com açúcar, sal, pimenta e nuoc-mam. Assim, pela paciência e repetição de gestos, pelos produtos de excelência agora importados para Paris, foi se consolidando aos poucos o casal mais original da cozinha do Sudeste asiático em Paris. Michel Polac testemunhou os primeiros passos de ambos; Isabelle Adjani já era uma habitué. Eles receberam sem cerimônia a visita de Anthony Quinn e Joël Robuchon. Na medida em que a rotatividade dos chefs na maioria dos restaurantes asiáticos ocorre após alguns meses, o fato de Kim Anh permanecer no mesmo posto até hoje lhe dá o direito ao título de "mãe cozinheira".

A cozinha vietnamita foi estabelecida há mais de um século em Paris, mantendo seus costumes e suas tradições diante da multiplicação de restaurantes "especializados" que não fazem distinção entre culinária tailandesa, chinesa, vietnamita e até japonesa, misturando no mesmo cardápio rolinhos vietnamitas com folha de hortelã, pato com abacaxi, frango com curry verde, sushi e sashimi. A se evitar. A barreira dos sabores da cozinha vietnamita, sua verdadeira fronteira com a China e com os outros países do subcontinente, é o nuoc-mam, um molho de peixe saboroso e fermentado, quando o Império Celeste se rende às delícias do molho de soja ou até ao paladar neutro e à insipidez do quinto sabor, o menos identificável e, naturalmente, o mais procurado. Hoje o Vietnã, que se abriu pouco a pouco ao turismo, está a menos de um dia de voo da França, e se presencia uma retomada de interesse por suas tradições culinárias

– frescor e uso de ervas. Em contrapartida, a cozinha chinesa, em que tudo – até os legumes – é salteado na wok, foi posta em xeque em 2004, na França, por programas da televisão francesa, depois de uma investigação da vigilância sanitária. Desde então vem passando por uma séria crise de confiança.

Kim Anh, nesse entretempo, se instalou na Avenue Émile Zola, em um local onde cultiva uma parede verde no terraço, porque ela leva jeito para a jardinagem. O serviço é garantido com precisão pela família, de uma maneira próxima e distante. Kim Anh conquistou novos fãs de sua cozinha de legumes e ervas. As hortelãs têm seu lugar e sobretudo o coentro (*can tan*) em meio ao delicioso sabor picante, assim como o aneto e o funcho fresco, ou o manjericão tailandês, que trazem notas de frescor. O funcho-da-china e o coentro são também conhecidos na cozinha chinesa. Os japoneses adoram esses ingredientes. A culinária do Sul do Vietnã, oriunda dos produtos da fecunda terra do delta do rio Mekong, é abundante e açucarada. A do Norte, mais próximo da China, é mais salgada, "porque a região é mais pobre", destaca o anfitrião. A cozinha do Centro, inspirada na mesa imperial de Huế, é tanto salgada quanto apimentada, graças à pimenta vermelha e à branca, acompanhadas do alho, do gengibre e da erva-cidreira. Recuo estratégico para uma monarquia frequentemente sitiada, a região de Huế é uma das mais pobres do país.

Kim Anh se tornou a mágica invisível, que envia na hora pratos de extraordinário frescor como a sampana de abacaxi fresco e salada, o rolinho imperial de caranguejo e de camarão, que o cliente come enrolado em uma folha de alface com um pouco de hortelã e um tempero nuoc-mam. O mesmo destino está reservado para a suprême de frutos do mar, para os canapés de camarão ou para os burriés. São diversos e variados os pratos que fizeram a fama de Kim Anh ao longo dos anos, começando pela salada com émincé de carne bovina e limão, pela sopa de tamarindo. Cabe destacar, para os adoradores, as tripas grelhadas, pinceladas com um molho de soja melhorado pela pimenta, pelo alho, pelo açúcar e pelo suco de limão (nuoc-cham), e também os lagostins caramelizados, os ravióli no vapor, de uma finesse incomparável. Meu vinho favorito para acompanhar esses pratos é um savagnin do Jura. Com o fondue do delta, é possível imaginar as longas canoas, os barqueiros com chapéu cônico do antigo Reino de Huế e seus movimentos com os caniços. Segundo a lenda, as quatro virtudes da boa esposa vietnamita são *cong*, *dung*, *ngôn* e *kanh*, ou seja, em primeiro lugar o savoir-faire culinário, a seguir a beleza natural, depois a linguagem refinada e a fidelidade. Essa hierarquia do Extremo Oriente explica talvez por que a cozinha do Vietnã sobreviveu, apesar das guerras e das desordens civis. Se a culinária é uma linguagem de civilização, a do Vietnã parece assegurada em Paris por Kim Anh, mesmo após a morte de seu marido no verão de 2010.

O quinto sabor

"Gostos e cores não se discutem", diziam os escolásticos da Idade Média. É verdade que ainda hesitamos entre o azul e o verde para designar a cor turquesa, e que o gosto – doce, salgado, amargo, azedo – continua sendo uma questão de foro íntimo. Devemos então endossar a opinião de Aristóteles, que opunha o doce ao amargo e situava a continuidade dos sabores em um eixo único? O prudente seria admitir, como Voltaire, que o gosto é o "sentimento de uma beleza entre os defeitos e de um defeito entre as belezas". Aos quatro sabores que constituem no Ocidente uma convenção compartilhada, os chineses acrescentaram um quinto – sensação mais do que sabor: o insípido, o neutro, o insosso. Pode parecer paradoxal que semelhante noção tenha conseguido prosperar dentro da tão brilhante cultura chinesa, a ponto de inspirar não apenas a arte culinária, como também o pensamento, as artes, a poesia. Submisso à ordem do tao, o sábio "saboreia o não sabor". A insipidez, o gosto neutro – no Império do Meio – é a referência original, a intuição e, entre os sabores extremos, o "centro que transcende todas as diferenças", como escreve o sinólogo François Jullien.

Devemos ao cozinheiro Fung-Ching Chen o contato com esses mistérios, ocorrido durante o verão de 1994 em seu pequeno palácio chinês na Rue du Théâtre. Ele havia preparado para o jantar no La Table des Mandarins alguns "pratos saborosos": vieiras secas, peixe-de-são-pedro aos dois sabores, delícias dos mares da Ásia, pato à la Palais des Dragons e cabrito na panela. Todos esses pratos, abundantes e saborosos, provocavam as nossas papilas gustativas de uma maneira muito clássica, quando chegou a vez das barbatanas de tubarão preparadas em fogo baixo, em seguida os ninhos de andorinha. Despojadas de toda a cartilagem, as nadadeiras caudais eram reduzidas à condição de filamentos impregnados com os sucos de um caldo de carne sem tempero e, assim como os ninhos de andorinha – oriundos de uma secreção "comestível" da salangana –, tinham a particularidade de não ter sabor algum. Esses produtos raros são importados da China e não têm nada a ver com o que os restaurantes chineses costumam oferecer com este nome.

Quer dizer que quem teve acesso ao mundo dos sabores e do não sabor é capaz depois de passar de um campo a outro com um mesmo prazer? Como se pôde intuir, comíamos o símbolo! As concepções metafísicas da cozinha chinesa quase não são compartilhadas pela indústria agroalimentícia, cujos representantes de marketing se acostumaram, aqui, a nos fazer comer antes o conceito. Alguns fabricantes aderiram ao "quinto sabor", mas se trata de um aditivo, o glutamato de sódio, que eles acrescentam em inúmeros pratos prontos, em congelados, em misturas de especiarias, em sopas enlatadas ou em sachês, em molho vinagrete e até em salsicha e em presunto! Uma notinha publicada pela Fleury Michon se atreveu até a fazer a seguinte metáfora musical: "Se os componentes do sabor fossem comparados aos sons de uma orquestra, o umami seria o contrabaixo!". O glutamato é um conhecido das cozinhas asiáticas, chinesa e japonesa, e das unidades de saúde. É apenas um intensificador de sabor e não tem unanimidade. O *Dictionnaire de l'alimentation* de Yudkin destaca – ó, paradoxo – que o glutamato está na origem da "Síndrome do Restaurante Chinês... caracterizada por dores de pescoço e de cabeça e, às vezes, palpitações"! Quanto ao cozinheiro Chen, não utiliza qualquer aditivo, nem na lagosta (do tanque) ao gengibre, superfresca, nem nos camarões com pimenta nem nos *dim sum* da casa. Seu extraordinário pato de Pequim em três serviços, com pele crocante e sabores melífluos, possibilita uma harmonização intensa com o vinho amarelo de André e Mireille Tissot, escolhido por um maître sensato. A carne do pato, depois o famoso caldo leve de sabor neutro, serão servidos na sequência. O cozinheiro

Chen vai guardar o comentário de Lao Tsé: "Quem se sobressai não discute, domina sua arte e se cala". Essas meditações se juntam ao aforismo escolástico: o gosto é um aprendizado lento. Em 1999, uma estrela Michelin veio recompensar o trabalho de Chen. Seu falecimento em 2003 não interrompeu o labor paciente de uma equipe reunida em torno de sua memória. Hoje, Veronica Chen manuseia a wok com a mesma paixão.

Restaurantes performáticos de Auteuil a Batignolles

É um bairro amplo, quase imenso, impressão acentuada pelo recuo de suas largas avenidas ladeadas ainda por casarões, mansões e grandes imóveis burgueses que provavelmente escondem uma sucessão de jardins. A ligeira inclinação do terreno que vai da Étoile à antiga Place Pereire – que recebeu o nome do marechal Juin desde 1973 – é sensível; em contrapartida, desapareceram o charme do trenzinho da linha Petit Ceinture que ia até Auteuil, as escarpas resplandecentes de íris e a floração das acácias-bastardas. Poucas pessoas por essas avenidas. A discrição dos moradores é proporcional à vastidão de seus apartamentos. Algumas raras ruas comerciais: Belles-Feuilles, Bayen, Poncelet, Lévis.

Depois, no lado contrário da praça e nas ruas e avenidas vizinhas, um grande número de restaurantes e brasseries – talvez mais do que em outros bairros – que se instalaram há muito tempo e prosperam hoje até a Place des Ternes.

A forma urbana está nas próprias origens desse bairro, depois da transformação ocorrida pela destruição do Mur des Fermiers Généraux*, durante o Segundo Império. Erguido

---

* A Ferme Générale (1726-1791) era uma companhia privada encarregada de cobrar impostos indiretos. (N.T.)

pouco antes da Revolução Francesa, esse muro foi um dos inúmeros e sucessivos construídos em Paris, mas, ao contrário dos anteriores, não se destinava à defesa. Servia para impor o pagamento à Ferme Générale do imposto retido sobre mercadorias que entravam em Paris. Essa função puramente fiscal fez com que o muro fosse malvisto desde o começo de sua construção: "O muro murando Paris torna Paris murmurante/ Para aumentar seu numerário/ E diminuir nossa visão/ A Ferme julgou necessário/ Colocar Paris na prisão".

De 11 a 13 de julho de 1789, motins de que participam muitos cabareteiros atacam as barreiras (alfandegárias), começando pela de Monceau. Ao mesmo tempo, comerciantes de vinho selam o "ato de união", pelo qual se comprometem a manter as isenções em vigor nos faubourgs extramuros. O vinho não é cobrado durante esses dias de motim e o travesseiro da noite seguinte não é o melhor conselheiro. É um grupo provavelmente bem encharcado que cerca a Bastilha no dia 14 de julho, e o resto todo mundo sabe. Os autores das destruições serão perseguidos e, no outono de 1789, será retomada a construção de barreiras. Será preciso esperar até 19 de fevereiro de 1791 para que a Assembleia do Povo tome o decreto tão esperado da supressão de todos os octrois – as contribuições indiretas –, cuja vigência, no entanto, é adiada para 1º de maio. Camille Desmoulins escreve em seu diário: "A noite do 30 de abril até a meia-noite de 1º maio, uma canhonada anunciou a queda de todas as barreiras". No ano seguinte, o jornal da manhã podia publicar a "Marselhesa" do borracho: "Allons enfants de la Courtille, le jour de boire est arrivé...*".

---

* Trocadilho com o hino nacional francês. (N.E.)

A oeste, o muro cobria os traçados futuros da Avenue de Wagram, do Boulevard de Courcelles, do Boulevard des Batignolles, do Boulevard de Clichy e se prolongava ao norte pelo Boulevard de Rochechouart, pelo Boulevard de la Chapelle e pelo Boulevard de la Villette. Ele só foi destruído durante a anexação das comunas ao redor de Batignolles, em 1860, que viu Paris se estender até o Muro de Thiers, construído entre 1841 e 1844 no percurso atual dos Boulevards des Maréchaux. Entre Passy e Batignolles, um novo bairro, o Quartier de la Plaine Monceau, é criado sobre as expropriações. Os terrenos foram cedidos gratuitamente pelos proprietários – em particular o banqueiro Émile Pereire –, sensatos o bastante para entenderem a enorme mais-valia que essas operações viárias trariam a seus bens. A ligação com Batignolles é então feita pela Rue Ampère e pela Rue Jouffroy, bem como pelo Boulevard Pereire, que ladeia as escavações da estrada de ferro da Petite Ceinture. Largas avenidas – Villiers, Wagram, Malesherbes – atravessam o novo bairro para o exterior e para o centro e abastecem os novos imóveis, cuja construção vai continuar até a Belle Époque. A alta burguesia, associada desde o início à criação do bairro, pretende ali prosperar e continua explorando o usufruto até hoje.

Tesouros ao longo das avenidas

Os moradores abastados do 16º arrondissement – que garantiram por um tempo o sucesso de Joël Robuchon, depois o de Alain Ducasse no número 59 da Avenue Raymond-Poincaré – herdaram um tesouro deixado pelo primeiro na Avenue Bugeaud, onde ele havia se instalado por certo período. O La Table, no número 16 dessa avenida, que viu trabalhar sucessivamente Ghislaine Arabian e Joël Robuchon, ambos auxiliados em dado momento por Frédéric Simonin, foi retomado no final de 2010 por Jean-Louis Nomicos, que era havia dez anos o chef do Lasserre.

Nascido nos arredores de Marselha, esse homem do Sul deu seus primeiros passos no Juana, ao lado de Alain Ducasse, em 1985. Foi o chef do La Grande Cascade, de 1995 até 2001. Voa agora com as próprias asas no Tablettes, homenagem ao antigo restaurante de Robuchon, cuja decoração foi totalmente modernizada. Aberto sete dias por semana e com menu com preço fixo na hora do almoço, incluindo entrada, prato principal, queijo, sobremesa, vinho e café, é um achado neste bairro rico, ainda mais porque se pode escolher entre quatro entradas, muitos pratos e três sobremesas. Entrada de caranguejola e maçã verde ao limão e abacate, vieiras com ostras e alho-poró – uma preparação rápida – absolutamente perfeita, e *mont-blanc* "à moda da casa". O convívio e a alegria são festejados no cardápio, em vários pratos com cores e sabores vivos, como a delicada royale de funcho e ouriços, a abóbora-cheirosa, ovo poché e trufa preta ou então os pedaços de moleja de vitela com limão-caviar, e as codornizes e pimentões doces com flor de tomilho – prato ideal com um pinot d'Alsace de Marcel Deiss. Os detalhes são minuciosos, sem afetação; os sabores, adequados; as cocções, precisas. Tudo é servido com eficiência e discrição, com a ajuda de um jovem e brilhante sommelier. É atualmente um dos melhores pontos do arrondissement.

Ainda mal-amado pelo *Michelin*, muitas vezes esquecido pelos guias, Paul Chêne é o guardião de um templo em que a cozinha burguesa continua brilhando com todo o esplendor nesse estabelecimento epônimo criado em 1959, que foi por um tempo estrelado. No final de sua vida, Jean Gabin almoçava todos os dias no local, em uma mesa que ficava em um canto à esquerda da entrada. Retomado em 2007 por Harold Audouin, que preservou a decoração de época, e pelo chef Philippe Mercier, excelente saucier, antigo colaborador de Bernard Loiseau, essa casa tradicional reivindica uma cozinha "pré-*nouvelle cuisine*".

É sobretudo uma cozinha de produtos: na primavera, os aspargos do sr. Fouillard – de Saint-Geniès no Périgord – ao molho mousseline, e o badejo frito. Em outubro, uma excelente terrine de faisão com foie gras, as perdizes, um folhado de trufas, as vieiras de Erquy na concha e o lombo de lebre com molho poivrade. E, para ficar completo, a daube de carne bovina, o poule au pot e, inevitavelmente, os tradicionais crepes suzette embebidos com um licor caseiro.

A escolha de uma mulher jovem, nomeada em 2012 chef de cozinha do Raphaël, não passou despercebida no universo masculino da gastronomia. Esse prestigiado hotel tinha até aquele momento ambições modestas na área; aceitar o desafio é justamente o objetivo atribuído a Amandine Chaignot, que abandonou a faculdade de farmácia para trilhar o percurso dos grandes restaurantes (Crillon, Meurice). Sua contribuição original é a de não deixar nada no fundo – nem a qualidade nem o sabor dos produtos –, permitindo que sua imaginação guie, no prato, a disposição das finas quenelles de galinha e das cantarelas salteadas no suco e brotos de óxalis, ou então de um linguado com molho viena, ervilhas à francesa e creme de cebolinha com toucinho. Sua cozinha está em sintonia com Rafael, o pintor de Urbino, que aspirava a medida, a graça e a harmonia.

O jovem cozinheiro Akrame Benallal entende o significado do lema: "Alimentar as maiores ambições, mas nunca esquecer de onde se vem". Essa é a sua linha de conduta, desde sua instalação em Paris em 2011 em um antigo bistrô de Guy Savoy. De início, fez sucesso pela novidade, depois confirmou ao receber uma estrela Michelin em março de 2012, Atualmente, deve-se reservar com um mês de antecedência uma das vinte mesas do restaurante que leva seu nome, Akrame, e fica na Rue Lauriston. A segunda estrela veio, de forma inesperada, em 2014.

Nascido na França em 1981, primogênito de uma família de três filhos, passou os treze primeiros anos de sua vida na Argélia, na província de Orã. Dos sabores da infância, preserva a memória dos tomates da mãe: "Preparados com amor, tinham um sabor especial". Disso resulta a convicção de que a cozinha é uma questão de sentimento. E também de força de vontade, pois muito jovem ele teve uma experiência malsucedida em Tours, logo após sair de um estágio com Ferran Adrià, o mágico catalão do El Bulli. "Eu aprendi muito lá, mas não a cozinhar; era a NASA!", pondera ele, com o distanciamento. Um belo dia, enquanto aguardava um grupo de habitués – "fãs", esclarece ele –, colhe na horta alguns belos tomates pretos da Crimeia, que se aventura a servir entre quinze pratos de vanguarda: esferificação, nitrogênio líquido, a coisa toda. Os tomates fatiados, flor de sal, pimenta, são apenas regados com um fio de azeite de oliva. No final do serviço, em vez do coro de elogios habituais, os clientes exclamam: "Os tomates estavam sensacionais!". Dura lição. O jovem chef decide rever completamente seus pratos e se voltar para o mais simples, o espontâneo. Daí a ideia, hoje, por exemplo, de cozinhar no forno as pontas de grandes aspargos brancos em folha de alumínio e servi-las com creme de castanha, realçado com aspargos crus cortados à juliana e algumas castanhas picadas.

Talentoso, criativo, esse jovem chef está destinado a um futuro brilhante. Já comanda, na frente de seu restaurante, um anexo chamado Atelier Vivanda, voltado quase exclusivamente para carnes.

O Restaurant Jamin, na Rue de Longchamp, que fez a glória de Joël Robuchon nos anos 1980 antes de afundar na cozinha *créole*, foi reinaugurado em 2009 pelo caloroso Alain Pras – ex-sócio de Guy Savoy no La Butte Chaillot –, que conta com uma equipe experiente. O badejo à la Colbert e a suprême de pintada com couve evocam a memória desses dois estabelecimentos, com preços muito razoáveis.

É um dos animadíssimos locais de um bairro – em torno do Trocadéro – onde não faltam restaurantes, embora com frequência sejam afetados, com um serviço arrogante ou ineficaz. Menção especial para o restaurante Hiramatsu, nome de um chef japonês francófilo que criou uma dezena de restaurantes de culinária francesa no Japão. A atmosfera zen contrasta com a cozinha, moderna sem excesso e saborosa. Mas por que estragar uma entrada com uma aromatização de azeite de trufa, que se sabe que é necessariamente um produto químico, um aroma sintético, invasivo e vulgar?

Provavelmente devido à confirmação do sucesso de seu estabelecimento, o Astrance na Rue Beethoven, Pascal Barbot se atreveu a partir de 2004 a oferecer uma fórmula ousada que seu cúmplice Christophe Rohat explica com simplicidade: "O menu, esta noite, é uma surpresa do chef". Desde então a fórmula, aliás alterada para um cardápio fechado, faz sucesso.

Na verdade, o Astrance oferece um cardápio que vai mas não vai da cabeça do cliente. É preciso enorme tato do maître para sugerir com precisão, porque o paradoxo dessa fórmula é que a escolha é possível, mas apenas para a cozinha. Se uma mesa se pronuncia a favor de carne de caça, os clientes vão ver chegar não uma preparação única para toda a mesa como um cardápio fechado, mas por exemplo três pratos de carne de caça em dois cozimentos: uma lebre – lombo grelhado, coxas compotadas –, um pato-real e uma perdiz assados, o primeiro com um acompanhamento de uvas e de marmelos, o segundo com um confit de berinjela ao chocolate. Surpresa dos clientes diante da performance, porque ninguém come a mesma coisa, e satisfação na cozinha porque o estratagema evita a rotina e, todas as noites, esvazia as câmaras frigoríficas, um dos maiores interesses da operação.

Falta explicar que Pascal Barbot, já há dez anos, é um dos mais talentosos chefs de sua geração. O nome do restaurante lembra sua Auvérnia natal: a astrança [astrance] é uma planta de montanha que tem em seu núcleo uma cor púrpura profunda. Também é conhecida por suas virtudes purgativas. O apreço pela natureza e a nostalgia das grandes paisagens inspiram a cozinha desse homem jovem que, durante algum tempo, foi o subchef de Alain Passard no L'Arpege. O estranho e delicioso caldo de pão grelhado, servido no tira-gosto, que o estabelecimento oferece desde sua inauguração, continua sendo uma profissão de fé. O produto é respeitado, venha de onde vier e seja o que for, mas o cozinheiro se permite a magia da transformação. O caranguejo com finos ravióli de abacate é transposto pelo óleo de amêndoas doces, a terrine de lebre deve harmonizar com a delicadeza de uma salada de cebola doce com aromas de pinheiro e, se a cavala é laqueada na soja como recomenda o cozinheiro chinês, ele se mantém em nosso universo de sabores por meio de algumas folhas de espinafre na moela de boi. Essa cozinha errante não corre atrás de nenhum dos clichês da época e permanece muito pessoal. O confit de coelho é realçado pelo sabor do curry e acompanhado por tomates e folhas de azedinha. A intenção é clara, a execução, impecável.

A decoração desse restaurante com mezanino, que experimentou outras aventuras, nem sempre das mais brilhantes, foi renovada. Continua datada, mas sua relativa modernidade combina com o estilo sem ênfase da cozinha e do serviço apressado por Christophe Rohat, outro que já trabalhou em um estabelecimento de Passard. De uma adega de intenções bem visíveis, ele buscará o corbières do Château La Voulte Gasparets, acompanhamento ideal para a paleta de cordeiro – tão macia que pode ser cortada com colher –, rins no espeto, costela grelhada e mousseline do Oriente Médio. Sobremesa combinando: maçã ao forno, espuma de canela e licor de caramelo.

Não seria possível deixar o 16º arrondissement sem mencionar uma de suas figuras cativantes. Natural de Argenteuil, comuna que no passado era conhecida por seus aspargos, Patrick Pignol fez seu aprendizado no Ledoyen antes de partir para o Gavroche, em Londres, aos vinte anos. Este cozinheiro precoce quase não terá visto senão paisagens urbanas e, na adolescência, a grande cidade londrina, onde permaneceu três anos. Passar a infância e a adolescência na cidade talvez lhe abra, mais tarde, a possibilidade de fazer sonhar todos que, durante o tempo de uma refeição, se entregam aos benefícios da natureza.

De volta a Paris, abre em abril de 1984 Le Relais d'Auteuil, onde, aos 25 anos, será seu próprio patrão. Desde aquela época, se interessa pelo complemento indispensável à mesa, o vinho, que aborda com método e determinação. Para ele, muitos chefs desconhecem o mundo vivo e sensível do vinho, e ficam limitados apenas a seu fogão. Patrick degusta, visita os viticultores, dialoga com os representantes, dirige seus sommeliers e aos poucos estabelece uma adega brilhante. E quando os preços dos grands crus de origem controlada de Bordeaux disparam, ele se atreve a propor uma escolha sensata de vinhos do Languedoc. Esse esforço anda de mãos dadas com uma pesquisa culinária que lhe rendeu, cinco anos após a sua instalação, a primeira estrela no *Michelin* e logo uma segunda. Desde essa época, a torta fina de salmonete com anchoïade e o pombo defumado com bagas de zimbro e suco de salva lhe garantem uma clientela fiel. A consagração não prejudicou nem seu entusiasmo nem seu bom humor contagiante. Cozinha simples, sempre direta. O produto – salmonete, linguado, char, costeleta de vitela – é muitas vezes apresentado na mais simples preparação aromática. Mas se o papel do cozinheiro se faz invisível, o espírito da alta cozinha permanece. As ligações são tênues, discretas, sempre presentes. Estilista dos sabores, Patrick Pignol também sabe brincar com as texturas de sua *amandine* de fígado de pato e seu lobo refogado, que nunca saem de moda. Ele prefere a cozinha simples, mas também sabe misturar a opulência de um *croustillant* de morango e pé de vitela braseado, a delicadeza de um pato selvagem com rabanete preto e coxas laqueadas ou uma carne de caça de origem nobre. A modéstia e o profissionalismo de Patrick Pignol refletem a paixão que sente por seu trabalho, como suas pequenas madeleines de mel de urze e o sorvete de mel e nozes, que remetem às matrizes dos sabores da infância.

Cozinhas do Leste

Em 1925, o alsaciano Adrian Rech abre, no número 62 da Avenue des Ternes, uma épicerie que se tornará um ponto art déco fulgurante e fará sua fama com ostras, escargots, chucrute e um excelente vouvray. É ainda hoje um restaurante conceituado de frutos do mar, retomado por Alain Ducasse em 1999, completamente renovado, que tem como consultor o chef Jacques Maximin. Durante aquele mesmo ano, Simone Prunier criou o Prunier Traktir, na Avenue Victor-Hugo. Não confundir com o restaurante Prunier da Rue Duphot, hoje chamado Goumard-Prunier, aberto por Alfred Prunier, seu avô. Esse restaurante, planejado pelo arquiteto Hippolyte Boileau, conheceu uma popularidade considerável. Mauriac evoca com devoção as jantas em seus diários. Cocteau ali aguçava seus paradoxos, Maurice Sachs e Georges Auric acompanhavam. Os Hugo chamavam a atenção: Jean por um palavreado escolhido e Valentine por uma plumagem de faisão; os Noailles, os La Rochefoucault conversavam saboreando pés de carneiro com molho poulette, um clássico da casa, um clássico da cozinha burguesa. Em 1989, o Prunier quase fechou. A reinauguração em 1995 sob a liderança de Jean-Claude Vrinat permite um novo fôlego ao estabelecimento, cuja renovação completa se deve a Pierre Bergé. Éric Coisel, antigo chef do Chiberta, assumiu a direção da cozinha, mantendo-a em um elevado nível de brasserie confortável.

A Rue de l'Arc de Triomphe, no 17º arrondissement, merece ser visitada pelos gastrônomos devido à presença de um modesto restaurante japonês, o Wada, onde o chef, atento sexagenário, faz na hora deliciosas preparações de peixe por um preço baixo.

Mas também pela existência do Graindorge, restaurante belga onde se pode descobrir alguns pratos típicos desse país. Em particular o *potjevleesch*. O que é *potjevleesch*? Um nome flamengo que significa "pote de carne". Em Bergues, no Norte, onde foi filmado *A Riviera não é aqui*, se diz apenas "potch". É um desses pratos da cozinha do Norte sobre o qual o polêmico Alphonse Karr (1808-1890) costumava dizer: "Seria muito ruim se fosse possível comê-lo". Simples tirada espirituosa pois o *potch*', ao contrário, é uma deliciosa terrine de quatro carnes brancas (coelho, vitela, frango, porco) com uma saborosa e cheirosa geleia natural. Trata-se de uma receita do Westhoek, pequena região de fronteira entre a França e a Bélgica estabelecida pelo Tratado de Utrecht (1713). O *potch*' é servido com fritas por cima a fim de derreter a geleia, ou melhor, com batatas de Dunquerque, descascadas, pré-cozidas na água e mergulhadas na fritura. O cozimento ocorre em banho-maria, em fogo médio, durante três horas, e depois em uma grande panela de barro coberta e vedada, munida de uma pequena saída. O fundo da panela é forrado com fatias finas de toucinho, e um courato cobre as carnes, alternadas em camadas regulares. Chalotas, salsa, tomilho e louro complementam a guarnição aromática. Deixe a geleia descansar por uma noite para adquirir consistência. Guillaume Tirel, vulgo Taillevent (1310-1395), para uma receita semelhante de *ketelvleesch* (marmita de carne) sugeria acrescentar um pé de vitela. No Avesnois, o vinho branco é substituído pela cerveja. Heresia, dizem os puristas, porque o sucesso dessa terrine está na dosagem da acidez (vinho branco e vinagre), que deve respeitar o sabor de cada carne.

Sanduíche de trufa e bouillabaisse

Na Avenue de Villiers, À la Sole Dugléré, o restaurante dedicado à celebração das receitas de Dugléré, grande chef bordelense, não resistiu por muito tempo à proximidade do Dessirier, grande casa especializada em frutos do mar aberta em 1978, retomada por Michel Rostang em 1996. Michel Rostang é uma figura central desse bairro parisiense. Como a maioria dos chefs de sua geração, é um provincial que se mudou para Paris. Ele passou a primeira infância em Sassenage, Porte du Vercors, ao lado de Jo Rostang, seu pai, grande cozinheiro cuja memória ele sempre honra. Seu aprendizado no Lasserre, no La Marée e no Lucas Carton logo o coloca em condições de dirigir uma brigada de cozinha para "fazer as receitas [que ele] adora".

Ao sabor dos encontros, seu paladar enriquece, sua experiência se aprofunda. Alain Chapel o apresenta a André Ramonet. Esse grande borgonhês vai lhe ensinar que nada é melhor do que um montrachet – vinho branco da Borgonha – com o poderoso aroma de uma galinhola e lhe abrirá as portas dos mais célebres viticultores. Desde então, a cozinha de Michel Rostang ganha amplitude à proporção que aumenta seu conhecimento do mundo dos vinhos. Ancorado em firmes convicções pessoais, mas sem negar a herança – "a culinária é uma arte de transmissão" –, ele se muda para Paris e se estabelece, em 1978, na Rue Rennequin, no antigo restaurante de uma estrela cadente da alta gastronomia parisiense, o Denis, famoso pela extravagância do preço e pela riqueza da adega. A transação acontece graças a Jacques Manière, outra grande figura parisiense da *rive gauche*, que se entristecia com a decadência do Denis.

Michel e Marie-Claude Rostang têm alma de colecionadores. Decidem reunir, depois de apreciar um Château Latour

1928, uma série única de *magnums* desse château célebre. Começam também uma coleção de estatuetas de porcelana de Robj, apresentadas em uma grande biblioteca de pino e classificadas por tema. Outra sala do restaurante é totalmente dedicada a Lalique. Michel Rostang é também um grande amante do licor cujo segredo é guardado a sete chaves pelos monges da Grande Chartreuse desde o século XVIII. O licor pode ser verde, segundo a fórmula de 1764, ou então amarelo, desde 1838! Chegou a existir um branco, como o hábito de pano branco dos monges. Esse elixir da juventude ou licor da saúde, chamado chartreuse, é elaborado de acordo com um misterioso manuscrito do início do século XVII. Seu enigma inicial é a cor, ouro-pálido com reflexos esverdeados. Sua paleta aromática sugere nuanças intensas de erva-cidreira, de anis, de curry e notas delicadas de madeira, frutas secas, tabaco. Na boca, este licor exibe uma persistência impressionante.

A cozinha de Michel Rostang se afirma desde então como um arraigamento e remete a uma época rural da qual a maioria dos franceses é oriunda. A busca por bons produtos serve de pretexto para um saudável retorno à terra, que não é para ele senão uma verificação minuciosa da autenticidade das matérias que servirão ao que Escoffier chamava de a "grande transformação". As lições que aprendeu com seu pai Jo Rostang e também no Lasserre, onde se formou ao lado de seu cúmplice e amigo Guy Savoy, geram frutos. Com André Chabert, o agradável anfitrião do Château de Rochegude, ele pode ser visto no mercado de trufas em Richerenches – no departamento de Vaucluse –, nariz ao vento, cheirando, avaliando a colheita da trufaria Rabasse e se inebriando com seus aromas potentes. Teria tido ele, sem as reiteradas visitas, a inspiração para criar seu famoso sanduíche no qual a trufa em lâminas grossas impregna, durante uma noite, duas fatias de pão de fermentação natural cobertas com muita manteiga com sal, que bastará levar a um forno salamandra para se obter o mais rústico e o mais sofisticado dos sanduíches? Como Colette dizia: "Nem a ciência, nem a consciência moldam um grande cozinheiro. Para que serve a aplicação onde é preciso a inspiração?".

Com a mesma constância, o cordeiro de Rémusat, as galinhas de Bresse de Miéral estão presentes no cardápio de Michel Rostang. Suas receitas mais bem-sucedidas são, justamente, as que recorrem menos à ciência culinária e mais a uma intuição muitas vezes original. Foi esse apreço pelo produto autêntico que o levou a apresentar o salmão ártico, o lavareto [*Coregonus lavaretus*], as percas dos lagos da Saboia e do lago Léman e também a lota. É obrigatório provar a maravilhosa pata de Miéral ao sangue em dois serviços – assada no ponto de preferência do cliente –, apresentada diante de todos em uma gueridom, trinchada finamente, depois juntada com o suco da carcaça em redução de vinho tinto, ligada com sangue acrescido de um pouco de foie gras, as coxas separadas e grelhadas. "Mario, no Lucas Carton, fazia da mesma maneira", conta Michel com modéstia. Ele gosta de despertar algumas receitas antigas adormecidas, adaptando-as aos nossos paladares, como a galinha ao vinho amarelo e a quenelle suflada "Jo Rostang", no cardápio há 35 anos.

Michel Rostang domina a tal ponto sua arte que já há muito começou a diversificar o modo de expressá-la: primeiro como sócio em um restaurante em Santa Mônica, na Califórnia; depois em outro em Anguilla, do qual continua sendo consultor. Seus outros estabelecimentos parisienses – Le Bistrot d'à Côté e seus *pieds paquets*, o Café des Abattoirs e seu bife de angus – são apreciados por uma grande clientela. Por um momento associado com Johnny Hallyday, abre na Rue Balzac um restaurante com decoração nova-iorquina mas voltado a produtos franceses! Com suas filhas, Caroline e Sophie, adquire o L'Absinthe, na Place du Marché-Saint-Honoré, o Jarasse e o La Boutarde, em Neuilly. Não satisfeito com essa atividade à frente de uma verdadeira Pequena e Média Empresa (PME), Michel Rostang abre uma brasserie francesa em Dubai. O segredo de seu sucesso não é a austeridade, mas o rigor. Sem excluir o pitoresco. Mesmo tendo sido criado longe das contingências – pelo menos aparentemente –, Michel Rostang sempre exige de si o melhor e o mais difícil.

Para ele, é uma questão de honra apresentar todos os anos, no Dessirier, uma bouillabaisse digna de consideração. A receita desse prato nunca ficou estabelecida. Se existem discussões fúteis sobre as mil e uma maneiras de preparar a bouillabaisse é porque "seu talento não parou mais de nos regalar", como dizia o escritor marselhês Jean-Claude Izzo. Trata-se, originalmente, de uma receita de pescadores quase impossível de ser reproduzida em um restaurante. Jean-Claude Ferrero, natural de Antibes, havia entendido isso e defendia, para oito pratos, o uso de três quilos de peixes ultrafrescos (garoupa, peixe-roncador, girela, congro, tamboril...), cebola picada, uma cabeça de alho, um bouquet garni, um ramo de funcho, cinquenta mililitros de azeite de oliva, tomate picado, açafrão, sal e pimenta. Macere todos esses ingredientes em uma panela durante algumas horas com os peixes de carne consistente. Cubra abundantemente com água e deixe cozinhar em fervura, com tampa fechada, por oito minutos. Adicione os peixes de carne macia e continue cozinhando durante o mesmo tempo. Coloque os peixes em um prato fundo e derrame o caldo, já passado para uma sopeira repleta de croûtons dormidos . "Em uma bouillabaisse marselhesa, as fatias de pão nunca devem ser grelhadas, assadas ou tostadas", afirmava o chef Apollon Caillat (1857-1942), amigo de Escoffier. Nessa preparação, costuma-se adicionar a rouille, que é uma pasta feita de alho e pimenta vermelha esmagada em um pilão, com migalhas de pão, duas colheres de azeite de oliva e um pouco de caldo. "Bouillabaisse" em provençal é uma palavra masculina, que alguns autores dizem derivar de *bouï-abaisso* e explicam de modo douto: quando a panela "bout [ferve], baisse [baixe] o fogo". Essa etimologia é repetida de cor pelos restaurateurs obrigados a fazer uma sopa e escaldar os peixes separadamente, porque é uma fantasia preparar uma bouillabaisse na hora. Cauteloso, Jean-Claude Izzo comentava: "Eu vou dizer, para não ofender ninguém, que é melhor preparar a bouillabaisse por conta própria".

O sabor único da comida parisiense

"A memória de Paris é o nosso único bem", dizia Stéphane Mallarmé ao cruzar seu Boulevard des Batignolles. Paris é o tesouro comum dos poetas, dos escritores inevitavelmente pobres, e das pessoas que nada possuem. Batignolles, Clichy, Montmartre, Abbesses, todos os locais onde se perpetua a essência das coisas, mas que em parte desapareceram, como minados pelo fluxo e refluxo da História nos dois últimos e tumultuados séculos, dois séculos que também foram, por acaso, gloriosos para a culinária. Mallarmé, autor de *A tarde de um fauno*, dirigiu de setembro a dezembro de 1874 *La Dernière Mode*, revista em que publicou uma receita de *moulongtani* (uma miscelânea de especiarias) para um réveillon: "Dourar uma cebola na manteiga com curry e açafrão amarelo da ilha de Bourbon. Acrescentar então um frango cortado e já dourado". A receita, criada pelo próprio Mallarmé, único redator dessa revista efêmera, é assinada por um surpreendente pseudônimo: *Olympe, la négresse*. É possível ser poeta simbolista e jocoso. Mallarmé explica: "Sempre nossas duas preocupações: espalhar pela Europa e além o sabor único que norteia a mesa parisiense e francesa. Introduzir aqui os produtos e as preparações de todos os lugares do mundo". Um século e meio depois, as palavras ainda são pertinentes e compartilhadas por Guy Savoy, que, da Rue Duret em 1980 à Rue Troyon, permanece fiel ao Oeste parisiense, pelo menos até a instalação na Casa da Moeda em 2015.

Guy Savoy retoma por conta própria e de bom grado a observação do historiador Theodore Zeldin: "A culinária é a arte de transformar instantaneamente em alegria produtos carregados de história". Ele inclusive estampou essa máxima na fachada do Atelier Maître Albert, um de seus restaurantes da *rive gauche*. Para ele, sem dúvida a culinária é construída sobre o que subsiste, mas evolui, do contrário não há continuidade da substância culinária, nem arte. Comparando, é um pouco como o destino da língua francesa, que se enriquece, se emenda, se modifica. Medir em um chef a capacidade de demonstrar criatividade baseando-se na tradição é considerar que a arte culinária é uma questão de aquisição, depois de transmissão.

É a própria história do jovem Guy, cujo pai, de origem suíça, e a mãe, delfinesa e cozinheira, lhe ensinaram o sabor dos pratos cozidos que ele retoma hoje em um jarrete de vitela assado, suave, macio, verdadeira nostalgia dos sabores da infância. Nascido em 1953, Guy Savoy passou seus primeiros dezesseis anos em Bourgoin-Jallieu, baixo Delfinado. Permanece até hoje ligado a essa região, chamada de Terras Frias. Ele inscreve seu trabalho nessa continuidade, entre um mundo rural que conhece e finos paladares que apreciam seus pratos. Aprendiz dos irmãos Troisgros em Roanne, lá conviverá com o amigo Bernard Loiseau. Disciplina, rigor, coragem são os "ingredientes certos para formar o caráter". São também o melhor terreno para, na sequência, florescer a criatividade e a originalidade. Seus anos de formação o conduzem em seguida para o Lasserre, depois para o Lion d'Or, em Genebra. Em seguida será visto no L'Oasis, em Mandelieu-La--Napoule, onde acumula as funções de pâtissier durante a *mise en place* e de cozinheiro durante o serviço. Em 1977, é contratado por Claude Verger como chef e gerente no La Barrière de Clichy, no lugar de Bernard Loiseau, que partiu para Saulieu em busca de seu destino.

A barreira de Clichy, celebrada em uma pintura de Horace Vernet (1820), presenciou o heroico episódio final da resistência parisiense frente aos exércitos aliados contra Napoleão. Ali também se encontrava, desde 1765, uma *guinguette* chamada Père Lathuile, popular por sua receita de frango com alcachofras e batatas Anna, por sua adega e por suas tripas à moda de Caen. O marechal Moncey havia estabelecido no local seu posto de comando para resistir ao contingente russo, em 30 de março de 1814. Patriota, o proprietário distribuiu aos soldados todas as provisões e sua adega, a fim de "não deixar nada para o inimigo". Esse episódio valeu a Lathuile, assim como à sua receita de frango salteado, uma glória que ficou gravada nas memórias.

Em 1980, Guy Savoy se instala na Rue Duret e não passa despercebido pelo *Michelin* e por *Gault et Millau*. Logo sua notoriedade ultrapassa a do círculo de gourmets. Ele é um dos hussardos da geração que sucede aos pioneiros da *nouvelle cuisine*. Ainda que hoje seja comum os chefs serem irônicos ao falar daquilo que os tornou célebres, Guy Savoy defende que a "*nouvelle cuisine* ofereceu aos cozinheiros uma nova gama de notas graças às quais eles podem criar infinitas partituras e dar, assim, uma verdadeira personalidade à sua cozinha e a seu estabelecimento". Durante esses primeiros anos, ele forja a sua assinatura. Mas seu restaurante é pequeno. E quando, em 1987, seus amigos Gilbert e Marguerite Le Coze decidem tentar a sorte nos Estados Unidos, ele se muda para o Bernardin, no número 18 da Rue Troyon.

Ele transforma a cozinha e a sala e escolhe pinturas, litografias e esculturas que vão personalizar de maneira duradoura o estabelecimento. Uma característica cujo espírito, embora não a forma, Jean-Michel Wilmotte preservou catorze anos depois, quando concebeu uma nova disposição. A clientela está crescendo. Executivos de empresas, figuras políticas, grandes personalidades das finanças, das artes, do show business, da França e do exterior, passam a frequentar o restaurante para apreciar uma cozinha que baniu toda a rotina e toda a extravagância e que reflete uma cativante personalidade. Na virada do século, Guy Savoy se dá ao luxo de criar um novo ambiente. Jean-Michel Wilmotte, seu amigo arquiteto, lhe sugere uma solução funcional, um eixo central perpendicular à entrada, delimitando uma sucessão de salas de jantar, algumas delas privativas com portas corrediças de vidro e revestimentos de madeira, couro e pedra. O aperfeiçoamento da acústica fica assegurado; a iluminação é bem-sucedida. Guy Savoy valoriza as obras de pintores e artistas plásticos contemporâneos, pinturas sobre tela ou papel de Daniel Humair, Georges Autard, pinturas em porcelana de Tony

Soulie, Jacques Bosser, quadros de Bran van Velde e Alechinsky e Merri Jolivet. Estátuas de povos ioruba e bozo, uma harpa de Bali, um escudo de Camarões, pássaros senufos da Costa do Marfim, todas esculturas contemporâneas em sua forma e em seu espírito. Seu museu imaginário.

A cozinha de Guy Savoy, geralmente voluptuosa, equilibrada, foi enriquecida nesse novo ambiente com pratos de uma originalidade vigorosa, que o *Michelin* vai coroar em 2003 com uma terceira estrela. Como por exemplo a geleia de tomate com manjericão, cavala e salmonete marinados, polvilhados com algas, o peixe-de-são-pedro empanado com ervas ou ainda as tiras de pato e foie gras salteadas e acompanhadas de folhas de espinafre, de um croustillant de chocolate apimentado e de um suco feito de uma mistura de vinagres. Um registro de sabores em que a acidez bem moderada possibilita brincar com pratos de uma inspiração completamente dominada, mas cuja origem deve ser buscada no universo da infância, matriz dos gostos consolidados, da qual Guy Savoy nunca esqueceu o significado.

A sopa, por exemplo, entrada rústica por excelência, mas adaptada há muito tempo, com o nome de potage, às exigências da alta cozinha. O general De Gaulle adorava encontrar em seu menu uma sopa diferente todos os dias. Gostava até de repetir. Atribuem-lhe esta frase, endereçada a um dos amigos que recusara o convite: "Você está cometendo um equívoco, Guichard. A sopa é um prato nacional!". Em Guy Savoy, a sopa de alcachofra com trufas negras e brioche folhado com cogumelos atinge um equilíbrio de sabores quintessenciais, como se dizia nos tempos de Brillat-Savarin. Ela inscreve seu nome na série de sopas ilustres – Crécy, Condé, du Barry, Germigny. Sua criação é uma sacada genial, inspirada talvez em uma sopa de alcachofra com trufas servida em Grenoble em 1624 por ocasião da vindima, cuja menção se encontra em arquivos locais, mas sem uma receita precisa.

A brigada de cozinha da Rue Troyon está em constante movimento. Uma das novidades é um "filé de salmão solidificado no gelo, consomê quente, pérolas de limão", preparado em uma gueridom diante de cada cliente. O filé de salmão Label Rouge é colocado em um bloco de gelo seco protegido por uma película impermeável. Um ou dois minutos são suficientes para "selar" o peixe, não pela ação do calor, mas pela do frio (-80 graus). A textura na superfície se encontra modificada de tal maneira que é possível antecipar que se trata de um cozimento a frio. No prato fundo foram colocados dois caules, macios, suculentos e crocantes de uma couve-da-china que lembra um aipo ou uma acelga. Suas folhas com nervuras, de um verde escuro, têm um gosto mais refinado que aquele do repolho. O filé de salmão é posto no prato, o consomê quente é espalhado ao redor, enquanto um tempero final de pérolas de limão traz a fina acidez da erva-cidreira. O quente e frio aplicados quase simultaneamente alteram de maneira substancial a textura da carne do peixe, dando-lhe uma dimensão até então desconhecida dos cozimentos clássicos, na chapa ou de maneira unilateral. Desde o famoso salmão ao molho de azedinha de Jean e Pierre Troisgros, nenhuma preparação desse peixe havia me convencido de sua superioridade. E também não, com certeza, a receita japonesa de sashimi, que é uma arte de corte aplicada a um peixe cru. A nova receita de Guy Savoy merece marcar época e estimula à reflexão sobre os avanços e também os limites da tecnologia. A manipulação de um bloco de gelo a semelhantes temperaturas requer infinitos cuidados.

Se precisasse pincelar o quadro de um novo capítulo de *A comédia humana* e observar os costumes de mesa de nosso tempo, seria com Guy Savoy, hoje, que Balzac faria sua refeição. E se ouvisse o chef dissertar sobre a arte do cozinheiro, concentrar-se na descrição dos novos usos, dos produtos de diferentes origens, o escritor inevitavelmente faria a constatação de que sem dúvida a culinária é construída sobre o que subsiste, mas evolui, do contrário não há continuidade da substância culinária, nem arte. Guy Savoy vive com intensidade essa nostalgia, que talvez seja a melhor garantia de criatividade em constante ebulição. Para ele, a gastronomia de hoje é também convívio, sensação de acolhimento. Sua cozinha é como uma canção popular, uma espécie de "Il pleut bergère". Como todos os produtos acabados das grandes civilizações, a culinária é um coro, do qual todos participam – cozinheiros, fornecedores, viticultores, apreciadores –, que canta a singularidade de um povo. Mas cabe a alguns poucos ter o talento para valorizá-la. Ele foi em 2008 um dos primeiros sustentáculos dos universitários que conseguirão, dois anos depois, a inscrição da "refeição gastronômica dos franceses" no patrimônio imaterial da Unesco. O ano de 2015 viu a instalação de Guy Savoy na Casa da Moeda, Quai de Conti, em frente à Colonnade du Louvre.

O 17º arrondissement também atrai para seus limites uma nova geração de cozinheiros, como Christophe Pelé e alguns outros. Eles foram subchefs de chefs conhecidos antes de pensarem em estabelecer o próprio restaurante. A geração de 30-40 anos contribuiu para a glória dos grandes mestres hoje com seus estabelecimentos estrelados e de prestígio. Muito jovens, eles começaram como auxiliares, chefs de partie, depois subchefs. Impossível manter a culinária no patamar de um modo de vida sem a paixão, a dedicação deles. Christophe Pelé foi chef de partie no Royal Monceau, sob a direção de Bruno Cirino, depois chef, até o fechamento do restaurante gastronômico desse palace em 2007.

Haverá vida depois de ser responsável pela direção da cozinha de um palace? Sim, no La Bigarrade, na Rue Nollet, pequena sala de jantar de vinte mesas contígua à cozinha, situada perto do Marché des Batignolles. Ali, o longilíneo Christophe Pelé, na casa dos trinta anos, e seus jovens auxiliares preparam na hora um menu de cinco pratos com sabores levemente picantes ou azedos (ostra branca com azedinha), ou então suaves, para realçar o fino amargor de um foie gras bem selado, com amêijoas e suco de couve roxa. Uma butarga de ovas de robalo da casa tempera as vieiras cruas ao passo que as cebolas vermelhas, as uvas confitadas e um suco aromatizado com Porto realçam um pedaço de robalo selvagem cozido com perfeição. Enquanto isso, o cuco de Rennes – ave rechonchuda que leva acelga e azeitonas, cozida no ponto de preferência do cliente – repousa alguns minutos antes de ser servido. O chef dedica aos produtos tanta atenção que o prato irradia uma espécie de magnetismo. O efeito é surpreendente. As sobremesas demonstram a mesma precisão: zabaione de saquê com maçã, caramelo com manteiga salgada, chocolate com geleia de rum e rodela de limão. Nada é solene nessa cozinha, tudo é controlado e sensível. O serviço é amável, minucioso, generoso, os vinhos cuidadosamente harmonizados com diferentes pratos: muscat da Alsácia com foie gras e na sequência: montlouis, syrah, grenache e jurançon. Os preços refletem a negativa dessa geração de trancar a gastronomia no que é raro e caro. O *Guia Michelin* acabará confirmando sem demora o sucesso do La Bigarrade lhe conferindo a primeira, depois a segunda estrela. Considerando a experiência finalizada, Christophe Pelé deixa o La Bigarrade para seu subchef em abril de 2012, indo em busca de uma nova aventura culinária. Mas a mudança não decola e o negócio desanda. Em pouco tempo, apesar das duas estrelas Michelin, o La Bigarrade fecha as portas.

O misterioso molho do L'Entrecôte

O Palais des Congrès, desde sua inauguração em 1974, atrai inúmeros visitantes, clientes de diversos restaurantes estabelecidos de ambos os lados da Porte Maillot. O Chez Georges, no Boulevard Péreire, um dos mais antigos, foi criado em 1926. Hoje é uma brasserie confortável, propriedade da família Menut – como a Le Ballon des Ternes, nas proximidades –, em que a cabeça de vitela ao molho ravigote, o tartare de carne, a quenelle de lúcio ao molho Nantua e o pernil cortado na gueridom parecem inalteráveis.

Em frente, do outro lado da Rue du Débarcadère, fica o Le Relais de Venise – L'Entrecôte, um fenômeno sem igual no ramo de restaurantes parisienses há mais de cinquenta anos. O sucesso é tanto que todos os dias, às onze e meia da manhã e às sete da tarde e sem parar, forma-se uma fila na calçada em frente à porta do estabelecimento. Prato único: entrecôte e seu famoso molho. Em 1959 Paul Gineste de Saurs criou, dizem que nos moldes de um restaurante de Genebra, uma fórmula inalterada composta de uma salada de nozes, um pedaço de carne em dois serviços acompanhados de fritas à vontade e, sobretudo, de um molho milagroso. Além de um preço bem atrativo, os habitués contam que é o molho a principal razão para esse entusiasmo.

Como é afinal esse molho? Inútil pedir a receita, porque toda a estratégia do fundador e seus herdeiros consiste justamente em manter o segredo. O aspecto liso e brilhante, ao menos no início do serviço, a cor e a textura o excluem da série de molhos escuros, sem no entanto o classificarem entre os roux dourados. Nenhuma carcaça ou mirepoix de legumes, nenhuma ligação com ovo ou farinha intervêm em seu preparo, mais próximo, em compensação, dos sabores de um gâteau de foie blond que de um molho suprême. No entanto, resolvemos o mistério. Seus ingredientes são fígado de galinha, tomilho fresco e flor de tomilho, nata batida, mostarda branca, manteiga e água, sal, pimenta. Utensílios: uma panela, um misturador, um chinois. O passo a passo: de um lado, doure em fogo baixo os fígados de galinha com tomilho fresco até pegarem uma cor leve; de outro, reduza em fogo baixo a nata batida com a mostarda branca de Dijon e aromatize com a flor de tomilho fresco. Misture delicadamente os fígados de galinha, em seguida passe-os no chinois com a nata reduzida. Cuidado com o andamento do molho: quando ele engrossar, adicione a manteiga firme e um pouco de água. Retifique, sal e pimenta moída. Aparentemente, nada mais simples.

Essa receita, no entanto, requer certa destreza, isto é, mais aplicação do que inspiração. E deve menos à genialidade de um grande cozinheiro do que a uma preparação conhecida em Bourbonnais como molho Duchambais. Não se sabe se Duchambais era o nome de um pároco e gourmet refinado do Antigo Regime que deixou apenas esse vestígio de sua gourmandise, ou então o de um notável de Droiturier, um pequeno povoado nas cercanias de Lapalisse, no departamento de Allier. A crônica local alega que a cozinheira de certo Duchambais, requisitada por um oficial do exército austríaco que ocupou a região em 1815, depois de Waterloo, foi iniciada na combinação da nata batida e do vinagre, e deu em seguida, por prudência patriótica, o nome do patrão a um molho "à austríaca". Seja como for, esse molho necessitava originalmente de um aparato quase idêntico ao do L'Entrecôte parisiense: fígado (de vitela ou de galinha, marinado em um pouco de cachaça) picado e esmagado para assegurar a ligação, manteiga, alho, cebola, mostarda, cenoura, crème fraîche. Única ligeira diferença, a deglaçagem era feita com vinagre. Jacky Morlon, masterchef francês (Le Grenier à Sel, em Montluçon), ainda prepara dessa maneira a pata caipira à la Duchambais. Isso significa que na cozinha tudo já foi dito e o que muda é apenas a maneira de dizer?

Durante mais de trinta anos, o Le Petit Colombier da Rue des Acacias foi um refúgio gourmand do Quartier des Ternes. A aposentadoria de seu proprietário, Bernard Fournier, poderia criar o receio da abertura de um novo sushi-bar, algo que infelizmente não falta em Paris. Mas não: um experiente profissional, Mark Singer, garantiu a continuação no final de 2011. Um pedigree impressionante: Robuchon, Prunier e também o Dodin-Bouffant, onde o grande Jacques Manière brilhava com suas últimas forças. Surge então um novo restaurante chamado Le Dodin, que é também uma homenagem a Marcel Rouff, poeta, romancista e gourmet de origem suíça, que nasceu em Genebra em 1887 e faleceu em Paris em 1936. Ainda que o cardápio seja bastante pequeno, alguns pratos já garantem o sucesso do estabelecimento: ovo de galinha em dois cozimentos e fricassê de cogumelos, confit de bochecha de porco com couve e, sobretudo, a cabeça de vitela com molho tartaruga, grande clássico da cozinha burguesa, bem esquecido atualmente. É uma cozinha sem ênfase mas saborosa, que promete um alegre momento de prazer, graças também a uma carta de vinhos estabelecida com discernimento.

A clientela rica do 17º arrondissement também viaja com regularidade à Itália no acolhedor e luxuoso restaurante de Sormani e de Rocco Anfuso, chamado Il Ristorante, na Rue Fourcroy. Alcachofras pequenas com molho poivrade e manjericão ou a salada tépida de feijão e lula-mansa, entradas sazonais, têm esse frescor típico da cozinha italiana. Destaque para as especialidades: presunto de Parma, filés de salmonete à l'éolienne, filé-mignon à la emiliana, lulas à la veneziana. Deliciosa pappardelle com legumes sazonais e fritura de lagostins, lulas, linguados e abobrinhas. Serviço acolhedor e bem-executado. Outro agradável restaurante italiano foi aberto na Rue Pierre-Demours por Ivano Giordani, veterano do Cecconi's e proprietário do Beato. O nome escolhido, Le Rital, recupera esse diminutivo que, antes de se tornar pejorativo na língua francesa, era a abreviação de "ressortissant italien" (*R.ital*) na administração imigratória dos anos 1920. Cozinha italiana ainda no Conti, na Rue Lauriston, onde Michel Ranvier, antigo chef do Expresso do Oriente, demonstra seu amor pela Itália por meio de um cardápio sazonal variado e apetitoso, em um local com decoração inalterável e agradável.

No Bois de Boulogne

Planejado durante o Segundo Império por Alphand e Davioud, o Bois de Boulogne (antiga floresta de Rouvray) devia, no estilo inglês, superar por sua beleza o Hyde Park, o grande jardim londrino que havia encantado o imperador francês. Pistas para cavalo, lagos, chalés, ilhas artificiais, tudo foi utilizado para a riqueza do cenário. Em particular uma grande cachoeira de dez metros de largura por catorze de altura, ao pé da qual foi construído um pavilhão para vendedores de bebidas, na véspera da Exposição Universal de 1900. Em 1988, André Menut, titular da concessão, sucedido hoje por seu filho Georges, decidiu restaurar os vidros, os lustres, as cornijas e as cantoneiras, criou um piso e um bar, para fazer desse pavilhão um dos grandes restaurantes do bosque. O suntuoso espaço recuperou sua atmosfera Belle Époque, e os cozinheiros que se sucederam decidiram oferecer uma cozinha contemporânea. Nos últimos dez anos, Frédéric Robert, ex-chef de Alain Senderens com um pedigree impressionante – L'Ambroisie, Le Vivarois –, se destaca na preparação de uma cozinha sazonal inspirada, focada no produto. Sua preferência por carnes de caça faz do La Grande Cascade parada obrigatória no outono.

O Le Pré Catelan, concebido logo depois de um século que viu o triunfo da cozinha francesa na Europa e decorado pela Caran d'Ache, explica a frase um pouco cruel de Carême segundo a qual a pâtisserie tem por ramo principal a arquitetura. A família Lenôtre, em 1976, deu um novo impulso ao Le Pré Catelan, que o grupo Accor e atualmente o Sodexo se esforçaram para manter.

Em 1997, após a saída de Roland Durand, foi preciso dar um pouco de tempo ao tempo com a chegada de Frédéric Anton, jovem e robusto loreno, brilhante subchef de Joël Robuchon, com quem aprendeu "o rigor, o método, a autoridade".

Porém seu mentor, o homem que em Lille guiou seus primeiros passos na cozinha, foi Robert Bardot (que posteriormente se instalou em Vaison-la-Romaine), um perfeccionista. A ele Frédéric Anton dedicou seu título de Meilleur Ouvrier de France. No cardápio de inverno, nenhum academismo, apenas produtos impecáveis realçados com simplicidade à custa de um trabalho quase invisível. A grande arte. Caso da navalheira [*necora puber*] preparada na casca sobre uma fina geleia de caviar e creme de aspargos verdes, do ouriço pré-cozido em sua testa (concha) ao fumet de aipo. E também o da lebre à la royale, com dente de alho e chalota, feita em pedaços de acordo com a receita do senador Couteaux, e sobretudo o da perdiz no espeto, servida sobre uma torrada coberta com um recheio fino, companheira ideal para um volnay-pitures de Jean-Marc Boillot, vinho de textura sedosa e aromas delicados de frutas vermelhas. O serviço está à altura do ambiente que, favorecido por sua pátina, está agora classificado entre os melhores restaurantes parisienses, dirigido por Jean-Jacques Chauveau, que recebeu em 2013 o Grand Prix de l'Art de la Salle, isto é, o de melhor maître do mundo.

Nas colinas

No sopé de Montmartre, na Rue des Abbesses, encontramos a história de um renascimento, símbolo de um bairro que se transformou, mas apegado a seus valores. A criação do La Mascotte remonta à época em que seu grande balcão ocupava todo o andar térreo de um hotel de dois andares, o Le Pompéa, onde Édith Piaf morou com seu pianista nos anos 1930. Seu proprietário, Teissier, aumentou-o em três andares e o batizou de Hôtel Antinéa, casa de encontro como seu nome sugere. Nesse período, o térreo e as quatro mesas de bilhar eram mantidos pelo sr. Laurent, natural de Fleurie, onde buscava o vinho novo para uma clientela de comerciantes de bairro e artistas da Butte de Montmartre: Toppa, Lecomte e Gen Paul. Depois, a família Conte o sucedeu até 1965, ano em que Irène e Maurice Campion, naturais da região de Mur-de-Barrez, departamento de Aveyron, compraram o negócio. Hoje o filho do casal, Thierry Campion, perpetua a tradição de Montmartre e Aveyron, oferecendo uma cozinha honesta, produtos da região e uma gentileza que se traduz até na conta. Uma nova decoração, em 2012, e eis outra vez relançada uma parada obrigatória do sopé da colina. Trata-se do exemplo típico de uma transmissão de família, algo mais frequente do que em geral se imagina nesse bairro pitoresco.

"Mont' là dessus tu verras Montmartre" cantava Colette Renard

Hoje em Montmartre é preciso distinguir a Butte de seus arredores. Na parte turística, raros são os locais recomendáveis, com exceção do La Bonne Franquette, de Patrick Fracheboud – que, reza a lenda, deveria o sobrenome a Francisque Poulbot, cartazista e ilustrador, criador do famoso "poulbot" de Montmartre, publicado em 1895 na revista *Pêle-Mêle*. Pintores e poetas se reuniam ali depois de subir a Rue Saules para beber: Degas, Cézanne, Toulouse-Lautrec, Pissarro, Sisley, Renoir, Monet... Vincent Van Gogh imortalizou o jardim sob as árvores em 1886 no quadro *La Guinguette*, exibido no Musée d'Orsay. Pelo balcão de estanho passaram os cotovelos de Aristide Bruant, Yvette Guilbert e Jules Étienne Edme Renaudin... Há trinta anos, Patrick Fracheboud atravessa regiões e vinhedos da França em busca de bons produtos, a carne de charolês, o boudin basco de Christian Parra com pimenta de Espelette, a andouillette, o queijo azul. Escargots, boeuf bourguignon, confit de pato e também *tripous* e pés de porco vão ao encontro do bom humor, com – como Montmartre manda! – uma garrafa de vinho sobre a mesa.

Perto do Funiculaire de Montmartre, o Le Grand 8, aberto inclusive aos domingos, oferece suas delícias nos moldes de um bouchon lionês: alguns pratos populares, o boudin do Tarn ao funcho, salada de polvo e ou peixe-espada com gengibre e uma seleção muito apurada de vinhos naturais, desprovidos de leveduras indigestas, agrotóxicos e enxofre. Seu proprietário, Kamel, tem uma visão muito lúcida a respeito da cozinha de inúmeros jovens chefs em voga, da heresia do cozimento a vácuo, que "não passa de uma técnica de *mise en place* e do menor esforço", e da afetação que engana ao mesmo tempo os clientes e os críticos. Ele prova todos os seus vinhos, escolhe os melhores produtos, orienta com discernimento a cozinha e mantém desde a abertura uma das melhores qualidades de prestação de serviço de Montmartre. Essa é a razão de seu sucesso, além de uma vista deslumbrante de Paris.

O mais recente estabelecimento na Rue Caulaincourt é o Jour de Fête, vocação quase tardia de Buch e Mimi, dois apaixonados pelo universo dos vinhos, montmartrenses de coração. Para a estreia, o lombo de coelho envolto no alecrim e o leitão assado com acelga, nabo, cenoura e repolho, e recheado com foie gras, causaram uma boa impressão.

Não se deve esquecer dos restaurantes da Rue Lepic, o Le Coq Rico, liderado por Antoine Westermann, o Antoine de Montmartre e Au Clocher de Montmartre, o quarto estabelecimento de Antoine Heerah, que cuida também do Le Moulin de la Galette e do Le Chamarré Montmartre, no local antes ocupado pelo Beauvilliers.

Édouard Carlier era um esteta. Sonhava com um lugar de festa na "comuna" de Montmartre. Em 1974, surge na Rue Lamarck uma oportunidade de dar a uma padaria do século XIX o nome de Antoine Beauvilliers, *officier de bouche* do conde de Provence, criador de um dos primeiros grandes restaurantes de Paris, em 1782, na Rue de Richelieu. Édouard Carlier faz desse local um relicário que em nada fica devendo a seu ilustre antecessor no campo do requinte e da arte de viver. Em meio às flores, coleções de buquês de noivas, retratos de crianças e ilustrações da Montmartre dos tempos idos mantêm o encanto da memória, assim como o da cozinha, um pouco desatualizada mas ainda saborosa.

Desde a abertura, a festa é de lei e nenhuma das loucas noites da Butte de Montmartre escapa de seu sacerdócio – ao qual Mick, seu companheiro, Michou e Yvan, amigos de sempre, se associaram ao longo dos anos. Noite "em branco" para comemorar o ano-novo, jantar azul, branco e vermelho para festejar o 14 de julho, o Le Beauvilliers está sempre lotado. Édouard Carlier recebe os burgueses e os gentlemen com o mesmo requinte, o mundo do show business, da moda, das artes e da política. Jacques Chirac celebra ali suas bodas de coral! Dos 178 pratos da época do Antigo Regime, o cardápio mantém a quenelle de carpa e de esturjão ao caldo de três crustáceos, o tupinambor fresco recheado de caranguejola, as caudas de lagostins salteadas com especiarias, a rilada de vitela e os cérebros de cordeiro. "A mesa é um teatro", lembrava Édouard Carlier. Em seu restaurante, a representação sempre foi preciosa, sem ser ridícula: os intérpretes e o público souberam manter o entusiasmo da estreia até a morte de Dudu Carlier, em 2003.

Um jovem chef tenta a retomada. Alguns anos depois, Antoine Heerah estabelece no local o Le Chamarré Montmartre, após algumas obras consideráveis que rompem com a joia dos tempos idos. Natural das ilhas Maurício, ele pretende oferecer aos parisienses um hábil intercâmbio culinário entre os produtos do arquipélago de Mascarenhas (frutas, legumes, peixes e crustáceos) e os costumes da cozinha francesa, que ele viu de perto no Arpège, de Alain Passard. Cozinha de fusão? Negativo. Antes combinação de diferentes gamas de sabores em uma nova panela *créole*, na qual se podem decifrar, com todas as tradições respeitadas, a nostalgia africana, as especiarias da Índia e o rigor do savoir-faire culinário francês conforme uma vasta redistribuição, oferecida pelo mundo moderno das viagens.

Surpreendente Belleville

O charme de Belleville é seu exotismo multicolorido desde a encruzilhada em que brilha o La Bellevilloise, célebre café e local de eventos, ao longo da rua salpicada de cores chinesas, vívidas e ofuscantes, se movimentando na paleta do verde-acre e do violeta-púrpura, como um pôr do sol eternamente invertido.

As ruas Rebeval, Rampal, Lauzin, com seus restaurantes pequenos, seus encantadores cafés populares e suas lojas de artesanato, oferecem calor humano e espaço para convivência a toda uma geração jovem e popular que voltou a dar vida a essa região dos antigos vilarejos das colinas do Leste parisiense, no passado fora dos limites de Paris, para além do Mur des Fermiers Généraux. O cume se chamava Haute-Courtille, área de descanso campestre, de verdor, de vinhas para as famílias de burgueses e comerciantes. O vinho de Paris era consumido na parte baixa da Rue de Belleville, na Basse-Courtille. Era um lugar de festa, quando não de tumulto. Moças e meliantes, cortesãs e faquinetas, a escória da cidade se espantava sob o olhar atento de artistas e burgueses que frequentavam o Bœuf Rouge, o Sauvage, o L'Épée de Bois, o La Carotte Filandreuse e o Bon Papa Desnoyers, comerciante de vinhos. Vendido por litro, o vinho era vertido torrencialmente para dentro das garrafas, em um ritmo incessante. Os casamentos da pequena burguesia também aconteciam ali, como na Quarta-Feira de Cinzas a famosa "Descida da Courtille", espécie de "orgulho gay" carnavalesco da desigualdade social. Meninos e meninas fantasiados desciam em um tumulto colorido, assim como se pode ver no *Boulevard do Crime* de Carné e Prévert, evocação magistral de uma multidão enlouquecida, delirante, que descia até esse bulevar. Gavarni e Daumier deixaram relatos dessa algazarra ruidosa com origem na longínqua época romana. Esse desfile burlesco era conduzido nos anos 1830 por um herói falacioso, Milord l'Arsouille – Charles de La Battut no registro civil –, que enriqueceu o linguajar popular francês com o verbo intransitivo "s'arsouiller", se entregar à libertinagem; se embebedar; se comportar como Arsouille.

Hoje, o Parc de Belleville é a última testemunha da morfologia do bairro, uma vinha, pequenas cascatas e lagos, grutas artificiais, pérgulas e arbustos podados oferecendo, além de tudo, um panorama maravilhoso de Paris. A Place des Fêtes não teve essa sorte: foi martirizada por uma renovação brutal. Ali perto, a Rue de la Mare e a Rue des Cascades, embora muito degradadas, evitaram uma transformação letal graças à visão humanista do arquiteto Antoine Grumbach: o traçado das ruas apropriado dos antigos caminhos dos horticultores foi preservado, os lotes estreitos reabilitados, a baixa altura dos imóveis conservada. É ainda um bairro semelhante àquele narrado no mais belo livro dos irmãos Goncourt, *Germinie Lacerteux*, agradável lembrança da vida do povo no Segundo Império, antes dos conflitos na colina durante a Comuna. Poucos parisienses conhecem este local trágico: a Villa des Otages, na Rue Haxo, e seus 52 fuzilados da "Semana Sangrenta" em 1871, como lembra Ignacio Ramonet no *Guide du Paris rebelle*. Esse autor sensível acrescenta: "Paris é tão grande que uma vida não basta para explorá-la, além disso os parisienses vivem ocupados com suas obrigações". Para se reconciliar com seu tempo, com os homens, basta ir ao cemitério Père-Lachaise no fim de uma tarde de inverno, quando a luz rasante do pôr do sol, que é viva, lança tons de lilás no Muro dos Federados. As rosas vermelhas são as da Comuna. A impressionante vista de Paris aqui é profunda, estimulante. É nesse quadro que termina *O pai Goriot* de Balzac, e com esta famosa interjeição: "Paris, agora é entre nós dois!", dita por Rastignac. Mas os fervorosos amigos de história, os poetas – de Nerval a Aragon –, os gastrônomos miseráveis e inventores de locais e restaurantes – que com certeza não figuram no *Michelin*! – sabem muito bem espremer o melhor das ruas de Paris. De acordo com suas inclinações, de acordo com sua sensibilidade receptiva. Baudelaire foi o primeiro, se não o mais claro, inclusive mais do que Nerval, a nomear e pontuar esse fenômeno, essa empatia com a paisagem parisiense que estimula a imaginação. Porque todos sabem que a flânerie é inseparável do ócio gourmand, que é também a marca da atenção dada às qualidades sensíveis e de convivência da mesa.

Nossas primeiras lembranças de Belleville datam dos anos 1960, da invasão dos *pieds-noirs**, dos primeiros cuscuz, generosos, cheirosos, na Rue Ramponneau. De frente para o melhor, uma loja de chá de hortelã e bolos do Magreb ficava aberta dia e noite. Transcorridos cinquenta anos, também é grande a oferta de alimentos oriundos da diversidade, de épiceries com especiarias de verdade, legumes e frutas em abundância, e da feira frequentadíssima do Boulevard de Belleville. A tonalidade asiática hoje é predominante.

---

* Termo utilizado para designar sobretudo franceses que viviam na Argélia e que, depois da independência desse país, retornaram para a França. (N.T.)

Alguns encontraram aqui o ponto em que a cidade, como sonâmbula, se converteu na vida interior. É o mundo de Brassaï e de Doisneau recuperado. Há algumas dezenas desses pontos em Paris, nichos refeitos ou microclimas recriados. A busca de um restaurante se transforma então no prazer de viver na cidade, de conversar, de enfrentar o muro da indiferença dos belos bairros – para alguns, de desafiá-lo. Como refúgios secretos, os bistrôs e os restaurantes modestos atraíram os sonhadores, os poetas e também os gourmands em busca da cozinha das fadas serventes em uma Paris constantemente percorrida, constantemente reinventada a cada geração. Essa cozinha acalmará a fome, apaziguará o sentimento confuso de enfraquecimento que é provocado de maneira permanente pela Babilônia moderna, a metrópole ao mesmo tempo amada e justamente odiada e temida.

Chili chique e vinhos vivos

Belleville e Ménilmontant eram viveiros de operários no pré-guerra, enxotados para o subúrbio pela especulação. Os netos voltam a esses lugares de memória. No Baratin, de Olivier Camus, a tradição se perpetua desde 1987, em uma decoração à la Carné. Raquel Carena, que deixou a Argentina recentemente, está no fogão. O início foi modesto. Em 1991 chega Philippe Pinoteau, interessado pelos vinhos vivos, que alguns chamarão de "vinhos naturais". Bar de vinho e restaurante, o Le Baratin logo se torna um local sagrado de resistência dos moradores de Belleville aos vinhos industriais. O estabelecimento decola de verdade em 1995, graças ao boca a boca. No balcão desfilam as preciosidades: chenin, savagnin, poulsard! A recepção é direta, amável, a conversa acerca dos vinhos (do vale do Ródano, saint-joseph, cornas, côte-rôtie), interminável. Crus do Layon, de Vouvray, para acompanhar um gâteau de fígado de galinha, um filé de atum com pimenta de Espelette ou um delicado cérebro de cordeiro com limão. A magia desses prazerosos vinhos acontece, e a atmosfera permanece sempre cordial.

Em 2001, Philippe Pinoteau, vulgo Pinuche, e Raquel ficam sozinhos à frente do estabelecimento, e Olivier Camus abre o Le Chapeau Melon, bem perto. O restaurante de Raquel teve um enorme progresso a ponto de merecer a denominação, em voga no passado, de "restaurante operário, cozinha burguesa". Burguesa e mediterrânea, com algumas reminiscências da Argentina ou da Catalunha. Os grandes chefs se dirigem a Belleville nos finais de semana. Pierre Hermé é habitué do estabelecimento; ali se pode esbarrar com Olivier Roellinger, Yves Camdeborde e muitos outros. Aliás, entre os blogueiros, não se diz mais "vamos ao Baratin", mas "encontro na Raquel!". Sua excepcional intuição culinária ilustra a frase de Colette: "Só fazemos bem o que amamos". Sua receita de *chili con carne*, lugar-comum dos tex-mex e outros restaurantes estado-unidenses, é um modelo de inteligência.

O inevitável e invasor *chili con carne* não é mexicano. Foi inventado em San Antonio no início do século XIX por um alemão natural de New Braunfels, Texas. É um ragu de carne moída com o acréscimo de feijão vermelho, que um caubói malicioso se atreveu a chamar de "morangos da pradaria". No entanto, existe uma deliciosa matriz mexicana da mistura texana, que Raquel Carena oferece no Baratin. É um guisado de feijão vermelho com dois tipos de carne e molho *ranchera*; um prato para no mínimo oito pessoas, "porque precisa de volume, e de tempo: duas vezes duas horas em dois dias", diz Raquel.

Primeiro, reúna os ingredientes: 500g de feijão vermelho mexicano ou californiano mergulhados um dia antes em bastante água; 300g de rabo de boi; 500g de costelas de porco; 5 cebolas; 3 pimentas-jalapenho frescas ou pimenta marroquina picante; 2 maços de coentro, cominho, óleo de amendoim e 1 kg de tomates maduros frescos.

Um dia antes: cozinhe o rabo de boi na água com uma pitada de cominho, uma cebola, sal e pimenta durante duas horas. Retire a carne, desfie, coe o caldo de cozimento e deixe repousar em local fresco.

No dia seguinte: em uma panela grande, coloque o feijão escorrido para cozinhar na água com 1 cebola, 1 pimenta cortada, 1 maço de coentro e 1 colher de chá de cominho. "Quando começa a ferver, adiciono um copo de água fria para manter o feijão inteiro e deixo cozinhar por uma hora e meia em fogo baixo", explica Raquel. Enquanto isso, corte as costelas de porco, as outras 3 cebolas, os tomates descascados, os 2 maços de coentro e as 2 pimentas. Em seguida, refogue todos esses ingredientes em uma grande caçarola, adicione sal e pimenta. Retire e desengordure o caldo do rabo de boi, e embeba a carne da costela até cobrir os pedaços. Cozinhe a fogo baixo por 1 hora. Em seguida, coe o feijão vermelho e guarde a água do cozimento. Adicione o feijão e o rabo de boi na caçarola e embeba com essa água de cozimento, depois deixe cozinhar em fogo baixo por no mínimo uma hora. No momento de servir, adicione o coentro restante picado. Acompanhe com arroz pilaf e molho. Molho ranchera: 1 pimenta, 4 chalotas cinza, 3 tomates descascados, suco de 2 limões, 1 maço de coentro, 1 colher de óleo de amendoim,

1 colher de chá de vinagre de vinho. Corte de maneira fina todos os ingredientes, misture-os em uma saladeira, adicione sal e pimenta. Sirva com o *chili* da Raquel. Uma delícia!

Na encosta norte da Buttes-Chaumont, o jovem Éric Fréchon deixou o Crillon ao mesmo tempo em que o chef Constant. Em 1995, eclodiu a crise – seguida por muitas outras! –, e não cabia fazer restaurante gastronômico, mas um bom bistrô de chef. Então, ele criou o La Verrière. Em pouco tempo, o prazo de antecedência necessário para conseguir uma mesa rivalizava com o de Joël Robuchon. Cabe dizer que a louça era suntuosa e o ambiente amigável, lembrando a atmosfera das Barrières dos anos 1970. A nata de Paris se deslocava para o La Verrière. Ali se podia esbarrar desordenadamente com estrelas do show business e com o secretário-geral do Partido Comunista, Robert Hue, que vinha da vizinha Place du Colonel-Fabien com colegas e os funcionários da imprensa. Por um tempo, Mark Singer assumiu o estabelecimento e mudou o nome para La Cave, em 1999, mas o devorador é versátil.

Hoje o antigo proprietário do Chez Ramulaud ocupa o local com o Quedubon, no flanco sul do parque. O nome é engraçado, o gerente, jovial, a comida, inesperada – cérebro de vitela à la grenobloise, pintada da Dordonha com cogumelos pleurotus, folhado de maçã – e bem servida. O local é o império dos vinhos naturais, dos quais Gilles Bénard é um refinado conhecedor. Os nomes-chave são: Jules Chauvet e Pierre Overnoy, dois lendários viticultores desse pequeno universo cativante.

No Quartier de La Villette, desde o fechamento do Cochon d'Or, sobrou apenas uma boa brasserie digna desse nome, preocupada com a clientela e aberta os sete dias da semana: Au Boeuf Couronné, relançada pelo grupo Joulie. Entradas clássicas de charcutaria e belíssimas carnes francesas, servidas com batatas soufflées. Lugar de memória do que foi La Villette da época dos abatedores. Barraca de ostras, arraia com manteiga de avelã, bife béarnais com moela. A primeira vez a gente retorna pela memória, a segunda logo depois de um concerto na Filarmônica de Paris.

Entrelaço periférico: restaurantes extramuros

Jantar no subúrbio – no Camelia na Bougival da época de Jean Delaveyne, no estabelecimento de Manière em Pantin ou no Pot-au-feu de Michel Guérard em Asnières – era nos anos 1970 o auge do chique parisiense. Os Trinta Gloriosos fizeram esquecer as alucinações célinianas: "A luz do céu em Rancy é a mesma que em Detroit, fumaça líquida que encharca a planície desde Levallois".

Em Meudon, onde Céline passou justamente seus últimos anos, o L'Escarbille revive a tradição gourmande extramuros, no antigo buffet da Gare de Bellevue, reformado, com salões e terraço. Desde 2005, o jovem Régis Douysset exerce ali, com discrição, sua arte adquirida no Bristol. Regala os habitués com uma charlote de foie gras de pato e aspargos, realçada por um crumble de frutas secas ou uma carne de caranguejola e purê de alcachofras aromatizado com alho-dos-ursos. Vieira assada na brasa com funcho, picanha de cordeiro de leite, porco ibérico, tudo isso é comum nessa cozinha generosa e original, servida com bom humor.

Em Yerres, no departamento de Essonne, vilegiatura florida da burguesia no final do século XIX, a prefeitura restaura e conserva o admirável parque e a casa de Gustave Caillebotte (1848-1894), pintor impressionista e mecenas, sobretudo o jardim e o chalé suíço, de decoração incomum e calorosa. Aí, no Châlet du Parc, Philippe Detourbe acabou se instalando em 2008, depois de diversas aventuras parisienses. Esse cozinheiro em voga captou o espírito do lugar. Observa suas impressões fugazes no jardim, colhe um raminho de cebolinha, garante a fina amargura da mesclun que ele combina com lagostins assados e batatas *Maxim's*.

Cozinha impressionista? Sim, mas a verdade do produto nunca é perdida de vista, mesmo em um acrobático prato de gambas fritas, batatas fondant, bananas e boudin noir com curry e leite de coco.

Em Saint-Germain-en-Laye, o jovem Thomas Cagna, filho de Gérard Cagna, chef duas estrelas em Cormeilles-en-Vexin, se atreveu a alinhar dois molhos de execução perfeita: a beurre blanc sobre um risoto de lavagante e um molho Albufera com moleja de vitela e pleurotus. O letreiro *Wauthier by Cagna* não esconde nenhum mistério: Wauthier é o nome da rua!

O departamento de Seine-Saint-Denis é uma entidade em si. Uma imagem do subúrbio parisiense. Passado o Carrefour Pleyel, é preciso ter nascido ali para se deslocar com facilidade. Hoje, são *brownfields* transformados em escritórios próximos a grandes blocos habitacionais, com população heterogênea. O Sena parece, a contragosto, abandonar essas margens, entre Gennevilliers e Île-Saint-Denis, onde florescia uma indústria complexa e desaparecida para todo um povo de macacão azul, homens jovens e operários, já sobrecarregados pela tarefa. As crianças sorridentes e os aprendizes jogavam bola, no intervalo, nos paralelepípedos das ruas industriais. Seine-Saint-Denis é um mundo povoado por fábricas que foram transferidas e novas indústrias, trevos rodoviários e parques paisagísticos cercados por blocos para alugar. Uma paisagem que tem a sua poesia áspera e onde vivem mais de um milhão de habitantes.

Céline narra o subúrbio: "A avenida antes da casa da tia era repleta de castanheiras... Para além da estrada ficavam as árvores, as terras, o aterro, as colinas e depois o campo... e mais longe ainda as paisagens desconhecidas... a China... E depois mais nada". A gastronomia extramuros havia fascinado Curnonsky. O mistério começa na barreira de Clichy! "O barraco da sra. Héronde dominava um terreno baldio. O cão tinha nos percebido... latia com toda a força." A sra. Héronde é uma bordadeira tão precisa quanto o mais refinado cozinheiro. Na cozinha, o trabalhador que não estiver motivado – diferentemente da mulher que faz rendas – não consegue alcançar a perfeição. O que aproximava o trabalho operário dos subúrbios e o trabalho de cozinha era a realidade da tarefa executada com perfeição. Em Seine-Saint-Denis, na ausência de novas indústrias, permanece a cozinha.

Para começar, vamos parar no Coq de la Maison Blanche, surpreendente brasserie – totalmente de época, sem que se possa precisar ao certo qual – onde Alain François, o proprietário, mantém a tradição do coq au vin, da lebre à la royale e, às quartas, da lendária cabeça de vitela que encanta Jack Lang, grande apreciador de miúdos. No estabelecimento são servidos pratos "da moda antiga". É o que se diz para zombar da dietética. A cabeça de vitela é cozida inteira em um caldo branco, geralmente servido com um molho ravigote ou um molho gribiche e, às vezes, um molho tartaruga. Como guarnição, cogumelos pequenos, ovos de codorna, quenelle de vitela, cristas de galo, língua, cérebro frito e pitus.

Alain François garante que sua receita de coq au vin à camponesa "não mudou em cinquenta anos", conta, abrindo um meursault de Coche-Dury, do qual sua adega está repleta. Seu fornecedor, um comerciante especializado em aves, fica em Rungis. "Eu escolho galos entre quatro e seis quilos", ou seja, uma vez destrinchados, entre doze e catorze porções, imediatamente colocadas para marinar por pelo menos 48 horas em um tinto (corbières) com cenouras, cebolas, cravo-da-índia, bouquet garni e um fio de vinagre. As carcaças bem coloridas, ligeiramente espessadas, às quais se acrescenta um mirepoix de legumes, proporcionam, após a redução, um caldo de galinha encorpado. Uma vez bem escorridos, os pedaços são flambados, dourados em fogo alto, em seguida levados para cozinhar no vinho da marinada e no caldo, em partes iguais. No último momento, intervém a indispensável ligação de sangue que dá ao molho seu incomparável sabor. Com um pouco de salsa picada e guarnição de tagliatelle na manteiga, o galo é servido pelando. Uma delícia. Falecido secretário-geral do Partido Comunista, Georges Marchais comemorou sua retirada da vida política no Coq de la Maison Blanche e escreveu no livro de visitas: "Pena que a casa não se chame Coq de la Maison Rouge!".

O Chez Henri, em Romainville, onde era preciso chegar antes das 21h15, foi antigamente um restaurante de excelência (vol-au-vent, suprême de faisoa com caudas de lagostim, civet de coelho). O mesmo vale para o La Campagne Lotoise, em

Bondy, de um dos filhos da família Asfaux, na época em que o patriarca mantinha com firmeza as rédeas do estabelecimento, na Rue Faidherbe, chamado À Sousceyrac, como lembrança de um romance de Pierre Benoit. Outros restaurantes antológicos, o Auberge des Saints Pères, de Michel Liret, e o Le Pouilly Reuilly, de Jean Thibault, em Pré-Saint-Gervais, onde sucessores mantêm a tradição de uma boa cozinha caseira. Em Aulnay-sous-Bois, Jean-Claude Cahagnet, masterchef francês, sucedeu a Michel Liret. Sua vieira com boudin noir, redução caramelizada de suco de endívia com cerveja e mousseline de aipo, recebeu a bênção estrelada do *Michelin*.

Epílogo

Ao fim desse passeio gastronômico no tempo e no espaço de Paris, surge uma pergunta: a globalização ameaça nossos paladares? Seria ela responsável atualmente pela compilação e pelo zapping a que se entregam inúmeros cozinheiros e seus clientes, sujeitos todos às imposições de marketing, às arbitrariedades das imagens e da moda, que aceleram a perda de sentido simbólico da mesa em prol de uma estratégia inédita de diversão, causa de um profundo "desamparo alimentar", segundo a hipótese de Anthony Rowley? Fenômeno induzido, algumas dezenas de jovens chefs da linha de frente da criação rejeitam mais ou menos a herança e, como os militantes franceses da Segunda Internacional Operária, cantam "Façamos tábula rasa do passado!". O historiador Jean-Louis Flandrin pressentira isso em 1996, na conclusão de sua *Histoire de l'alimentation*, que levantava a questão: "Em que medida a economia capitalista realizou, em matéria de alimentação, essa máxima?".

Do modesto hotel standard perto do trevo rodoviário de Bagnolet ao suntuoso palace dos belos bairros, o cliente anglo-saxão tem certeza de encontrar um café da manhã rico em proteínas: ovos, bacon, salsichas. Os franceses, na extensa alçada da vida privada, permanecem majoritariamente apegados ao café com pão ou a seus croissants, convencidos, como o escritor Manuel Vázquez Montalbán, de que "comer ou não comer é uma questão de dinheiro; comer bem ou comer mal é uma questão de cultura". A verdade capitalista – chamada hoje de globalização – esbarra na dificuldade de convencer a maioria de um país para o qual o domínio da mesa continua sendo essencial. Sua representação dada há pelo menos dois séculos pela literatura, pela pintura e até pelo cinema constitui uma visão provavelmente mais fiel de nossos costumes de mesa que a superabundância de estudos sociológicos, dominados pela disputa ideológica.

Atualmente, as raízes humanas – como garras originais e culturais – permanecem presas ao desejo alimentar, em um país onde comer bem é um mito mantido, se não ainda uma realidade. São testemunhas disso os jardins urbanos e, na entrada das cidades, o sucesso dos mercados ao ar livre e dos produtos orgânicos. Com certeza o futuro não verá essa civilização material desaparecer, apesar da influência da globalização. É a famosa história de Larzac, que os *papyboomers* ainda se contam. A cultura mainstream, da qual os exegetas não se cansam de afirmar a preponderância, é para muitos apenas o lugar de compartilhar músicas, imagens em 3D, shows de rock ou heavy metal. O compartilhamento dos paladares é algo bem diferente, como demonstram tanto o sucesso limitado da cozinha de fusão, importada da Costa Oeste dos Estados Unidos, como, finalmente, o fracasso da cozinha molecular. Muitos compatriotas franceses pensam como Jules Renard: "Eu não sei o que é bom, mas com certeza sei o que é ruim!". Na França, no entanto, cada bairro de Paris assim como cada centro comercial da periferia oferecem uma rede de fast-food, cuja atração principal é pãozinho recheado com carne moída e um acompanhamento de batatas fritas. O McDonald's permite a grupos heterogêneos de consumidores jovens, a crianças e seus pais conviverem sem problemas durante uma refeição acompanhada de bebidas sem álcool. Frequentar esse lugar limpo, atrativo, é divertido. A relação social que ele estabelece é provavelmente democrática.

No lar, em contrapartida, as refeições codificadas pelo uso e transmitidas pelo grupo parental – nicho étnico e ecológico – se inscrevem com seus pratos e ingredientes em uma continuidade digna das "longas durações" definidas pelo historiador Fernand Braudel. É justamente o sentido da inscrição da "refeição gastronômica dos franceses" no patrimônio imaterial da Unesco. A unidade funcional da refeição retoma aqui seu valor simbólico, em uma ação biologicamente útil e antropologicamente marcada pela natureza coletiva do compartilhamento. Se a culinária é uma linguagem, é inicialmente a da troca. Pois "o homem é um carnívoro que se alimenta de carne, de vegetais e de imaginação", afirma Claude Fischler em *L'Homnivore*. Faz-se então uma pergunta espinhosa: os rituais constantes das práticas alimentares, aqueles das famílias e aqueles da alta cozinha, vão se modificar? O valor agregado do simbólico e do imaginário deve necessariamente desaparecer? Fazer a pergunta dessa maneira é já fornecer a resposta. Em outras áreas, chamaríamos essa injunção de pressuposto performativo.

Os grandes cozinheiros franceses foram fisgados pela globalização? A cozinha de mercado, para eles, é o mercado mundial: Estados Unidos, Ásia, Emirados Árabes... Nos tempos do automóvel, versão Michelin, um restaurante "merecia a viagem" se tivesse três estrelas. Hoje é nos próprios locais em que residem os clientes com alto poder aquisitivo que se instalam, em um bater de asas, os chef ilustres associados com grupos hoteleiros: Las Vegas, Macau, Dubai, Singapura... Eis aí Joël Robuchon e Alain Ducasse à frente de cerca de trinta estabelecimentos. Guy Savoy comanda uma equipe em Las Vegas e em Doha, Pierre Gagnaire em Seul, Yannick Alléno em Marrakech.

A mesa, desde Carême ou Escoffier, se baseava no princípio do *natura artis magistra* ("a natureza mestra das artes"), que as exigências do mercado têm a ambição de abolir. "Globalização" é uma palavra-chave na ideologia, quando não do doxa predominante, abrangendo uma série de conotações, boas ou más, mas necessariamente circunscritas. Quase todas envolvem uma relação de trocas econômicas, de mercado, que sem dúvida é dominador. É verdade que o hambúrguer é um invasor, mas pouco mais do que a pizza e hoje o sushi. Em *Géopolitique du goût*, Christian Boudan evidenciou de maneira original a expansão das culturas culinárias no espaço e no tempo. A primeira globalização alimentar foi a da descoberta das plantas da América em 1492: o tomate, o milho, a batata, o chocolate. O que seria da cozinha italiana sem o tomate, do cassoulet sem o feijão? Sem "a pimenta, um disjuntor entre natureza e cultura?", como escrevia Claude Lévi-Strauss. Descoberta por Colombo no México, ela vai se impor em todas as cozinhas asiáticas, até a China. A globalização hoje favorece com certeza o surgimento de novos produtos. Em vez de uniformizar os paladares, os multiplica. Ao mesmo tempo, uma súbita conscientização da biodiversidade deixa entrever, por uma espécie de aposta pascaliana humanista da culinária, que nossas sociedades pretendem poupar os recursos primários, esses dons da natureza preservada pelo que deve ser chamado de ecologia. No sucesso ou no fracasso de semelhante processo será decidido o futuro do paladar.

ÍNDICE DOS ESTABELECIMENTOS CITADOS*

Da Place Vendôme à Place des Vosges

Le Café des Abattoirs. 10, Rue Gomboust 75001 Paris. Tel: 01 76 21 77 60

L'Absinthe. 24, Place du Marché-Saint-Honoré 75001 Paris. Tel: 01 49 26 90 04

Ambassade d'Auvergne. 22, Rue du Grenier-Saint-Lazare 75003 Paris. Tel: 01 42 72 31 22

L'Ambroisie. 9, Place des Vosges 75004 Paris. Tel: 01 42 78 51 45

Au Bascou. 38, Rue Réaumur 75003 Paris. Tel: 01 42 72 69 25

Benoît. 20, Rue Saint-Martin 75004 Paris. Tel: 01 58 00 22 15

Bizan. 56, Rue Sainte-Anne 75002 Paris. Tel: 01 42 96 67 76

Le Bœuf à la Mode. 6, Rue de Valois 75001 Paris. Tel: 01 42 60 38 81

Le Bougainville. 5, Rue de la Banque 75002 Paris. Tel: 01 42 60 05 19

Carré des Feuillants. 14, Rue de Castiglione 75001 Paris. Tel: 01 42 86 82 82

Le Céladon – Duke's Bar. 13, Rue de la Paix 75002 Paris. Tel: 01 47 03 40 42

Le Coq Saint-Honoré (aves). 3, Rue Gomboust 75001 Paris. Tel: 01 42 61 53 30

Hôtel Costes. 239-241, Rue Saint-Honoré 75001 Paris. Tel: 01 42 44 50 00

Cru. 7, Rue Charlemagne 75004 Paris. Tel: 01 40 27 81 84

---

* Para ligar do Brasil, ou de qualquer outro lugar fora da França, colocar antes do número de telefone o código do país, 33. (N.E.)

La Dame de Pic. 20, Rue du Louvre 75001 Paris. Tel: 01 42 60 40 40
Drouant. 16, Rue Gaillon 75002 Paris. Tel: 01 42 65 15 16
La Fontaine Gaillon. 1, Rue de La Michodière 75002 Paris. Tel: 01 42 65 87 04
Chez Georges. 1, Rue du Mail 75002 Paris. Tel: 01 42 60 07 11
Georges. 19, Rue Beaubourg 75004 Paris. Tel: 01 44 78 47 99
Le Grand Véfour. 17, Rue de Beaujolais 75001 Paris. Tel: 01 42 96 56 27
Harry's Bar. 5, Rue Daunou 75002 Paris. Tel: 01 42 61 71 14
Restaurant Kei. 5, Rue du Coq-Héron 75001 Paris. Tel: 01 42 33 14 74
Kioko (produtos orgânicos japoneses). 46, Rue des Petits-Champs 75002 Paris.
Caves Legrand. 1, Rue de la Banque 75002 Paris. Tel: 01 42 60 07 12
Louvre Bouteille. 150, Rue Saint-Honoré 75001 Paris. Tel: 01 73 54 44 44
Hôtel Meurice. 228, Rue de Rivoli 75001 Paris. Tel: 01 44 58 10 10
Mori Venice Bar. 2, Rue du Quatre-Septembre 75002 Paris. Tel: 01 44 55 51 55
Le Restaurant du Palais-Royal. 110, Galerie de Valois 75001 Paris. Tel: 01 40 20 00 27
Park Hyatt Paris-Vendôme. 5, Rue de la Paix 75002 Paris. Tel: 01 58 71 12 34
Le Petit Vendôme. 8, Rue des Capucines 75002 Paris. Tel: 01 42 61 05 88
Pierre au Palais-Royal. 10, Rue de Richelieu 75001 Paris. Tel: 01 42 96 09 17
Sur Mesure (mandarin oriental). 251, Rue Saint-Honoré 75001 Paris. Tel: 01 70 98 78 88
Terroir Parisien. 28, Place de la Bourse 75002 Paris. Tel: 01 83 92 20 30
Le Rubis. 10, Rue du Marché-Saint-Honoré 75001 Paris. Tel: 01 42 61 03 34
Bistrot Valois. 1, Place de Valois 75001 Paris. Tel: 01 42 61 35 04
Maison Verlet (chás, cafés). 256, Rue Saint-Honoré 75001 Paris. Tel: 01 42 60 67 39
Mon Vieil Ami. 69, Rue Saint-Louis-en-l'île 75004 Paris. Tel: 01 40 46 01 35
À la Ville de Rodez (épicerie). 22, Rue Vieille-du-Temple 75004 Paris.

Índice dos estabelecimentos citados

Le Bistrot Vivienne. 4, Rue des Petits-Champs 75002 Paris. Tel: 01 49 27 00 50
Chez Vong. 10, Rue de la Grande-Truanderie 75001 Paris. Tel: 01 40 26 09 36
Willi's Wine Bar. 13, Rue des Petits-Champs 75001 Paris. Tel: 01 42 61 05 09
Workshop Isse. 11, Rue Sainte-Anne 75002 Paris. Tel: 01 42 96 26 74

Rive gauche, de Saint-Germain-des-Prés aos Gobelins
L'Alcazar. 62, Rue Mazarine 75006 Paris. Tel: 01 53 10 19 99
Allard. 41, Rue Saint-André-des-Arts 75006 Paris. Tel: 01 43 26 48 23
Les Bouquinistes. 53, Quai des Grands Augustins 75006 Paris. Tel: 01 43 25 45 94
Aux Charpentiers. 10, Rue Mabillon 75006 Paris. Tel: 01 43 26 30 05
Hélène Darroze. 4, Rue d'Assas 75006 Paris. Tel: 01 42 22 00 11
Délices d'Aphrodite. 4, Rue de Candolle 75005 Paris. Tel: 01 43 31 40 39
Chez Dumonet – Joséphine. 117, Rue du Cherche Midi 75005 Paris. Tel: 01 45 48 52 40
Emporio Armani Caffe. 149, Boulevard Saint-Germain 75006 Paris. Tel: 01 45 48 62 15
Fogon. 45, Quai des Grands Augustins 75006 Paris. Tel: 01 43 54 31 33
La Forge. 14, Rue Pascal 75005 Paris. Tel: 01 47 07 77 78
KGB. 25, Rue des Grands Augustins 75006 Paris. Tel: 01 46 33 00 85
Lapérouse. 51, Quai des Grands Augustins 75006 Paris. Tel: 01 43 26 68 04
Brasserie Lipp. 151, Boulevard Saint-Germain 75006 Paris. Tel: 01 45 48 53 91
Relais Louis XIII. 8, Rue des Grands-Augustins 75006 Paris. Tel: 01 43 26 75 96
Atelier Maître Albert. 1, Rue Maître-Albert 75005 Paris. Tel: 01 56 81 30 01
La Marlotte. 55, Rue du Cherche-Midi 75005 Paris. Tel: 01 45 48 86 79
Mavrommátis. 42, Rue Daubenton 75005 Paris. Tel: 01 43 31 17 17
Moissonnier. 28, Rue des Fossés-Saint-Bernard 75005 Paris. Tel: 01 43 29 87 65

Le Petit Saint Benoît. 4, Rue Saint-Benoît 75006 Paris. Tel: 01 42 60 27 92

Petit Vatel. 5, Rue Lobineau 75006 Paris. Tel: 01 43 54 28 49

Philovino. 33, Rue Claude-Bernard 75005 Paris. Tel: 01 43 37 13 47

Polidor. 41, Rue Monsieur-le-Prince 75006 Paris. Tel: 01 43 26 95 34

Pouic Pouic. 9, Rue Lobineau 75006 Paris. Tel: 01 43 26 71 95

La Rhumerie. 166, Boulevard Saint-Germain 75006 Paris. Tel: 01 43 54 28 94

Roger la Grenouille. 28, Rue des Grands-Augustins 75006 Paris. Tel: 01 56 24 24 34

La Rotonde. 105, Boulevard du Montparnasse 75006 Paris. Tel: 01 43 26 48 26

Au Sauvignon. 80, Rue des Saint-Pères 75007 Paris. Tel: 01 45 48 49 02

Terroir Parisien. 20, Rue Saint-Victor 75005 Paris. Tel: 01 44 31 54 54

La Tour d'Argent. 15, Quai de la Tournelle 75005 Paris. Tel: 01 43 54 23 31

Vagenende. 142, Boulevard Saint-Germain 75006 Paris. Tel: 01 43 26 68 18

Gilles Vérot (charcuteiro tradicional). 3, Rue Notre-Dame-des--Champs 75006 Paris.

De Vinis Illustribus. 48, Rue de la Montagne-Sainte-Geneviève 75005 Paris. Tel: 01 43 36 12 12

Invalides e arredores

L'Affriolé. 17, Rue Malar 75007 Paris. Tel: 01 44 18 31 33

Chez les Anges. 54, Boulevard de La Tour-Maubourg 75007 Paris. Tel: 01 47 05 89 86

Arpège. 84, Rue de Varenne 75007 Paris. Tel: 01 47 05 09 06

Auguste. 54, Rue de Bourgogne 75007 Paris. Tel: 01 45 51 61 09

Les Cocottes. 135, Rue Saint-Dominique 75007 Paris. Tel: 01 47 53 73 34

Café Constant. 139, Rue Saint-Dominique 75007 Paris. Tel: 01 47 53 73 34

Chez Françoise. Rue Robert-Esnault-Pelterie, 75007 Paris. Tel: 01 47 05 49 03

Índice dos estabelecimentos citados

L'Ami Jean. 27, Rue Malar 75007 Paris. Tel: 01 47 05 86 89
Atelier de Joël Robuchon. 5, Rue de Montalembert 75007 Paris. Tel: 01 45 50 11 10 (outro endereço: 133, Avenue des Champs-Élysées 75008 Paris. Tel: 01 47 23 75 75)
Restaurant David Toutain. 29, Rue Surcouf 75007 Paris. Tel: 01 45 50 11 10
Le Violon d'Ingres. 135, Rue Saint-Dominique 75007 Paris. Tel: 01 45 55 15 05

Quartier des Champs-Élysées e Grands-Boulevards
39 V. 39, Avenue Georges-V 75008 Paris. Tel: 01 56 62 39 05
110 de Taillevent. 195, Rue du Faubourg-Saint-Honoré 75008 Paris. Tel: 01 40 74 20 20
Apicius. 20, Rue d'Artois 75008 Paris. Tel: 01 43 80 19 66
Cave Beauvau. 4, Rue des Saussaies 75008 Paris. Tel: 01 42 65 24 90
Bourgogne Sud. 14, Rue de Clichy 75009 Paris. Tel: 01 48 74 51 27
Le Bristol. 112, Rue du Faubourg-Saint-Honoré 75008 Paris. Tel: 01 53 43 43 00
Le Chiberta. 3, Rue Arsène-Houssaye 75008 Paris. Tel: 01 53 53 42 00
Citrus Étoile. 6, Rue Arsène-Houssaye 75008 Paris. Tel: 01 42 89 15 51
Le Cinq. 31, Avenue Georges-V 75008 Paris. Tel: 01 49 52 70 00
La Ferme Saint-Hubert (vendedor de queijos). 36, Rue Rochechouart 75009 Paris. Tel: 01 45 53 15 77
Le Fouquet's. 99, Avenue des Champs-Élysées 75008 Paris. Tel: 01 40 69 60 50
Pierre Gagnaire. 6, Rue Balzac 75008 Paris. Tel: 01 58 36 12 50
Le Griffonnier. 8, Rue des Saussaies 75008 Paris. Tel: 01 42 65 17 17
La Grille. 80, Rue du Faubourg-Poissonnière 75009 Paris. Tel: 01 47 70 89 73
Helen. 3, Rue Berryer 75008 Paris. Tel: 01 40 76 01 40
Lasserre. 17, Avenue Franklin-Roosevelt 75008 Paris. Tel: 01 43 59 02 13
Laurent. 41, Avenue Gabriel 75008 Paris. Tel: 01 42 25 00 39
Ledoyen. 1, Avenue Dutuit 75008 Paris. Tel: 01 53 05 10 00

Aux Lyonnais. 32, Rue Saint-Marc 75002 Paris. Tel: 01 58 00 22 16
La Maison Blanche. 15, Avenue Montaigne 75008 Paris. Tel: 01 47 23 55 99
Maxim's. 3, Rue Royale 75008 Paris. Tel: 01 42 65 27 94
Au Petit Riche. 25, Rue Le Peletier 75009 Paris. Tel: 01 47 70 68 68
Plaza Athénée – Alain Ducasse. 25, Avenue Montaigne 75008 Paris. Tel: 01 53 67 66 65
Lucas Carton – Senderens. 9, Place de la Madeleine 75008 Paris. Tel: 01 42 65 22 90
Taillevent. 15, Rue Lamennais 75008 Paris. Tel: 01 44 95 15 01

République, Bastilha, Nation
Le 6 Paul Bert. 6, Rue Paul-Bert 75011 Paris. Tel: 01 43 79 14 32
Bistrot Paul Bert. 18, Rue Paul-Bert 75011 Paris. Tel: 01 43 72 24 01
Le Chardenoux. 1, Rue Jules-Vallès 75011 Paris. Tel: 01 43 71 49 52
Le Chateaubriand. 129, Avenue Parmentier 75011 Paris. Tel: 01 43 57 45 95
Clamato. 80, Rue de Charonne 75011 Paris. Tel: 01 43 72 74 53
Le Dauphin. 131, Avenue Parmentier 75011 Paris. Tel: 01 55 28 78 88
L'Écailler du Bistrot. 22, Rue Paul-Bert 75011 Paris. Tel: 01 43 72 76 77
Auberge Flora. 44, Boulevard Richard-Lenoir 75011 Paris. Tel: 01 47 00 52 77
Le Quincy. 28, Avenue Ledru-Rollin 75012 Paris. Tel: 01 46 28 46 76
Septime. 80, Rue de Charonne 75011 Paris. Tel: 01 43 67 38 29
Le Temps au Temps. 13, Rue Paul-Bert 75011 Paris. Tel: 01 43 79 63 40
Le Train Bleu. Gare de Lyon, Place Louis-Armand 75012 Paris. Tel: 01 43 43 09 06
Le Trou Gascon. 40, Rue Taine 75012 Paris. Tel: 01 43 44 34 26
Le Yard. 6, Rue de Mont-Louis 75011 Paris. Tel: 01 40 09 70 30
Youpi et Voilà. 8, Rue Vicq-d'Azir. 75010 Paris. Tel: 01 83 89 12 63
Chez Z'Aline. 85, Rue de la Roquette 75011 Paris. Tel: 01 43 71 90 75

Montparnasse, Plaisance, Vaugirard
L'Assiette. 181, Rue du Château 75014 Paris. Tel: 01 43 22 64 86

Índice dos estabelecimentos citados

L'Auberge du 15. 15, Rue de la Santé 75013 Paris. Tel: 01 47 07 07 45
La Cagouille. 10, Place Constantin-Brancusi 75014 Paris. Tel: 01 43 22 09 01
La Closerie des Lilas. 171, Boulevard du Montparnasse 75014 Paris. Tel: 01 40 51 34 50
Café du Commerce. 51, Rue du Commerce 75015 Paris. Tel: 01 45 75 03 27
Soleil d'Est – Chen. 15, Rue du Théâtre 75015 Paris. Tel: 01 45 79 34 34
La Folie en Tête (bar). 33, Rue de la Butte-aux-Cailles 75013 Paris.
Le Jules Verne. Tour Eiffel, Avenue Gustave-Eiffel 75007 Paris. Tel: 01 45 55 61 44
Kim Anh. 51, Avenue Émile-Zola 75015 Paris. Tel: 01 45 79 40 96
Le Merle Moqueur (bar). 11, Rue de la Butte-aux-Cailles 75013 Paris. Tel: 01 45 65 12 43
L'Ordonnance. 51, Rue Hallé 75014 Paris. Tel: 01 43 27 55 85
Aux Petits Chandeliers. 62, Rue Daguerre 75014 Paris. Tel: 01 43 20 25 87
Les Petites Sorcières. 12, Rue Liancourt 75014 Paris. Tel: 01 43 21 95 68
La Régalade. 49, Avenue Jean-Moulin 75014 Paris. Tel: 01 45 45 68 58
Le Sévero. 8, Rue des Plantes 75014 Paris. Tel: 01 45 40 40 91
Les Sourires de Dante. 37, Rue du Couédic 75014 Paris. Tel: 01 43 21 51 07

O grande Oeste parisiense
Akrame. 19, Rue Lauriston 75016 Paris. Tel: 01 40 67 11 16
Astrance. 4, Rue Beethoven 75016 Paris. Tel: 01 40 50 84 40
Le Ballon des Ternes. 103, Avenue des Ternes 75017 Paris. Tel: 01 45 74 17 98
Le Bistrot d'à Côté Flaubert. 10, Rue Gustave-Flaubert 75017 Paris. Tel: 01 42 67 05 81
Paul Chêne. 123, Rue Lauriston 75016 Paris. Tel: 01 47 27 63 17
Conti. 72, Rue Lauriston 75016 Paris. Tel: 01 47 27 74 67
Dessirier. 9, Place du Maréchal-Juin 75017 Paris. Tel: 01 42 27 82 14
Le Dodin de Mark Singer. 42, Rue des Acacias 75017 Paris. Tel: 01 43 80 28 54

Chez Georges. 273, Boulevard Pereire 75017 Paris. Tel: 01 45 74 31 00
Graindorge. 15, Rue de l'Arc-de-Triomphe 75017 Paris. Tel: 01 47 54 00 28
La Grande Cascade. Bois de Boulogne. Allée de Longchamp. 75016 Paris. Tel: 01 45 27 33 51
Restaurant Jamin. 32, Rue de Longchamp 75016 Paris. Tel: 01 45 53 00 07
Le Pré Catelan. Bois de Boulogne. Route de Suresnes. 75016 Paris. Tel: 01 44 14 41 14
Restaurant Prunier. 16, Avenue Victor-Hugo 75016 Paris. Tel: 01 44 17 35 85
Raphaël. 17, Avenue Kleber 75016 Paris. Tel: 01 53 64 32 00
Rech. 62, Avenue des Ternes 75017 Paris. Tel: 01 58 00 22 13
Le Relais d'Auteuil. 31, Boulevard Murat 75016 Paris. Tel: 01 46 51 09 54
Le Relais de Venise – L'Entrecôte. 271, Boulevard Pereire 75017 Paris. Tel: 01 45 74 27 97
Il Ristorante. 22, Rue Fourcroy 75017 Paris. Tel: 01 47 54 91 48
Le Rital. 25, Rue Pierre-Demours 75017 Paris. Tel: 01 46 22 02 33
Michel Rostang. 20, Rue Rennequin 75017 Paris. Tel: 01 47 63 40 77
Restaurant Guy Savoy. 18, Rue Troyon 75017 Paris. Tel: 01 43 80 40 61
Sormani. 4, Rue du Général-Lanrezac 75017 Paris. Tel: 01 43 80 13 91
Les Tablettes de Jean-Louis Nomicos. 16, Avenue Bugeaud 75016 Paris. Tel: 01 56 28 16 16
Atelier Vivanda. 18, Rue Lauriston 75016 Paris. Tel: 01 40 67 10 00
Wada. 19, Rue de l'Arc-de-Triomphe 75017 Paris. Tel: 01 44 09 79 19

De Montmartre a Ménilmontant
Antoine de Montmartre. 102, Rue Lepic 75018 Paris. Tel: 01 53 09 23 93
Le Baratin. 3, Rue Jouye-Rouve 75020 Paris. Tel: 01 43 49 39 70
Boeuf Couronné. 188, Avenue Jean-Jaurès 75019 Paris. Tel: 01 42 39 44 44
La Bonne Franquette. 18, Rue Saint-Rustique 75018 Paris. Tel: 01 42 52 02 42

Índice dos estabelecimentos citados

Le Chamarré Montmartre. 52, Rue Lamarck 75018 Paris. Tel: 01 42 55 05 42
Le Chapeau Melon. 92, Rue Rebeval 75019 Paris. Tel: 01 42 02 68 60
Le Coq Rico. 98, Rue Lepic 75018 Paris. Tel: 01 42 59 82 89
Le Grand 8. 8, Rue Lamarck 75018 Paris. Tel: 01 42 55 04 55
Jour de Fête. 41, Rue Caulaincourt 75018 Paris. Tel: 01 77 18 04 23
La Mascotte. 52, Rue des Abbesses 75018 Paris. Tel: 01 46 06 28 15
Le Moulin de la Galette. 83, Rue Lepic 75018 Paris. Tel: 01 46 06 84 77
Quedubon. 22, Rue du Plateau 75019 Paris. Tel: 01 42 38 18 65

Extramuros
Le Châlet du Parc. 2, Rue de Concy 91330 Yerres. Tel: 01 69 06 86 29
Le Coq de la Maison Blanche. 37, Boulevard Jean-Jaurès 93400 Saint--Ouen. Tel: 01 40 11 01 23
L'Escarbille. 8, Rue de Vélizy 92190 Meudon. Tel: 01 45 34 12 03
Le Pouilly Reuilly. 68, Rue André-Joineau 93310 Le Pré-Saint-Gervais. Tel: 01 48 45 14 59
Auberge des Saint Pères. 212, Avenue de Nonneville 93600 Aulnay--sous-Bois. Tel: 01 48 66 62 11
Wauthier by Cagna. 31, Rue Wauthier 78100 Saint-Germain-en-Laye. Tel: 01 39 73 10 84

Bibliografia

68, une histoire collective. Paris: La Découverte, 2008.
Dictionnaire de Trévoux, 1704. 1 ed.
Le Ménagier de Paris. Paris: Librairie générale française, 1994.
ALAIN. *Propos sur l'éducation*. Paris: Rieder, 1932.
ALLÉNO, Yannick. *Sauces, réflexions d'un cuisinier*. Paris: Hachette Pratique, 2014.
AMAT, Jean-Marie; VINCENT, Jean-Didier. *Nouvelle Physiologie du goût*. Paris: Odile Jacob, 2000.
ARON, Jean-Paul. *Les Modernes*. Paris: Gallimard, 1984.
BABINSKI, Henri (ALI-BAB). *La Gastronomie pratique*. Paris: Flammarion, 2013.
BALZAC, Honoré de. *La Comédie humaine*. In: *Œuvres complètes de Honoré de Balzac*. Paris: Calmann-Lévy, 1869-1879.
_____. *Ilusões perdidas*. Tradução de Ivone C. Benedetti. Porto Alegre: L&PM, 2006.
_____. *O pai Goriot*. Tradução de Celina Portocarrero e Ilana Heineberg. Porto Alegre: L&PM, 2006.
BAUDELAIRE, Charles. *Le Peintre de la vie moderne*. Paris: Mille et Une Nuits, 2010.
_____. *O Spleen de Paris*. Tradução de Alessandro Zir. Porto Alegre, L&PM, 2016.
BÉARN, Pierre. *Paris Gourmand*. Paris: Gallimard, 1929.
BEAUVILLIERS, Antoine. *L'Art du cuisinier*. Paris: Pillet Aîné, 1824.
BERCHOUX, Joseph. *La Gastronomie ou l'Homme des champs à table*. Paris: Giguet et Michaud, 1803.

BIERCE, Ambrose. *Le Dictionnaire du diable*. Paris: Les Quatre Jeudis, 1955.
BOUDAN, Christian. *Géopolitique du goût*. Paris: Presses universitaires de France, 2004.
BRILLAT-SAVARIN, Jean-Anthelme. *Physiologie du goût*. Paris: Flammarion, 2009.
BRULLER, Jean (VERCORS). *Je cuisine comme un chef sans y connaître rien*. Paris: Christian Bourgois, 1991.
CALET, Henri. *Le Croquant indiscret*. Paris: Grasset, 1955.
CHAPEL, Alain. *La cuisine, c'est beaucoup plus que des recettes*. Paris: Robert Laffont, 2009.
COURTELINE, Georges. *Messieurs les ronds-de-cuir*. Paris: Flammarion, 1893.
DALÍ, Salvador. *Libelo contra a arte moderna*. Tradução de Paulo Neves. Porto Alegre: L&PM, 2008.
DELEUZE, Gilles. *Le Pli*: Leibniz et le baroque. Paris: Éditions de Minuit, 1988.
DELVAU, Alfred. *Les Plaisirs de Paris*. Seesam, 1991.
DIDEROT, Denis. Cartas a Sophie Volland. In: *Œuvres de Denis Diderot*. Correspondance. Tomo V. Paris: Robert Laffont, 1997.
DUCASSE, Alain. *Grand Livre de cuisine d'Alain Ducasse*. Issy-les-Moulineaux: Alain Ducasse, 2005.
DUMAS, Alexandre. *Le Grand Dictionnaire de cuisine*. Paris: Lemerre, 1873.
ESCOFFIER, Auguste. *Le Guide culinaire*. Art culinaire, 1903.
FEYDEAU, Georges. *La Dame de chez Maxim's*. Paris: Gallimard, 2011.
FIELD, Michel. *L'Homme aux pâtes*. Paris: Barrault, 1989.
FISCHLER, Claude. *L'Homnivore*: le goût, la cuisine et le corps. Paris: Odile Jacob, 1990.
FLANDRIN, Jean-Louis; MONTANARI, Massimo. *Histoire de l'alimentation*. Paris: Fayard, 1996.
GRACQ, Julien. *La Littérature à l'estomac*. Paris: José Corti, 1949.
GRIMOD DE LA REYNIÈRE, Alexandre Balthasar Laurent. *L'Almanach des gourmands*. Chartres: Menu Fretin, 2012.

HILLAIRET, Jacques. *Connaissance du vieux Paris*. Paris: Club français du livre, 1956.
HUIZINGA, Johan. *L'Automne du Moyen Âge*. Paris: Payot, 1989.
HUYSMANS, Joris-Karl. *La Bièvre et Saint-Séverin*. Paris: Stock, 1898.
_____. *La Cathédrale*. Paris: Stock, 1898.
KARAMZINE, Nikolaï. *Lettres d'un voyageur russe en France, en Allemagne et en Suisse, 1789-1790*. Paris: Quai Voltaire, 1991.
LAMOTHE-LANGON, Étienne-Léon de. *La Province à Paris*. Paris: Bossange frères, 1825.
LA SALE, Antoine de. *Jehan de Saintré*. Paris: Librairie générale française, 1995.
LÉAUTAUD, Paul. *Journal littéraire*. Paris: Mercure de France, 1954-1964.
LEBEY, Claude. *À Table!* Paris: Albin Michel, 2012.
LE DIVELLEC, Jacques. *Ma vie, une affaire de cuisine*. Paris: Grasset, 2002.
MANIÈRE, Jacques. *Le Grand Livre de la cuisine à la vapeur*. Paris: Denoël, 1985.
MAURIAC, François. *Le Baiser au lépreux*. Paris: Grasset, 1922.
MILLAU, Christian. *Guide des restaurants fantômes*. Paris: Plon, 2007.
_____. *Dictionnaire amoureux de la gastronomie*. Paris: Plon, 2008.
MONTAGNÉ, Prosper. *Larousse gastronomique*. Paris: Larousse, 1938.
NIETZSCHE, Friedrich. *Assim falou Zaratustra*: um livro para todos e para ninguém. Tradução de Gabriel Valladão Silva. Porto Alegre: L&PM, 2015.
OLIEVENSTEIN, Claude. *Mes tables de fête: 91 restaurants parisiens*. Paris: Ramsay, 1979.
OLIVER, Raymond. *Adieux fourneaux*. Paris: Robert Laffont, 1984.
ONFRAY, Michel. *Le Ventre des philosophes*. Paris: Grasset, 1989.
ORY, Pascal. Traditions: la gastronomie. In: NORA, Pierre (org.). *Les Lieux de mémoire III – Les France*. V. 2. Paris: Gallimard, 1984
PEYREFITTE, Roger. *Manouche*. Paris: Flammarion, 1972.
PITTE, Jean-Robert. *Gastronomie française. Histoire et géographie d'une passion*. Paris: Fayard, 1991.

PROUST, Marcel. *Œuvres complètes de Marcel Proust*. Paris: Nouvelle Revue Française, 1930.

QUELLIER, Florent. *La Table des Français*. Rennes: Presses universitaires de Rennes, 2007.

RAMORET, Ignacio; CHAO, Ramón. *Le Guide du Paris Rebelle*. Paris: Plon, 2008.

RENARD, Jules. *Journal*. Paris: Union générale d'éditions, 1984.

RESTIF DE LA BRETONNE, Nicolas. *Le Palais-Royal*. 1790

REVEL, Jean-François. *Um banquete de palavras*: uma história de sensibilidade gastronômica. Tradução de Paulo Neves. São Paulo: Companhia das Letras, 1996.

RIGAUD, Lucien. *Dictionnaire d'argot moderne*. Paris: Paul Ollendorff, 1881.

ROBERT-ROBERT. *Guide du gourmand à Paris*. Paris: Grasset, 1925.

ROUFF, Marcel. *La Vie et la Passion de Dodin-Bouffant, gourmet*. Paris: Delamain et Boutelleau, 1924.

ROWLEY, Anthony. *Une histoire mondiale de la table*. Paris: Odile Jacob, 2009.

RUTKOWSKI, Krzysztof. *Les Passages parisiens*. Paris: Exils, 1998.

MME E. SAINT-ANGE. *Le Livre de cuisine*. Paris: Larousse, 1927.

SAINT-SIMON, Louis de Rouvroy. *Mémoires*. Paris: Contrepoint, 1983.

SIMENON, Georges. *Le Voleur de Maigret*. Paris: Presses de la Cité, 1961.

TERRAIL, Claude. *Ma Tour d'Argent*. Paris: Stock, 1974.

TOKLAS, Alice. *Livre de cuisine*. Paris: Éditions de Minuit, 1981.

TRÉMOLIÈRES, Jean. *Diététique et Art de vivre*. Paris: Seghers, 1975.

VARILLE, Mathieu. *La Cuisine lyonnaise*. Paris: Masson, 1928.

VENCE, Céline; LE DIVELLEC, Jacques. *La Cuisine de la mer*. Paris: Robert Laffont, 1982.

VIGATO, Jean-Pierre. *Vigato*: mon carnet de recettes. Paris: La Martinière, 2011.

VILLEFOSSE, Héron de. *Saison de Paris*: septembre, décembre 1948. Paris: Commissariat des fêtes, 1948.

VOLTAIRE. *Dictionnaire philosophique*. Paris: Actes Sud, 2012.

WESKER, Arnold. *La Cuisine*. Paris: Gallimard, 1967.
WILLY ET MÉNALKAS. *Le Naufragé*. Paris: Edgar Malfère, 1924.
ZIPPRICK, Jörg. *Les Dessous peu appétissants de la cuisine moléculaire*. Lausanne: Favre, 2009.

Agradecimentos

Esta longa peregrinação por várias décadas, acompanhada de uma prática assídua da mesa, nas barbas de Jean-Pierre Desclozeaux, não poderia ter sido feita sem o apoio de Jacques Buob, Serge Bolloch, Françoise Chirot, Stéphane Mandard. E a concretização dessa obra não seria possível sem as luzes de Daniel Tougard, os conselhos e a indulgência de Mireille Paolini.

IMPRESSÃO:

Santa Maria - RS - Fone/Fax: (55) 3220.4500
www.pallotti.com.br